Hans Raupach

Wirtschaft und Gesellschaft Sowjetrußlands 1917–1977

Wissenschaftliche Paperbacks 13
Sozial- und Wirtschaftsgeschichte
Herausgegeben von HANS POHL

Franz Steiner Verlag GmbH · Wiesbaden 1979

Hans Raupach

Wirtschaft und Gesellschaft Sowjetrußlands 1917–1977

Franz Steiner Verlag GmbH · Wiesbaden 1979

CIP-Kurztitelaufnahme der Deutschen Bibliothek

Raupach, Hans:
Wirtschaft und Gesellschaft Sowjetrußlands : 1917–1977 / Hans Raupach. – Wiesbaden: Steiner 1979.
(Wissenschaftliche Paperbacks Sozial- und Wirtschaftsgeschichte : 13)
ISBN 3-515-02953-2

 Satz: Copo-Satz, Seeheim. Druck: Meister, Kassel · Printed in Germany

INHALTSVERZEICHNIS

Teil II: Die Gesellschaft

„Ein weiträumiger Staat setzt eine autokratische Herrschaft in jener Person voraus, die ihn regiert. Denn die Schnelligkeit der Entscheidungen von Angelegenheiten, die aus entfernten Landesteilen geschickt werden, muß die Verzögerung ausgleichen, die durch die Entfernung entsteht. Jede andere Regierung wäre für Rußland nicht nur schädlich, sondern am Ende sein Untergang.“ Katharina II in der „Großen Instruktion“ (1767)

VORWORT

Der Versuch, die Entwicklung der Wirtschaft und Gesellschaft Sowjetrußlands als die industrielle Revolution in Eurasien zu begreifen, begegnet dem anspruchsvollen Selbstverständnis der sowjetischen Kommunisten, die von ihnen hergestellte „gesellschaftliche Formation“ sei nach den Lehren von K. Marx die bisher höchste erreichbare Stufe der allgemeinen sozialen Entwicklung und der Weg zur überlegenen materiellen Produktion.

Der historizistische Nimbus dieser Überzeugung ist heute selbst für Marxisten ziemlich verblaßt und der Nachweis einer überlegenen Praxis ist auch nach 60 Jahren sowjetischer Planwirtschaft nicht erbracht worden. Aber nach der Wiederbelebung des Marxismus in den sechziger Jahren im Westen trifft man manchmal auch bei Sozialwissenschaftlern auf die Ansicht, daß unter Lenin das Sowjetsystem prinzipiell auf den wahren Sozialismus angelegt gewesen und unter Stalin nur bürokratisch entartet sei, und auch nichtmarxistische Historiker meinen, daß dieses System aus einer politischen Ideologie geboren und in seinem Fortbestehen an diese gebunden sei.

Die Bedeutung einer oder eines Bündels verschiedener Ideologien für die Sinngebung oder Rechtfertigung einer bestehenden Gesellschaftsordnung wird nicht abgestritten, wenn danach gefragt wird, ob und inwieweit objektive Daseinsbedingungen das Aufkommen einer ihnen gemäßen Ideologie und Gesellschaftsordnung hervorgebracht und stabilisiert haben könnten. Diese Fragestellung scheint mir für die Einschätzung der Potenz und der Zukunftserwartung eines Staates aufschlußreicher zu sein, als ein Nachdenken über die gestaltende Kraft seiner Staatsdoktrin. Angesichts des politischen Gewichts der Weltmacht Sowjetunion ist das gewiß nicht nur eine Frage gelehrter Diskussionen.

Die vorliegende Einführung in die jüngste sozialökonomische Entwicklung Rußlands beruht auf dem Konzept einer von natürlichen Umständen bestimmten sozialen Organisation, die sich an die Anforderungen und Auswirkungen einer forcierten Industrialisierung anpaßt. Diese Erklärung des Ordnungssystems als politische Antwort auf eine erdräumliche Herausforderung schließt ethisch-politische Werturteile aus, denn deren Begründung steht auf einem anderen Blatt. Auch wird die Frage nicht erörtert, ob die Geschichte nicht ebenso erfolgreich auch anders, z.B. nach liberalen Prinzipien hätte ablaufen können. Ein retrospektives Gedankenspiel mit Alternativen dient dem historischen Interesse, sollte aber in diesem Falle außer der Politischen Geographie auch die oben zitierte Meinung der Großen Katharina beachten, die von dieser offenbar einiges geahnt hat.

Zur Soziologie der rußländischen Gesellschaft liegen von sowjetischer Seite nur thematisch ziemlich begrenzte Arbeiten, in westlichen Sprachen einige wohlfundierte Darstellungen wichtiger Teilbereiche vor, jedoch bis auf Basil Kerblay: La société soviétique contemporaine (1977) noch keine Gesamtdarstellung. Eine methodisch geschlossene Wirtschaftssoziologie, wie sie Walter Hofmann in seiner „Arbeitsverfassung der Sowjetunion“ (1956) ausgearbeitet hatte, dürfte schwerlich in absehbarer Zeit eine bis zur Gegenwart geführte Fortsetzung erfahren. Das vorliegende Bändchen kann nur einem ersten Interesse an dem Zusammenhang ökonomischer und sozialer Entwicklung in Sowjetrußland genügen, vermag jedoch die bestehende Lücke nicht auszufüllen.

Im wirtschaftsgeschichtlichen Kapitel ist manches aus meiner in erweiterter Fassung nur in japanischer Sprache wieder aufgelegten „Geschichte der Sowjetwirtschaft“ (rde 1964) übernommen. Zur vertiefenden Lektüre empfiehlt sich Richard Lorenz: Sozialgeschichte der Sowjetunion.I. (1917–1945), die ausgiebig auch auf zeitgenössische sowjetische Quellen zurückgreift.

Ich spreche von „Sowjetrußland“, nicht von der Sowjetunion. Diese besteht aus 16 nationalen Bundesrepubliken, und die Unterschiede in den natürlichen Grundlagen, in den Sozialstrukturen und im Entwicklungsrhythmus auch nur der fünf größten von ihnen sind so erheblich, daß eine dies berücksichtigende Darstellung den gegebenen Rahmen überschreiten würde. Ferner: Die Russische Sowjetrepublik übertrifft jede der anderen Teilrepubliken um ein Vielfaches an Territorium, ist von mehr als der Hälfte des gesamten Staatsvolkes bewohnt, und in ihrer West-Ost-Erstreckung hält sie das ganze Staatsgebilde wie eine Klammer zusammen. Schließlich sind es die Sozialgeschichte und die geoökonomischen Probleme der Russen, aus denen in erster Linie die für das ganze Imperium geltenden Grundsätze und Maßnahmen der Wirtschafts- und Gesellschaftspolitik hervorgingen und zu erklären sind.

Fräulein Dipl. oec. Barbara Dietz und Frau Monika Stoermer danke ich für die redaktionelle Durchsicht.

„Kommunismus ist Sowjetmacht plus Elektrifizierung des ganzen Landes“
W. I. Lenin, Wke. III, S. 587.

„Die materialistische Geschichtsdeutung ist kein beliebig zu besteigender Fiaker und macht vor den Trägern von Revolutionen nicht halt“.
Max Weber, Politik als Beruf (1921)

EINFÜHRUNG

Unser Gegenstand ist die unter der Führung Lenins begonnene, umfassende Modernisierung des von Rußland beherrschten eurasischen Großraumes und Vielvölkerstaates. Sie leitet auch eine neue Epoche der universalen Wirtschafts- und Sozialgeschichte ein. „Unter dem Banner des Marxismus“ unternommen und als Erfüllung der Erwartungen des neuzeitlichen Sozialismus propagiert, stand die neuartige Wirtschaftsordnung von Anbeginn im Kreuzfeuer kontroverser geschichtlicher Deutungen und Sozialtheorien; ein Meinungsstreit, der bis heute mit besonderer Erbitterung im marxistischen Lager ausgefochten wird.

Da in den Humanwissenschaften eine wertfreie Position nicht gegeben ist, fühlt sich der Autor gehalten, seinen Standpunkt bei der Erklärung des sowjetischen Phänomens in folgenden Thesen zu umschreiben:

1. Hauptnenner und Substanz der Sozialgeschichte des anfänglich Sowjetrußland, seit 1924 Union der Sozialistischen Sowjetrepubliken (UdSSR) genannten Imperiums ist der zentralgeleitete Prozeß einer nachholenden Industrialisierung „in kürzestmöglicher Frist“. Er wurde geplant und als „Revolution von Oben“ durchgesetzt von einer am Vorbild hochentwickelter Volkswirtschaften orientierten Führungsgruppe der bolschewistischen (seit 1926 KPdSU genannten) Staatspartei. Die vorige halbfeudale Ordnung hatte durch drei innerhalb zweier Generationen verlorene Kriege ihre Schwäche und soziale Rückständigkeit erwiesen. Ihr Sturz wurde durch die Entfesselung des Landhungers der die überwältigende Mehrheit der Bevölkerung bildenden Bauernmassen herbeigeführt. Diese spontane Landnahme erzeugte eine in Kleinparzellen atomisierte, zur Produktionssteigerung unbegabte Agrarverfassung, die überwölbt war von einer Superstruktur der verstaatlichten Industrie und des Geldwesens, die Lenin selbst „Staatskapitalismus“ nannte. Erst sein Nachfolger Stalin hob jegliche private Verfügung über die Produktionsmittel auf und entzog den Bauern durch die Kollektivierung wieder den Boden. Damit erst waren die institutionellen Grundlagen für ein willkürliches Tempo der allumfassenden Industrialisierung gelegt.

2. Eine aus welchen Motiven auch immer erfolgte Verstaatlichung der Produktionsmittel ist von konstitutiver Bedeutung sowohl für die gesamte Wirtschafts- und Sozialverfassung wie für das Verhalten der wirtschaftenden Individuen. Die Aufhebung der Märkte für das Sach- und Geldkapital führt notwendig zu zentralisierten, behördlichen Investitionsentscheidungen und zu einer dementsprechenden Verteilung und Zuweisung der Produktionsmittel. Dezentralisierende Reformen haben bisher diese Eigenschaft nicht entkräften können. Die politische Verfügungsmacht über das konzentrierte Staatskapital verträgt keine Gegenmacht, auch nicht in Gestalt autonomer Gewerkschaften. Die gleichen Konsequenzen haben sich übrigens in modernen Kriegswirtschaften schon bei einer weitgehenden Einschränkung der privaten Verfügungsmacht über das Produktivkapital eingestellt.
3. Ist die Kriegswirtschaft – die Lenin uneingeschränkt als reales Modell des von ihm intendierten Systems ansah – als ein ideologieneutraler Ursprung einer zentralgelenkten Wirtschaftsordnung geschichtlich nachgewiesen, so liegt es nahe, analog andere Möglichkeiten einer exogenen Bedingtheit sozialistischer Systeme, insbesondere des sowjetischen zu erwägen. Ich behaupte, daß eine solche aus gewissen erdräumlichen Umständen des sowjetischen Staatsraumes abzuleiten ist. Die geschichtliche Kontinuität der Neigung zum staatswirtschaftlichen Zentralismus in Rußland als eine Antwort auf die Herausforderung schwer zu überwindender klimatischer und verkehrsgeographischer Erschwernisse Eurasiens wäre so ebenfalls zu erklären[1].
4. Der Marxismus-Leninismus als Staatsdoktrin der UdSSR läßt sich dann – und gerade der eigenen Lehre folgend – als der ideologische Überbau der Produktionsverhältnisse erklären, die unter den besonderen naturgegebenen Bedingungen und in Wechselwirkung mit dem politischen Zwang zu einem forcierten wirtschaftlichen Wachstum entstanden. Die Bedeutung jener Ideologie als des höchstrangigen Mittels der Gleichrichtung aller politischer Aktionen und gleichzeitig der Legitimierung der Herrschaft aus dem Erbe der Aufklärungsphilosophie und klassischen Nationalökonomie wird damit nicht bestritten. Doch läßt sich die Berufung auf den Marxschen Historizismus bezweifeln, demzufolge die Sowjetgesellschaft als die gegenwärtig höchsterreichbare Stufe einer angeblich gesetzmäßig verlaufenden Menschheitsentwicklung anzusehen sei. Eine Erklärung des Ursprungs und der bisher erwiesenen Dauerhaftigkeit der sowjetischen Wirtschaftsordnung mittels der ihr auferlegten geoökonomischen Rationalität hat auch den Vorteil, außerhalb des marxistischen Meinungsstreites über der Frage zu stehen, ob in jener der ersehnte Sozialismus verwirklicht oder „deformiert" sei.
5. Der hier vorgeschlagene Aspekt der sowjetischen Wirtschaftsordnung gestattet es, das in ihr Erreichte und vermutlich Erreichbare an ihren Existenzbedingungen und nicht an dem ihr zugeschriebenen ideologischen Selbstverständnis zu messen. Man wahrt so aber auch Abstand von Ansichten und Werturteilen, die aus den Erfahrungen in den von Natur besonders begünstigten Produktionsverhältnissen beiderseits des Nordatlantik herrühren. Solch ein Abstand empfiehlt sich, denn „ die meisten Leute,

die in einem bestimmten Zeitabschnitt leben, neigen dem irrigen Glauben zu, die Regelmäßigkeiten, die sie in ihrer Umwelt beobachten, seien allgemeine Gesetze des sozialen Lebens und müßten für alle Gesellschaften gelten" (K. R. Popper). Mit der Aufgabe eines derartigen „Irrglaubens" hätten Angehörige der westlichen Gesellschaften kaum etwas an Selbstvertrauen zu verlieren. Dahingegen kann man es verstehen, daß für einen Angehörigen oder Anhänger der Sowjetmacht der gleiche Gedankengang als unzumutbar erscheinen muß, käme er doch einem sträflichen Zweifel an der historischen Vorzüglichkeit der eigenen Gesellschaftsordnung gleich.

6. Die Zurückführung des sowjetischen Phänomens auf seine äußeren Daseinsbedingungen mindert nichts an seiner weltgeschichtlichen Bedeutung. Bis in die ersten Jahrzehnte unseres Jahrhunderts gab es nur die eine, in den standortbegünstigten atlantischen Volkswirtschaften erprobte, marktwirtschaftliche Ordnung als Vorbild für eine nachholende Industrialisierung. Im Gegensatz zu dieser haben die Sowjets die Kapitalbildung nicht von der Nachfrage nach Verbrauchsgütern her induzieren lassen, sondern sie unter Vorrang der staatlichen Produktionsmittelindustrie und mittels des erzwungenen Konsumverzichts finanziert.
   Ihre Methode wurde von Entwicklungsländern, darunter China, die sich in einer vergleichbaren Ausgangslage der Industrialisierung sahen, im Ganzen oder für leitende Sektoren der Wirtschaft übernommen. Die Übernahme des sowjetischen Modells in den nach 1945 sowjetisch beherrschten Gebieten Ostmitteleuropas erfolgte allerdings nicht autonom. 1970 wirtschaftete etwa ein Drittel der Weltbevölkerung mit etwa 27 v.H. Anteil am Welteinkommen in Wirtschaftsordnungen, die der sowjetischen näher stehen als den marktwirtschaftlichen.

7. Marktwirtschaftlicher Privatkapitalismus und zentralwirtschaftlicher Staatskapitalismus stehen sich unvereinbar gegenüber. Die Unvereinbarkeit beruht auf den prinzipiell verschiedenen Eigentumsordnungen und den daraus hervorgehenden Unterschieden in der Funktionsweise der Systeme. Auch eine zunehmende Staatstätigkeit auf der einen und gelegentliche Erweiterungen des privaten Sektors auf der anderen Seite können daran nichts ändern, solange bei Anhalten solcher Tendenzen nicht die Linien überschritten werden, jenseits derer die eine Ordnung in die andere umschlagen würde. Auch die von Vertretern der sog. Konvergenztheorie (vor allem von Tinbergen) hervorgehobenen Gemeinsamkeiten, etwa in der Verwendung ökonomisch-statistischer Verfahren, heben die wesentliche Andersartigkeit nicht auf. Erkennbar und sozialgeschichtlich bedeutsam sind dahingegen jene Gemeinsamkeiten oder Ähnlichkeiten, die sich aus den fortschreitenden Prozessen der Automatisierung, Elektronisierung und betrieblichen Rationalisierung ergeben. Sie sind empirisch faßbar u.a. in Wandlungen der Gesellschaftsstruktur, im Verbrauchs- und Freizeitverhalten, in Beziehungen sozialer Gruppen, kurz in Erscheinungen, die als systemunabhängige Lebensformen der Industriegesellschaft in der ganzen Welt zu beobachten sind. Man kann sie nicht übergehen, ohne sich eines wichtigen analytischen Mittels des vorausschauenden Systemvergleichs zu begeben.

TEIL I: DIE WIRTSCHAFT

1. DIE STELLUNG DES ZARISTISCHEN RUSSLAND IN DER ENTWICKLUNG DER MODERNEN WELT

Symmetrisch zur europäischen Erschließung des nordamerikanischen Kontinents drangen russische Kaufleute, Kosaken, Jäger und Siedler ostwärts bis zum Stillen Ozean vor; zeitweise darüber hinaus bis an die Küsten Kaliforniens. Ähnlich wurde der dünn besiedelte und primitiv bewirtschaftete nordamerikanische Großraum der Ausdehnung der modernen europäischen Zivilisation zugänglich gemacht. Doch sind tiefgreifende Unterschiede im Geschehen dieser gleichzeitigen Expansion der weißen Rasse nach West und Ost nicht zu übersehen. Nordamerika stand dem Zustrom von Menschen, zunächst aus dem agrarisch und manufakturell höchstentwickelten Westeuropa, offen. Im zunehmenden Güteraustausch mit den Herkunftsländern bildete sich zwischen der Atlantikküste und den Großen Seen eine erste Zone konzentrierten Wohlstandes, aus deren Überschüssen der übrige Kontinent schrittweise und rentabilitätsorientiert erschlossen wurde.

In Rußland fehlte es nicht an unternehmerischen Menschen, dahingegen an einer entsprechend angereicherten materiellen Ausgangsstellung für ein hinreichendes Wachstum. Im europäischen Teil verharrte der Großteil der Bevölkerung auch nach der Bauernbefreiung (1867) in dörflicher Armut. Für das sich langsam bildende inländische und für ausländisches Kapital war kein Anreiz zu Investitionen jenseits des Ural. Im Nordosten waren auch nach Errichtung der mit französischen Anleihen finanzierten transsibirischen Bahn tausende Kilometer ertragloser, meist siedlungsabweisender Landstrecken zu überwinden.

Nur im Süden des europäischen Rußland boten sich in den fruchtbaren Schwarzerdesteppen, in leicht erschließbaren Lagern von Kohle und Erzen sowie durch Küstennähe Standortbedingungen an, die mit denen des dem Atlantik zugewandten Nordamerika zu vergleichen waren.

Im folgenschweren Unterschied zu den wirtschaftlichen Entwicklungschancen der Neuen Welt, die sich in glänzender Isoliertheit ohne Nachbarn und mit minimalem Verteidigungsbudget auf einem großen Kontinent einrichtete, erforderte die Großmachtpolitik des russischen Imperiums in ihrem Streben nach Zugang zu den offenen Meeren und Machtsicherung im Inneren einen hohen Rüstungsaufwand. Im Zeitalter der imperialistischen Großmachtbildung lockte die hegemoniale Ausfüllung des von zahlreichen kleineren nichtslawischen Völkerschaften meist dünn besiedelten Raumes zwischen Wolga, Kaspisee und dem Gelben Meer. Für eine angemessene wirtschaftliche Erschließung dieses Großraumes reichten aber die materiellen Hilfsquellen der russischen Kerngebiete nicht aus.

Das Rückgrat einer Großmacht des Stahlzeitalters bildeten Eisenbahnen, Schiffe und Kanonen. Der Zusammenhalt des zarischen Imperiums, dessen unzulängliche Infrastruktur die Niederlage im Krimkrieg (1859) offenbart hatte, konnte nur durch Verstärkung jener Herrschaftsmittel gesichert und Verkehrsverbindung weit auseinanderliegender Produktionsstandorte, vor allem auch mit den ukrainischen Getreideüberschußgebieten, hergestellt werden. Das Hauptproblem war, das dazu erforderliche Kapital aufzubringen. Das Gewicht dieses Problems, die möglichen Alternativen und die Unzulänglichkeit seiner Lösung sind auf dem Hintergrund der damaligen sozialökonomischen Struktur des Reiches zu studieren.

Um 1860 bildeten die Bauern mit 90 v.H. der Bevölkerung die breite Grundlage der sozialen Pyramide. Abgesehen von gewissen agrarischen Besonderheiten der damaligen Westprovinzen Polen und Baltikum, der Nomaden- und Oasenwirtschaft Zentralasiens und der mediterranen Produktionsweise Transkaukasiens, waren es die Lebensverhältnisse des großrussischen, ukrainischen und weißrussischen Landvolkes, in denen die sozialen Fragen und Entwicklungschancen eingeschlossen waren.

Die vielberufene Rückständigkeit der Zarenmonarchie erklärt sich auch weithin aus der Verzögerung der sog. Bauernbefreiung, die für die westlichen Nationen wesentliche Folge und gleichzeitig Voraussetzung der sozialen Dynamik des beginnenden Maschinenzeitalters war. Die Auflösung der aus der mittelalterlichen Staats- und Produktionsverfassung überkommenen, grund- oder gutsherrlichen Bindungen (Renten, Fron-Abgabeverpflichtungen, Gutsuntertänigkeit) der Bauern erfolgte in England im 17. Jahrhundert, in Frankreich in der Revolution, in Preußen im Zuge der Stein-Hardenbergschen Reformen nach 1807, in der Habsburger Monarchie (umfassend) 1848, in Rußland erst 1861.

Diese west-östliche Phasenverschiebung entspricht dem von der politischen Liberalisierung begleiteten Prozeß der Industrialisierung, der schrittweise in die klimatisch und transportmäßig abnehmend begünstigte kontinentale Tiefe vorrückte. Die östlich der Elbe vorherrschende, agroklimatisch bedingte Gutswirtschaft – materielle Grundlage der staatstragenden Hierarchie – bildete dabei ein sozial retardierendes Element. Wegen der Rationalität extensiver Getreidewirtschaft in diesen Regionen blieb sie jedoch auch nach den anstehenden Agrarreformen ökonomisch erhaltenswert.

Im europäischen Rußland herrschte diese gutswirtschaftliche Agrarverfassung als Symbiose zwischen dem Marktgetreide liefernden Gutsbetrieb und den dienstpflichtigen, sich selbst versorgenden Kleinbauern vor. Die staatspolitisch allmählich unerläßliche, die Mobilität der Arbeitsbevölkerung fördernde Auflösung dieser Verhältnisse war, wie zuvor in den östlichen Provinzen Preußens, mit dem inhärenten Problem verbunden, wie die nunmehr auf Eigeninvestitionen angewiesenen Gutsherren für die entgangene Arbeitskraft zu entschädigen, die freigesetzten Bauern existenzfähig und produktiv zu erhalten und die auf dem Lande freiwerdenden Arbeitskräfte anderweitig zu beschäftigen seien. Dieses komplexe Fragenbündel wurde bei wachsender Bevölkerung und eher abnehmender Flächenproduktivität in Rußland – zum Unterschied von Preußen – auch in zwei Menschenaltern nach Aufhebung der Gutsuntertänigkeit nicht gelöst.

Die sich weiterhin selbst erzeugende Armut und der Landhunger überwiegender Teile der Dorfbevölkerung blieben die Ursachen der sozialen Unstabilität und der unzulänglichen Kapitalbildung Rußlands. Die Ausdehnung des Anbaus in die jungfräulichen Getreidesteppen der Schwarzmeergubernien und die absolute Zunahme der Agrarproduktion konnte nicht viel dazu beitragen, die große Masse des Landvolkes sowohl als marktbeliefernde Produzenten wie als kaufkräftige Konsumenten in eine sich gleichgewichtig entwickelnde Industriegesellschaft einzugliedern.

„Die heutige russische Industrie trägt einen kolonialen Charakter; die modernen Fabriken des Großbetriebs wurden vom Westen her übernommen und unvermittelt aufgebaut über den altertümlichen Formen des „nationalen Gewerbes", welches bäuerlicher Hausfleiß war"[2]. Diese Beobachtung eines welterfahrenen liberalen Ökonomen, der auch über noch bestehende Leibesstrafen in der Industrie, 16-stündige Arbeitszeit, Überzahl von Aufsichtsführenden, hohe Arbeitskosten trotz niedriger Löhne berichtet, trifft noch um 1900 den Sachverhalt einer „dual economy" in Rußland.

Die geringe Kaufkraft des Landvolkes, der zum Unterschied von Westeuropa oder Japan fehlende Unterbau industrieller Klein- und Mittelbetriebe einerseits und der Bedarf des Staates an Stahl für Eisenbahn und Rüstung andererseits führten zu Industrieballungen an kostengünstigen Standorten: In St. Petersburg wegen der Seetransportverbindung für englische Kohle, im ukrainischen Donezrevier wegen der nahen Verbindung von Erz und Kohle, im Raum Moskau-Wladimir, wo auf der Grundlage unterbeschäftigter Landbevölkerung, von Holz als Heizmaterial und der Einfuhr zunächst amerikanischer Garne und britischer Maschinen eine binnenmarktorientierte Kattunindustrie entstand. Der südliche Ural, zur Zeit der Verhüttung mit Holzkohle und von Leibeigenenfabriken ein Zentrum der Roheisengewinnung, die in der petrinischen Zeit die gleichzeitige britische um einiges übertraf, fiel dahingegen mehr und mehr zurück. Die von Verbrauchs- oder Weiterverarbeitungszentren kostspielig weit entfernten Standorte hätten keine ausreichende Rendite erbracht. Damals schon bekannte Mineralvorkommen blieben deshalb unerschlossen. Die vorangetriebenen Eisenbahnbauten trugen zwar zur Entwicklung der Warenmärkte und der Getreideexporte bei, doch wegen der Weitmaschigkeit des Netzes und auch sonst unzulänglicher Verkehrsbedingungen verharrten weiterhin große Regionen in bäuerlicher Selbstversorgungswirtschaft.

Ungleichmäßige Entwicklung der Regionen und Wirtschaftszweige, wegen mangelnder Kaufkraft und Schulbildung breiter Bevölkerungsschichten unzureichende Verbreitung des technischen Fortschritts einerseits und beschleunigte Entwicklung in einigen Sektoren andererseits charakterisieren die Wirtschaft Rußlands auch am Anfang des XX. Jahrhunderts.

Die wirksamsten Antriebe des Aufschwungs waren die wachsenden Staatsaufträge und ständig steigende Preise auf dem Weltgetreidemarkt. Schutzzölle, verglichen mit Westeuropa ungewöhnlich hohe, gelegentlich 20 v.H. übersteigende Kapitalrenditen und hohe Zinsen von Staatsanleihen zogen ausländische Investoren an. Steigende Erlöse aus dem Getreideexport belebten zwar den Binnenmarkt und stimulierten die Kapitalbildung auch außerhalb der von Staatsaufträgen lebenden Industriezweige. Aber die Zunahme der Getreideflächen und technischer Kulturen schränkte die Viehzucht ein und ließ den Fleischverbrauch pro Kopf sinken. Der wachsende Nahrungsbedarf der in der Industrie Beschäftigten traf auf ein durch Exporte an Getreide und Veredelungsprodukten sinkendes Inlandsangebot. Im Vergleich der Jahre 1901 und 1913 wuchs der Export von Kartoffeln um den Faktor 3,6, von Spiritus um 4, Fleisch 2, Getreide 1,07. Vermarktetes Getreide kam zu 71 v.H. von Gutswirtschaften und Bauernwirtschaften über 20 ha.

Eine Merkwürdigkeit der russischen Wachstumsindustrie war ihr technischer Hochstand, bewirkt durch die Verwendung importierter modernster Technologien in den vorherrschenden Großbetrieben, aber begleitet von geringer Produktivität; eine Folge auch personeller Überbesetzung und saisonaler Fluktuation angelernter Arbeitskräfte, die zur Erntearbeit aufs Land gingen. Hohe Wachstumsraten der an privatwirtschaftlich rentablen Standorten geballten Industrien änderten wenig an dem industriellen Rückstand des Landes im Ganzen, der schon an dem relativ geringen Mechanisierungsgrad abzulesen war. So betrug (nach Ljaščenko) 1907 der PS-Einsatz pro Kopf der Bevölkerung nur 1.6 gegenüber 25 in den USA und 13 in Deutschland. Der gesamte Energieaufwand kam gleich einem Fünfzigstel des nordamerikanischen und einem Fünftel des deutschen. Für 1913 wird die gesamte russische Industrieproduktion auf 1.6 der deutschen und 1/14 der nordamerikanischen geschätzt. Während Deutschland 190 mill. Jahrestonnen Kohle förderte, waren es in Rußland nur 30. 1913 betrug der Ausstoß an Roheisen 30 kg pro Kopf, gegenüber 326 kg in den USA, 206 in England und 250 in Deutschland; der Verbrauch an Baumwolle 3,1 kg pro Kopf, gegenüber 14 kg in den USA und 19 kg in England. Im übrigen veränderten sich diese Relationen zwischen 1900 und 1913, auch noch für die Mehrzahl anderer Erzeugnisse, zu ungunsten Rußlands.

Die Stolypinsche Agrarreform (1905) begünstigte zwar durch die Auflösung der nur bei den Russen vorherrschenden Bodengemeinschaft (obščina) die „Wanderung des Bodens zum besseren Wirt“ und damit die Verwendung industrieller Ackergeräte; jedoch die große Masse der Höfe verharrte in rückständigen Arbeitsweisen. 1912 war ein Drittel der Höfe ohne Pferd, 1910 benutzten 3 Mill. Wirtschaften Holzpflüge, 6 Mill. den Hakenpflug (socha) und nur ebensoviele eiserne Pflüge. Neben 5,7 Mill. Holzeggen, 20 Mill. Holzeggen mit Eisenzähnen wurden nur etwa eine halbe Mill. Eiseneggen, 811 Tsd. Mähmaschinen und 27 Tsd. Dampfdrescher verwendet. Dem geringeren Einsatz an Maschinen und Mineraldrünger (7 kg je ha gegenüber 57 in Frankreich, 166 in Deutschland) entsprechend betrug die Flächenproduktivität bei Getreide die Hälfte derjenigen Frankreichs und ein Drittel derjenigen Deutschlands.

Im Zarenreich fehlte es nicht an bedeutenden, meist aus dem Kaufmannstand hervorgegangenen industriellen Gründerfiguren, dahingegen an der breiten, hochspezialisierten gewerblichen Schicht, die in West- und Mitteleuropa sowie in Japan den Mutterboden des schöpferischen Unternehmertums bildete. Auch dieser Umstand förderte das Eindringen ausländischer Unternehmer und des hinter ihnen stehenden internationalen Kapitals, das sich freilich zunehmend an den Interessen des Staates und der einheimischen Investoren zu orientieren hatte.

Tab. 1 Anteile ausländischen Kapitals in der russischen Volkswirtschaft 1881–1914

Jahr	Eisenbahnen			Industrie		
	Gesamtkapital Mill. Rubel	davon Auslandskapital Mill. Rubel	%	Gesamtkapital Mill. Rubel	dav. Auslandskapital Mill. Rubel	%
1881	2097	1669	94	331	53	16
1893	2918	2365	81	502	146	29
1900	3856	3237	85	1508	640	42
1914	4816	3546	74	3224	1431	44

Quelle: R. Lorenz, Sozialgeschichte der Sowjetunion 1, Frankfurt am Main 1976, S. 310

Daß mit dem Kapital auch der technische Fortschritt und seine Anwendung importiert werden mußten, lag nicht am Fehlen eigenen Erfindergeistes, sondern an der Unzulänglichkeit des für die Durchsetzung von Innovationen erforderlichen Geflechts technisch/industrieller und kommerzieller Beziehungen.

Die Widersprüche zwischen dem imperialen Großmachtstreben, der Notwendigkeit einer adäquaten Modernisierung der Wirtschaft, Staatsverfassung und Verwaltung einerseits und dem Zurückbleiben in der Nutzung des menschlichen und natürlichen Potentials andererseits, nicht zuletzt aber die agrarsoziale Krise beunruhigte zutiefst die heranwachsende Intelligenzschicht. Da diese in ihren Fähigkeiten nur unzureichend genutzt, d.h. in die überlieferte militärisch-bürokratische Hierarchie spärlich eingegliedert wurde, war sie revolutionären Ideen leicht zugänglich[3].

Die militärische Niederlage (1905) gegen Japan löste eine mächtige Streikbewegung und lokale Bauernrevolten, die „Generalprobe der Revolution" aus, stimulierte aber auch die zweite große Agrarreform. Deren Ziel war die Auflösung der obščina, die, ehemals aus der Kollektivhaftung für Steuerschulden sowie späteren Ablösungsbeträgen an die Grundherrschaft entstanden, durch die damit einhergehende periodische Umverteilung der Landanteile zur sorglosen Übernutzung d.h. Auslaugung der Böden beitrug. Freilich bildete die Landgemeinde wegen der sonst fehlenden Sozialfürsorge auch den letzten Rückhalt der frühindustriellen städtischen und dörflichen Armut.

Die liberale Agrarreform, die Lenin seinerzeit als den „preußischen", d.h. zur Herausbildung kapitalistischer Gutsbetriebe führenden Weg bezeichnete, hätte aber – wären ihr mehr als die wenigen Jahre bis zum Kriegsausbruch beschieden gewesen – nur dann auch die entsprechenden Ergebnisse zeitigen können, wenn die Entstehung marktleistungsfähiger bäuerlicher und Gutsbetriebe begleitet gewesen wäre von der Abwanderung freigesetzter ländlicher Arbeitskräfte und nicht spannfähiger Bauern in Neuland oder in die Industrie. Eine Projektion der seinerzeit erkennbaren wirtschaftlichen Entwicklungslinien spricht jedoch nicht für die Möglichkeit des Eintretens dieser Voraussetzungen. Die Entstehung industrieller Arbeitsplätze blieb weit zurück hinter der wachsenden ländlichen Überbevölkerung, gleichbedeutend mit versteckter Arbeitslosigkeit, und es fehlte der Entlastungseffekt der Auswanderung nach Übersee, der in West-Mitteleuropa zu einem sozial friedlichen Ablauf der industriellen Revolution entscheidend beigetragen hatte[4].

Stolypin verkündete zwar, daß „in drei Jahrhunderten nur 4 1/2 Mill. nach Sibirien aufgebrochen seien, in den letzten 15 Jahren dagegen drei Mill., davon die Hälfte zwischen 1907-1909 allein", aber schon in den darauf folgenden Jahren stieg die Zahl der wegen Kapitalmangels und ungesicherter Eigentumsverhältnisse enttäuschten Rückwanderer auf mehr als die Hälfte der Zuwandernden.

Wie immer man die Chancen einer mit mehr oder weniger Staatsinterventionen verbundenen weiteren Liberalisierung der russischen Wirtschaft für die Lösung der sozialökonomischen Spannungen einschätzen mag – es bleibt schließlich das Faktum der militärischen Niederlage gegen die im ersten Weltkrieg kaum mit der Hälfte ihres Potentials im Osten fechtenden Mittelmächte; die dritte Niederlage also innerhalb zweier Generationen, die erneut bewies, wie weit die Großmachtansprüche Rußlands hinter der Erschließung seiner mächtigen Ressourcen und den sozialen Erfordernissen zurückgeblieben waren. So erscheint die Revolution von 1917 als ein elemtares Ereignis, hervorgegangen aus der vollends geschwächten sozialökonomischen Struktur des Zarenreiches und in ihrer Führung von dem Entschluß bestimmt, diese soziale und machtpolitische Rückständigkeit zu überwinden. In Stalins Worten: „Die Geschichte des alten Rußland bestand unter anderem darin, daß es wegen seiner Rückständigkeit fortwährend geschlagen wurde. Es wurde von allen geschlagen wegen seiner militärischen Rückständigkeit, wegen seiner kulturellen Rückständigkeit, wegen seiner staatlichen Rückständigkeit, seiner industriellen Rückständigkeit, seiner landwirtschaftlichen Rückständigkeit. Darum sagte Lenin am Vorabend des Oktober: Entweder Tod oder die fortgeschrittenen kapitalistischen Länder einholen und überholen. Wir sind hinter den fortgeschrittenen Ländern um 50–100 Jahre zurückgeblieben. Wir müssen diese Distanz in zehn Jahren durchlaufen. Entweder wir bringen das zuwege oder wir werden zermalmt."[5]

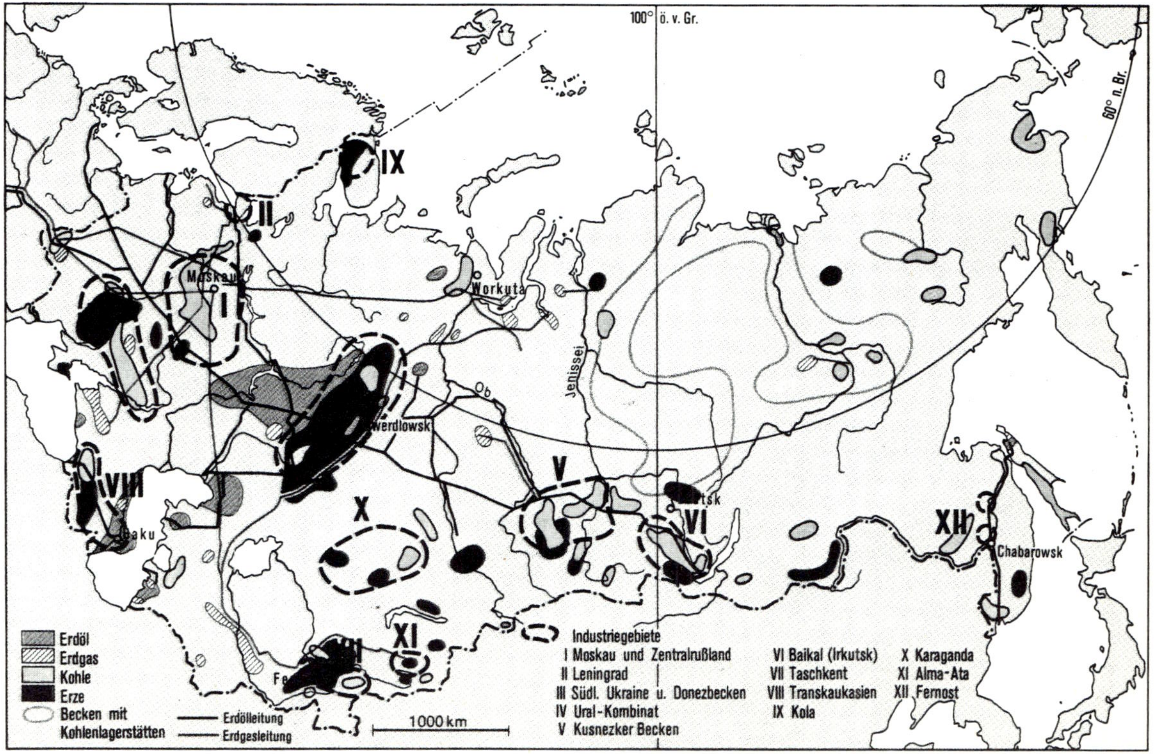

Bodenschätze und Industrie in der SU

(Aus: Sowjetunion, Land, Staat, Wirtschaft, in Erdkunde in Stichworten Teil III, von Th. D. Zotschew, Kiel 1976)

2. NATÜRLICHE GRUNDLAGEN

Eine wirtschafts- und kulturgeographische Beschreibung des größten, fast alle Klimazonen umfassenden Wirtschaftsraumes der Erde ist hier nicht zu vermitteln, wohl aber einige geoökonomische Daten, ohne deren Kenntnis das Verständnis der sowjetischen Wirtschaftspolitik und ihrer Ergebnisse beschränkt bliebe. Man kann nicht behaupten, daß Umweltfaktoren die Entscheidungsfreiheit bei der Lösung wirtschaftlicher Probleme auf kurze Sicht eindeutig bestimmen. Die Entstehung einer Wirtschaftsordnung als Rahmen einzelwirtschaftlichen Verhaltens vollzieht sich dahingegen als ein politischer Prozeß, der auf Probleme und Erwartungen mit weitem Zeithorizont ausgerichtet ist und bei dem Erfahrungen von Problemen und Chancen wirksam sind, die aus den natürlichen Lebensbedingungen einer Volkswirtschaft hervorgehen. Auch der Grad der staatlichen Einwirkung auf Form und Ablauf dieses Prozesses erscheint als durch jene Umstände wesentlich beeinflußt.

In der Ökonomik sind Idee und Praxis der von räumlichen Umständen bestimmten einzelwirtschaftlichen Entscheidungen in Standortlehren begründet[6]. Den folgenden Überlegungen liegt der Gedanke zugrunde, daß entsprechende Methoden auch auf die Erklärung der Wahl eines Wirtschaftssystems im Ganzen und/oder in seinen Teilen anwendbar sind.

Das Hauptdatum des geographisch „Eurasien" genannten sowjetischen Wirtschaftsraumes ist seine Kontinentalität. Bei einer Ausdehnung von annähernd 10 000 km in der geographischen Breite und bis zu 4 500 km in der Länge liegen die Standorte der Produktion zunehmend weit von offenen Meeresküsten entfernt. Mächtige Ströme, wie Wolga, Ob, Jenissej, Lena fließen quer zur west-östlichen Hauptarterie des Verkehrs und münden in Binnen- oder Eismeeren.

In einem freilich schwer abzuschätzenden Integral verschiedener Beförderungsmittel ist das Kostenverhältnis von Land- und Wassertransport mit mindestens 10 zu 1 anzusetzen. Das Gewicht dieses Faktors für eine vorwiegend kontinentale Wirtschaft ist damit offenkundig. Es wirkt umso nachhaltiger, je weiter die Stätten der Produktion und des Verbrauchs von ihren Bezugsquellen sich entfernen.

Die Kostenlast der Transporte ist aber nicht nur durch die Entfernungen, sondern auch durch die Art der Transportmittel bestimmt. Der geringe Anteil des Wassertransports im Gesamtverkehr der Sowjetwirtschaft fällt besonders ins Gewicht. Die Nachteile der kontinentalen Lage gegenüber den durch den meeresnahen und meeresverbundenen Verkehr begünstigten Volkswirtschaften werden so erst evident[7]. Die Nutzung der Wasserwege der UdSSR wird überdies eingeengt durch die lange Frostdauer und die Tatsache, daß die großen Ströme quer zu dem west-östlichen Hauptverkehrsstrang des ganzen Wirtschaftsraumes fließen. Das Gesagte sei durch die folgenden sowjetischen Zahlenangaben veranschaulicht:

Durchschnittliche Transportstrecke wichtiger Güter auf der Eisenbahn (in km)

		1940	1950	1960	1970	1972
Alle	Frachten	700	722	798	861	870
davon	Steinkohle	694	689	681	692	690
	Erdöl	1234	1205	1360	1169	1203
	Eisenmetalle	1039	1213	1163	1357	1388
	Holz	750	842	1387	1647	1634
	Getreide	734	795	1152	1050	1106
	Erze	612	574	552	690	764
	Mineral. Baumaterial	253	296	364	434	439
	Mineraldünger	1496	1307	1207	1000	999

Quelle: Statistisches Jahrbuch (russ.), Moskau 1970, S. 432; 1972 errechnet.

Zum Vergleich: Die durchschnittliche Transportentfernung bei der Deutschen Bundesbahn betrug 1964 nur 211 km (Börsen- und Wirtschaftsjahrbuch 1965, Hrsg. FAZ, S. 86)

Anteile der Transportträger an der Transportleistung (in %)

Jahr	Eisenbahn	Seeschiffahrt	Flußschiffahrt	Rohrleitung	Lastkraftwagen
1917	73,4	9,0	17,5	0,0	0,1
1928	78,2	7,8	13,3	0,5	0,2
1940	85,1	4,9	7,4	0,8	1,8
1950	84,9	5,0	6,5	0,7	2,9
1960	80,0	6,7	5,3	2,7	5,3
1965	70,6	14,1	4,8	5,3	5,1
1970	65,2	17,1	4,5	7,4	5,6

Quelle: Statistisches Jahrbuch 1970, S. 427, 1972 keine Angaben.

Die kontinentalen Transportentfernungen belasten auch die Außenwirtschaft, insbesondere im Verhältnis zu den osteuropäischen Mitgliedern des RGW. Nach neueren Angaben[8] beträgt der Anteil der Transportkosten bis zur Westgrenze der UdSSR bei Eisenerz 90 v.H., bei Eisen-Halbfabrikaten 33,7, bei Walzstahl 59,1, bei Rundholz 90,2 v.H. Beim Transport von Maschinen, dem wichtigsten Exportgut Osteuropas nach der UdSSR, beträgt die Entfernung nach Charkow (Ukraine) 1076 km, nach Swerdlowsk (Ural) 2785, nach Nowo-Sibirsk (West-Sibirien) 4320, nach Chabarowsk (Ferner Osten) 9510 km.

Die Auswirkungen der Kontinentalmasse auf das Klima sind gemeinhin bekannt: Extreme Gegensätze zwischen der warmen und kalten Jahreszeit sowie zwischen Tag und Nacht, daraus hervorgehende relativ kurze Vegetationsperioden. Die Kartenskizze verdeutlicht den Anteil der einzelnen Boden- und Vegetationszonen am sowjetischen Wirtschaftsraum. Die bedeutsamsten Tatsachen sind: Der hohe Anteil der „ewigen Gefrornis“ (der Boden taut im Sommer nur in geringer Tiefe auf) mit 60 v.H. der Staatsoberfläche, derjenige der Wüsten mit ca. 25 v.H. Die landwirtschaftlichen Anbauflächen werden dadurch in einer von West nach Ost sich verengenden Zone auf 9,7 v.H. der Staatsfläche eingeschränkt[9].

Unmittelbar wirkt das Kontinentalklima auf die Ernährungswirtschaft durch große Ertragsschwankungen, die dementsprechende hohe Lagerhaltung und/oder Getreideimporte erfordern; es drängt ferner die Arbeitszeiten in Bestellung und Ernte auf kurze Zeiträume zusammen, zwingt zu Monokulturen über weite Gebiete und zu einer dementsprechenden Bevorzugung großer und größter Betriebseinheiten. Bei der zur Ernährungssicherung notwendigen Ausdehnung des Anbaues unter marginalen Bedingungen, sich verschlechterndem und unsicheren Aufwand/Ertragsverhältnis entfällt der Anreiz zu privatwirtschaftlicher Betätigung, d.h. bei individueller Agrarwirtschaft blieben weite Regionen unbebaut, die heute für die Selbstversorgung des Staates unentbehrlich sind.

Die Höhe der Erträge des Getreideanbaus wird – unter sonst gleichen Bedingungen – weitgehend von einem jahreszeitlich günstigen Zusammentreffen von Wärme und Niederschlägen beeinflußt. Trägt man die aus diesen Faktoren gebildeten Indizes kartographisch ein, so ergibt sich bei einem Vergleich der sowjetischen und der nordamerikanischen Getreideanbaugebiete, daß die Indizes der Grenzzone des in den USA gerade noch lohnenden Weizen/Mais-Anbaus in der UdSSR als über das gesamte Getreideanbaugebiet verteilt erscheinen (s. Kartenskizze S.19). Aus der erkennbaren relativen Ungunst des eurasischen Agroklimas erhellt die Notwendigkeit, eine maximale Ausdehnung der Getreideflächen anzustreben, auch um die großen periodischen Ertragsschwankungen unter den verschiedenen Anbauregionen möglichst auszugleichen.

Aus den gegebenen Daten ist bereits die Größe der Aufgabe zu ermessen, bei einer wachsenden Bevölkerung die über den ganzen weiten Staatsraum ungleich verteilten, zunehmend in siedlungsarmen Gegenden liegenden Ressourcen zu erschließen sowie die erforderlichen staatlichen Finanzierungsmittel aufzubringen und auch dort einzusetzen, wo nach Grundsätzen einzelbetrieblicher Rentabilität nicht zu wirtschaften wäre. Unter diesem Imperativ zunehmender wirtschaftlicher Staatstätigkeit hatte bereits der Zarenstaat gestanden. Im Zeichen der Lenin'schen Politik einer planmäßigen Erschließung der Ressourcen des ganzen Landes wurde es zum Leitprinzip schlechthin erhoben.

Der polare Gegensatz zwischen der zentral gelenkten Landeserschließung in der Sowjetunion und der freiwirtschaftlichen in Nordamerika wirkt bis heute konstitutiv auf die gesamte Verfassung der beiden Weltmächte; ihn zu beschreiben und erklären bleibt deshalb aktuell. Auf die bedeutenden Unterschiede in der historischen Ausgangslage und in den Wohlstandsquellen der europäischen Siedlungsexpansion nach Nordamerika und Eurasien ist in Kap. 1 bereits hingewiesen worden.

Ein vergleichsweise großer Vorteil Nordamerikas im Stahlzeitalter war und ist die Nachbarschaft leicht abbaubarer Erz- und Kohlelager mit Wassertransportmöglichkeiten zwischen Chicago und Ostpennsilvanien. Die daraus hervorgegangene gewaltige Verdichtung wirtschaftlicher Aktivität auf einem im Verhältnis zum Kontinent kleinen Raum bildete eine Wohlstandsmetropole, aus deren Überschüssen Standorte weniger raumbildender Industrien in größerer kontinentaler Tiefe alimentiert wurden; punktuell, wie bei der Erschließung

Für Maisanbau günstige Zonen der USA. Eingetragen sind sowjetische Städte, die in vergleichbaren Klimazonen liegen. (Vgl. Karte der UdSSR).

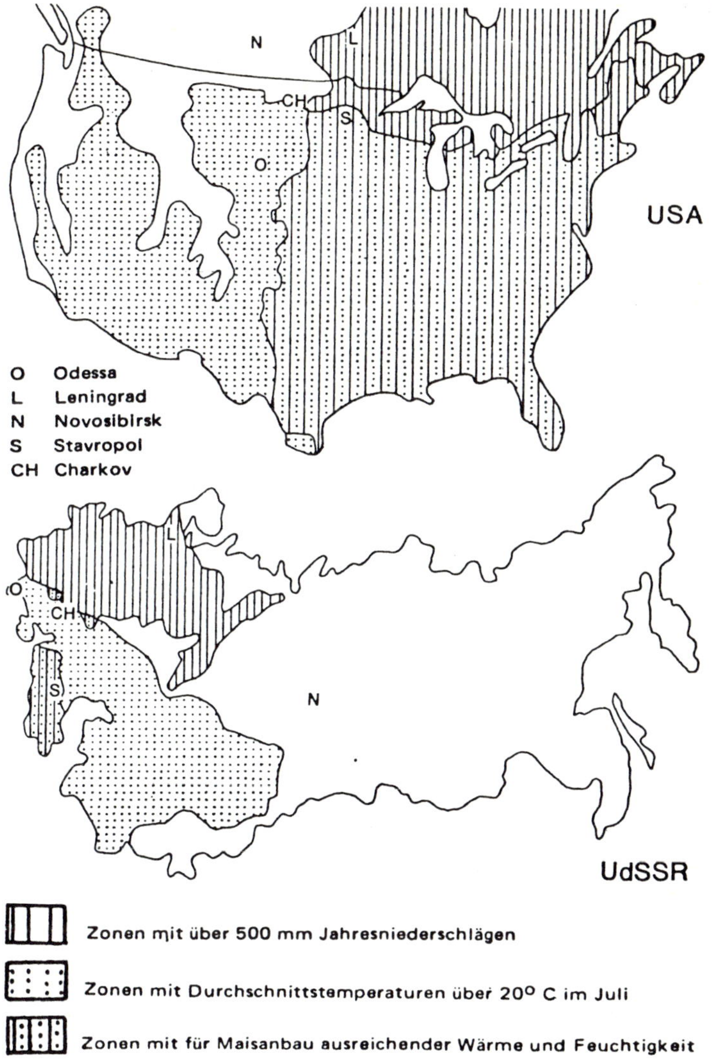

Zur Kartenskizze:
(Karten ungleichen Maßstabes (etwa 1 : 2). – Die Darstellungsweise in: «Journal of Farm Economics», May, 1956 [Bd. 38], Meivasha, Wisc., USA. Auch bei: R. Dumont, *Sovkhoz, Kolkhoz ou le Problématique Communiste*. Paris 1964).

der Erze von Labrador und des Erdölzentrums Edmonton, oder leichtindustriell flächig im Zuge der Raumklimatisierung in den Südstaaten. Die Lage der großen Ballungen inmitten landwirtschaftlicher Hauptanbaugebiete und zwischen den Millionenstädten Nordamerikas als Konsumzentren war eine weitere Bedingung liberaler Wirtschaftsexpansion[10].

Beim Vergleich der Wirtschaftssysteme und deren Entstehungsbedingungen liegt es nahe, für den Bereich der Landwirtschaft die agroklimatisch und in der Extensität der Betriebsweise ähnlichen Anbaugebiete Kanadas und Rußlands gegenüberzustellen. In Kanada betragen die durchschnittlichen Transportentfernungen zu den Ausfuhrhäfen etwa 350 km, in der UdSSR wird das Getreide – ganz vorwiegend auf der Schiene – über durchschnittlich 1500 km transportiert. In Kanada können, anders als in der UdSSR, hohe Anteile der Anbauflächen im Interesse der Bodenpflege und ohne Gefährdung der Ernährungssicherheit umschichtig brach liegen bleiben. Diese und andere Umstände tragen dazu bei, daß es sich für den kanadischen Farmer – auch in einer Art Teilbeschäftigung von der Stadtwohnung aus – lohnt, selbst unter schwierigen agroklimatischen Bedingungen Getreide anzubauen, während in den östlich der Wolga sich erstreckenden Neulandgebieten, die etwa ein Viertel der Getreideernte der UdSSR aufbringen, eine individualwirtschaftliche Rentabilität nicht zu erwarten wäre.

Ein wesentlicher, bei Effizienzvergleichen kaum je beachteter Unterschied zwischen Nordamerika und Eurasien liegt in den stofflichen Voraussetzungen des Straßenbaues, nämlich im Fehlen ausreichenden Schottermaterials infolge der geologischen Verhältnisse in diesem Teil der Welt. Die alluvialen Sande des Nordens, die lehmigen Podsol- und Schwarzerdeböden der Mitte und des Südens der UdSSR machen nach Regenfällen und in der Zeit der Schneeschmelze die Verkehrswege abseits der Hauptstrecken grundlos; die Gesamtlänge befestigter Straßen entspricht nur derjenigen von zwei bis drei Bundesstaaten der USA.

Dieser Nachteil, der nur durch die Festigkeit der Straßendecke während der langen Frostperioden gemildert wird, macht sich in der Landwirtschaft als dem größten Transportunternehmen besonders bemerkbar. In Europa und Nordamerika sind asphaltierte Hofflächen und Betriebswege die Grundlage für eine schnelle Beweglichkeit motorisierter Fahrzeuge und damit hoher Arbeitsproduktivität. Dagegen hat sich ein motorisierter Kolchosbetrieb von etwa 1500 ha Ackerfläche mit nur 400 m fester Straßendecke je 100 ha zu begnügen[11].

Die schlechten Wegeverhältnisse des Landes überbeanspruchen die Fahrzeuge und hemmen die Effizienz des motorisierten Verkehrs. In einer Kremlbotschaft an die Werktätigen (Pravda, Jan. 1978) wird kritisiert, daß im Schwarzerdegebiet 40 v.H. der Lastwagen und 50 v.H. der Anhänger stilliegen, betriebsfähige Fahrzeuge nur neun Stunden täglich rollen; alles in allem die mögliche Transportkapazität nur zu 15-20 v.H. genutzt wird. Vom sowjetischen Traktorenpark fallen 13 v.H. während der gesamten Arbeitszeit aus. Es ist anzunehmen, daß die genannten Ausfälle auf nicht rechtzeitig heranzubringende Ersatzteile zurückzuführen sind, so wie wegen schlechter Wegeverhältnisse Berge von nicht rechtzeitig abgeholten Mineraldünger im Regen verderben und erhebliche Mengen des auf Loren verladenen Getreides auf den langen Wegen bis zum Sammelpunkt (im Neulandgebiet im Durchschnitt 120 km) unterwegs verschüttet werden.

So bilden die Sachzwänge einer beschleunigten Industrialisierung, bekannte oder vermutete bedeutende Naturschätze im siedlungsarmen östlichen Herrschaftsraum und die ungünstigsten agroklimatischen und Verkehrsbedingungen der nördlichen Halbkugel zugleich die mitbestimmenden Faktoren der sozialökonomischen Entwicklung und politischen Verfassung des Sowjetstaates, die zu beachten unerläßlich ist, um zu einem abwägenden Urteil über beides zu gelangen.

Die wirtschaftliche Erschließung der über den größten staatlichen Wirtschaftsraum verteilten, meistens in klimatisch schwierigen, siedlungsabweisenden Gebieten liegenden mineralischen und energiewirtschaftlichen Ressourcen ergibt sich nicht nur aus dem horror vacui der Staatsmacht, sondern eindeutig aus der Unzulänglichkeit oder voraussehbarer Erschöpfung dieser Quellen in alten Siedlungsgebieten. Mit der Formel, daß etwa ein Viertel der Sowjetbevölkerung hinter dem Ural wohnt, dort aber mindestens drei Viertel der Rohstoffreserven liegen, wird der Nation die unaufhörliche Notwendigkeit zu deren Erschließung und der damit einhergehende Verzicht auf mögliche kurzfristige Wohlstandssteigerung in den bereits erschlossenen Regionen verständlich gemacht. Der Transfer des Mehrprodukts aus diesen zum Zwecke der Kapitalbildung in Entwicklungsgebieten ist eine wesentliche Funktion des Staatshaushaltes, der als integrierter Gesamthaushalt aller staatlichen Betriebe den mächtigsten Faktor der Zentralisierung der sowjetischen Verwaltungswirtschaft darstellt.

Die Wechselwirkung zwischen räumlicher Expansion und der Neigung zur zentralwirtschaftlichen Regelung, die meist mit Einbußen einzelwirtschaftlicher Rentabilität an begünstigten Standorten einhergeht, bestätigte sich auch bei der Ausdehnung des Getreideanbaus in die semiariden Steppen Zentralasiens nach 1965. Etwa 40. Mill. ha. wurden bei Niederschlagsmengen unter 250 mm und einer auf die Zeit von fünf Monaten eingeschränkten Vegetationsperiode neu umgebrochen. Die ursprünglich geringe Bevölkerungsdichte von ca. 5 je qm, die begrenzte und kostspielige Heranführung industrieller Arbeitskräfte aus entlegenen Gebieten während der kurzen Erntezeit, letztlich ein extensiver Getreideanbau ohne Fruchtwechsel mit konzentriertem Einsatz motorischer Kraft bei Aussaat und Ernte erfordern maximale Betriebsgrößen (durchschnittlich etwa 50 Tausend ha) und den Faktoreneinsatz unter staatlicher Regie.

Die Anbauplanung kann unter solchen Umständen und wegen der klimatisch bedingten Ertragsunsicherheit nicht mehr betriebsindividuell sondern nur als gesamtstaatliche Anbaustrategie erfolgen. Entscheidend für den riskanten Vorstoß in die auch durch nachfolgende Winderosion gefährdete Region war die Aussicht, antizyklisch zu den großen Ertragsschwankungen in den anderen Anbaugebieten des Reiches erforderliche Getreidemengen zu gewinnen und sei es auch bei Ertragserwartungen von im Jahresdurchschnitt unter 10 dz/ha und Verlusten von mindestens 20 v.H. bei Einbringung und Lagerung. Eine andere Betriebsweise, beruhend auf der Grundlage privatwirtschaftlicher Rentabilität oder am Ertrag orientierter Produktionsgenossenschaften (Kolchose) könnte unter solchen Bedingungen nicht bestehen.

Die Expansion der Wirtschaft in Gebiete mit wachsenden Kapital- und Betriebskosten hat zur Entstehung und Beharrlichkeit der staatswirtschaftlichen Ordnung und der ihr entsprechenden Systeme der Finanzierung und der Faktorenzuteilung entscheidend beigetragen. Eine Politik des regionalen Wohlstandsausgleichs als Voraussetzung oder Folge planmäßiger, auf Selbstversorgung bedachter Standortlenkung ist heute ein Leitgrundsatz aller Volkswirtschaften, die der marktwirtschaftlichen Tendenz zur Ballung in standortbegünstigten Regionen durch staatliche Investitionslenkung entgegenwirken[12]. Die Sowjetwirtschaft läßt sich so als System verstehen, in dem unter der Herausforderung widriger Naturbedingungen eine solche Politik der zentralen Ressourcenverteilung über Räume mit extrem verschiedenen Produktions- und Lebensbedingungen zur Maxime staatlicher Wirtschaftslenkung erhoben worden ist[13].

Die Folgekosten der als unvermeidbar angesehenen Raumexpansion verstärken nicht nur über die Macht des Staatshaushaltes die Neigung zur betrieblichen Gigantomanie und zum Zentralismus. Die großen, vor allem in der Urproduktion noch wachsenden Entfernungen führen zu Unpünktlichkeit und Unzuverlässigkeit in den Zulieferungen. Infolgedessen neigen die Betriebe dazu, möglichst viel davon und deshalb unrationell selbst anzufertigen und überplanmäßige Vorräte anzusammeln. Die staatliche Zuteilung von Produktionsmitteln (Gossnab) arbeitet dadurch noch schwerfälliger. Die extensive Verteilung der Produktionsstätten und die unzureichenden Verkehrsverhältnisse sind auch ein Hemmnis der wünschenswerten Ansiedlung von kleinen Betrieben in ländlichen, mit saisonaler Unterbeschäftigung während der langen Wintermonate belasteten Regionen.

Wirtschaftlicher Zentralismus mag eine unentbehrliche Stütze der Einparteiherrschaft bei staatlichem Eigentum an den Produktionsmitteln sein und der Gründungsidee der sowjetischen Wirtschaft entsprechen, die nach Lenin „wie ein Betrieb, wie eine Fabrik“ zu funktionieren hätte: dennoch ist die Logik der Vorteile betrieblich oder regional dezentralisierter Entscheidungen unabweisbar. Aus ihr rührt das Hauptargument ständiger Bemühungen um eine Reform des Systems, die sich bis zum politischen Wunschbild eines freiheitlichen d.h. Marktsozialismus steigern können.

Unter den besonderen Bedingungen des Sowjetstaates gerät aber die einzelbetriebliche Ratio, die von dem besseren Einblick in den Einsatz der Produktionsfaktoren am Ort geleitet ist, in Widerspruch mit den makroökonomischen Erfordernissen der großräumigen Ausdehnung der Wirtschaft. Diese regieren auch die staatliche Preisfestsetzung, die darauf gerichtet ist, extrem unterschiedliche Produktionskosten, vor allem in der Urproduktion, durch politische Preise zu nivellieren. Das aber führt naturgemäß zu einer den realen Knappheiten nicht entsprechenden Wirtschaftlichkeitsrechnung bei den verarbeitenden Betrieben.

Bekanntlich werden heute in aller Welt durch staatliche Intervention und/ oder durch monopolistisches Verhalten einzelne Preise ‚manipuliert‘, um Kostennachteile von Betrieben oder Branchen auszugleichen. Die Sowjetwirtschaft kann als ein System der Verallgemeinerung dieser Politik erklärt werden. Anders als in Marktwirtschaften, in denen auch bei monopolistischer Konkurrenz letztlich Knappheitspreise die Faktorenallokation bestimmen, ist im Sozialismus mit staatlich fixierten Preisen und Löhnen einer Politik des regionalen Finanz- und Preisausgleichs ein ungleich weiterer Spielraum gegeben. Sie ist freilich mit einer Senkung der in den begünstigteren Regionen sonst möglichen Einkommen verbunden.

Alles in allem: Wenn man die bis an jeweils äußerste Grenzen der sozialen Kosten gehende Raumerschließung als existentielle Notwendigkeit der Sowjetmacht ansieht, so erscheint die Sozialisierung der Produktionsmittel als Voraussetzung und gleichzeitig als nicht revidierbare Folge der Expansion. In diesem Sinne wäre dem sowjetischen Wirtschaftssystem eine geoökonomische Ratio nicht abzusprechen, die anstelle der einzelwirtschaftlichen der Wettbewerbswirtschaft getreten ist[14]

3. DIE ZENTRAL GELENKTE INDUSTRIELLE REVOLUTION UND GESELLSCHAFTLICHE TRANSFORMATION

DIE VOLKSWIRTSCHAFT WÄHREND DES BÜRGERKRIEGES

Die militärische Niederlage gegen die wirtschaftlich weit stärkeren Mittelmächte hat auch die industrielle Rückständigkeit und Schwäche des russischen Imperiums offenbart. Die nach der Abdankung des Zaren (12.3.1917) eingesetzte Provisorische Regierung konnte der zunehmenden Hungerunruhen in den Städten, der spontanen Aufteilung von Gutsland, der Finanzkrise nicht mehr Herr werden. Im November war die Lage so schlecht, daß sie nach jedermanns Meinung durch irgendeinen Wechsel nicht schlechter werden konnte.

Unter der strategisch überlegenen Führung W. I. Lenins überspielte die Gruppe der bolschewistischen Marxisten die in der bäuerlichen Massenbewegung führenden Sozialrevolutionäre durch Aneignung ihres Agrarprogramms („Der Boden dem, der ihn bearbeitet"). Zur Usurpierung der Staatsmacht durch Besetzung der strategisch wichtigsten Punkte in den Hauptstädten genügten die numerisch schwachen Kräfte des Industrieproletariats. Die nach Beseitigung der Grundherrschaft politisch amorphe Landbevölkerung teilten die Bolschewiki zum Zwecke politischer Manipulierbarkeit in die Gruppen der land- und (oder) gespannlosen Dorfarmut, der mit Familienkräften werkenden Mittelbauern und in die auch Knechte beschäftigenden, mit Inventar besser ausgestatteten sogenannten Kulaken (kulak = Faust, älterer Spitzname für den zuweilen auch wucherisch Betriebsmittel anhäufenden größeren Bauern).

Innerhalb des Aktionsspielraums eines vorgegebenen Bündnisses der Arbeiter und werktätigen Bauern (Smyčka) gelang es den Bolschewiki, die Macht zu behaupten und nach außen gegen konterrevolutionäre Armeen sowie Truppen der westlichen Alliierten und Deutschlands zu verteidigen. Zeitweise war ihr Machtbereich auf den Kernraum um Moskau zusammengedrängt. Die hohen Auslandsschulden hatte man mit einem Federstrich beseitigt. Die machtpolitische Isolierung wurde durch Propaganda und Benutzung von radikalen Gruppen in der ganzen Welt weitgehend wettgemacht. Von entscheidender Bedeutung für die politische Orientierung der Sowjetmacht war das Ausbleiben oder die Niederlage kommunistischer Diktaturen in höher entwickelten Ländern.

Die volkswirtschaftlichen Zustände während des Bürgerkrieges entsprachen einer durch diktatorische Maßnahmen der revolutionären Staatsgewalt mühsam gebändigten Anarchie, die aus der spontanen Bewegung der Massen wie aus den der Auflösung der bisherigen Ordnung dienenden Dekreten der Bolschewiki hervorgegangen war. Der Aufstand der Roten Matrosen in Kronstadt (März

1921) gegen die rücksichtslose Behandlung der Bauern („Kommunismus ohne Bolschewiki") wurde als Warnsignal verstanden. Lenin setzte die Umkehr, die neue ökonomische Politik (NEP), durch.

DER „KRIEGSKOMMUNISMUS"

Lenin hatte im Anschluß an die Lehren F. Engels über das „Absterben des Staates" nach erfolgter Sozialisierung der Produktionsmittel sein Konzept einer sozialistischen Wirtschaftsgesellschaft („Staat und Revolution", 1917) entwikkelt. Er beschrieb nur die Zustände der „ersten Phase der kommunistischen Gesellschaft", in der noch Ungleichheit besteht, die Verteilung nach der Arbeitsleistung (und nicht nach den Bedürfnissen) erfolgt. Der Staat übt noch durch den bewaffneten Arbeiter die „strengste Kontrolle ... über das Maß der Arbeit und das Maß der Konsumtion" aus. Alle Bürger werden „Angestellte und Arbeiter eines das gesamte Volk umfassenden Staats-‚Syndikats'", wobei „wissenschaftlich ausgebildetes Personal" wie bisher seine Pflicht tut. „Die gesamte Gesellschaft wird ein Büro und eine Fabrik mit gleicher Arbeit und gleichem Lohn sein". Lenin meinte, daß in den vom Kapitalismus hinterlassenen Großbetrieben und in den Leitungssystemen des Verkehrs die meisten Funktionen der alten „Staatsmacht" auf die „einfachen Operationen der Registrierung, Buchung und Kontrolle zurückgeführt" werden können, so daß „ die gesamte Volkswirtschaft nach dem Vorbild der Post zu organisieren" sei. In einer folgenden Schrift „Werden die Bolschewiki die Staatsmacht behaupten?"(1917, veröffentlicht 1918) führt Lenin als weiteres Vorbild wirtschaftlicher Staatsführung das „Getreidemonopol, die Brotkarten, die allgemeine Arbeitspflicht des kriegführenden kapitalistischen Staates", d.h. des Deutschen Reiches, ein. Die Banken sollen als ein „Netz staatlicher Institutionen" das ganze Land umfassen und eine wirksame Kontrolle der „Gesellschaftlichen Buchführung" schaffen. Schon im März 1918 dachte er daran, erstklassige Spezialisten, auch aus dem Auslande, für hohes Entgelt zu gewinnen, um die Rückständigkeit des Landes zu überwinden, und bezeichnete die Steigerung der Arbeitsproduktivität als die „Grundaufgabe". Einführung des „Taylor-Systems" der Arbeitsrationalisierung und des Wettbewerbs der „Produktions- und Konsumkommunen" sollten sie lösen. Aber auch dabei sollte „die unbedingte Unterordnung der Massen" in eiserner Arbeitsdisziplin unter den Willen einer Einzelperson, des „sowjetischen Leiters der Arbeit", gewahrt bleiben.

Ohne jeden Zweifel hat Lenin mit diesen Forderungen den Weg der Übernahme der organisatorisch vollkommensten Methoden im Betrieb, der Rechnungsführung und der staatlichen Wirtschaftspolitik des fortgeschrittenen Westens gewiesen und damit auch den ökonomischen Dilettantismus der Revolutionäre überwunden. Nach Erringung der Macht waren in seinen Erlassen, Gesetzentwürfen und Reden kaum noch Spuren von sozialistischem Utopismus zu finden. Seine programmatischen Sätze waren grundlegend für die Rationalisierung des Denkens und Planens, die fortan den Stil der in industrieller Transformation begriffenen Gesellschaft des Sowjetstaates bestimmen sollte. Mit dem von Lenin entworfenen einfachen Mechanismus der Befehlswirtschaft und dem Vertrauen auf den Enthusiasmus von Wettbewerb und Opferbereitschaft war freilich die eigentliche ökonomische Aufgabe, nämlich die richtige Bewertung von Gütern und Leistungen im Ablauf des volkswirtschaftlichen Prozesses, nicht zu lösen.

Der Plan einer einheitliche Lenkung war durch den Führer der Revolution zum Gesetz des Handelns beim Aufbau der Sowjetwirtschaft gemacht worden. Die überkommenen und durch den Bürgerkrieg geschaffenen Zustände des Landes gestatteten aber nicht mehr als tastende Versuche zu seiner Verwirklichung. Im völligen Zerfall der bisherigen Ordnung war es nicht schwer, durch einfache Dekrete die „Kommandohöhen der Volkswirtschaft" zu erobern. Der Boden wurde durch das Dekret vom 8.11.1917 verstaatlicht. Bis zum Frühjahr 1918 waren nacheinander die Privatvermögen an den großen Werken der Montan- und Metallindustrie, die Elektrizitätswirtschaft, die großen Textilbetriebe und die Zuckerfabriken konfisziert, Banken und Außenhandel nationalisiert. Im Sommer 1918 folgte die Nationalisierung der Erdölwirtschaft und aller noch privaten größeren Unternehmen, bis Ende des Jahres der ausländischen Banken. Die Enteignungen erfolgten im Zeichen der „Arbeiterkontrolle", die wiederum spontane Fabrikbesetzungen über das vorgeschriebene Maß hinaus auslöste und zur anarchischen Verwertung und Verschleuderung der vorhandenen Bestände durch die Belegschaften führte. Die Entfesselung und endliche Bewältigung dieser Dynamik durch die Zentralgewalt gehören der politischen Geschichte der Revolution an. Sie stand der Idee eines einheitlichen Planes der Volkswirtschaft ebenso entgegen wie die rohen naturalwirtschaftlichen Formen der Bewirtschaftung der Ressourcen, die unter dem Druck des Bürgerkriegsbedarfs entstanden. Die Bezeichnung Kriegskommunismus für diese Periode ist andererseits auch in dem Sinn zutreffend, als selbst prominente Bolschewiki in diesen Zuständen schon den Keim der vollendeten kommunistischen Gesellschaft feierten. So erblickten sie in der galoppierenden Inflation, die eine natürliche Folge der Finanzanarchie, des Warenmangels und der sinkenden Arbeitsproduktivität war, nicht nur ein Mittel zur Enteignung kapitalistischer Forderungsgläubiger, sondern schon die Morgenröte der geldlosen Zukunftsgesellschaft.

Während dieses widerspruchsvollen Chaos am Rahmenwerk der zentralen Planwirtschaft unbeirrt weitergebaut zu haben, gehört zu den großen Leistungen von Lenins politischem Genie. Aus dem Rat der Arbeit und der Verteidigung (STO) wurde ein gesamtwirtschaftliches Organ. Der schon 1917 dazu bestimmte allrussische Volkswirtschaftsrat (VSNCh) wurde jetzt auf die Leitung der Industriebranchen (Glavki) beschränkt. Als eigentliche Keimzelle gesamtwirtschaftlicher Planung kann die auf Initiative Lenins im März 1920 eingerichtete spezielle Kommission für die umfassende Elektrifizierung des ganzen Landes angesehen werden (GOELRO). Im Zusammenhang mit dieser Einrichtung prägte Lenin das für die pragmatischen Absichten seines Regimes so ungemein bezeichnende Schlagwort: Kommunismus – das ist Sowjetmacht plus Elektrifizierung des ganzen Landes. Lenin berief sich dabei auf das Buch „Der sozialistische Zukunftsstaat" (1898, 1917) des „ deutschen Professors Ballod" als Vorbild. Jener Stab von anfänglich 40 bürgerlichen Ingenieuren und

Ökonomen entwarf einen 10–15-Jahresplan (Perspektivplan) für die Errichtung von 30 Kraftwerken und damit die Direktiven für die langfristige Entwicklung der Volkswirtschaft überhaupt. Diese Projektierung ging am 22.2.1921 auf die staatliche Planungsbehörde (Gosplan) über, die fortan die Ein- und Mehrjahrespläne nach den Direktiven der politischen Autoritäten laufend auszuarbeiten hatte. Mit wachsenden Aufgaben wuchs später die Zahl der Mitarbeiter: von 300 in 1923 auf 900 in 1926 (für die RSFSR allein) mit einer Unzahl von Kommissionen. Die Zentralisation der Planung an sich konnte jedoch der auseinanderstrebenden Interessen der Industriezweige nicht Herr werden, so daß man unter Aufgabe des einheitlichen Planes nach 1921 sich damit begnügen mußte, Teilpläne für die zurückgefallenen, bestimmungsgemäß aber „führenden Kettenglieder“ der Wirtschaft aufzustellen. Alles Planen hing jedoch in der Luft, solange die Frage der Ernährung nicht gelöst und somit auch die eigentliche Ursache der ständigen Fluktuation der hungernden Arbeitsbevölkerung nicht beseitigt war.

Für die Zeit des Bürgerkrieges liegen nur für die beiden Hauptstädte Moskau und Leningrad (Petersburg) genaue Bevölkerungszahlen vor. In jenen Jahren ging die Bevölkerung von Moskau auf 57,7, die von Leningrad bis auf 30,6 v.H. des Bestandes von 1916 zurück. Für 1920/22 errechnete man einen Bevölkerungsverlust von über 5 Mio. Menschen infolge der Hungersnot und der Verringerung der Geburtenzahl. Die Zahlen zeugen von dem Verfall der Grundlagen der wirtschaftlichen Tätigkeit in Stadt und Land.

DIE LANDUMTEILUNG UND IHRE FOLGEN

Der Akt der Aufhebung des privaten Eigentums am Boden, der Konfiskation der Ländereien des Staates, der Kirche und der Gutsherren, der Übergabe der Landnutzung an „alle Bürger, die ihn mit ihren Händen bearbeiten wollen“, war eine Maßnahme, die alten Wunschvorstellungen der großen Masse der Dorfarmut, der heimkehrenden Soldaten, der revolutionären Volksstimmung und auch der akuten Notlage entgegenkam. Lenin und die Partei erklärten aber sogleich, daß diese gleichmacherische, spontane Umteilung nur als ein Umweg auf dem Marsch zur sozialistischen Organisation des Dorfes anzusehen sei. Dementsprechend wurde im Dekret über den Boden eine Bevorzugung der „kommunistischen, Artel- und kooperativen Wirtschaften vor den Einzelpersonen“ angekündigt. Abweichungen von dieser Linie in der folgenden Zeit waren taktische, durch die Ernährungslage jeweils bedingte Manöver. Die meist örtlich organisierte spontane Verteilung von Land und Inventar, an der sich auch die wohlhabenden Bauern beteiligten, überrannte die Absicht der Regierenden, die produktiven, großen Gutswirtschaften als Betriebseinheit zu erhalten. Als produktionsfeindlich mußte sich auch der praktizierte Grundsatz einer Verteilung des Bodens nach Essern statt nach Arbeitskräften erweisen. Die beabsichtigten und dekretierten Umsiedlungen in weniger bevölkerte Regionen wurden nicht durchgeführt. Die örtliche Autonomie der Verteilung führte je nach dem Ausmaß des vorhandenen herrschaftlichen

Besitzes zu großen Unterschieden der Landanteile und zu Fehden zwischen den ungleich bedachten Gemeinden.

Im ganzen war der Rückschritt gegenüber der von der Stolypin-Reform angebahnten Rationalisierung der Flurnutzung offenkundig. Selbst die ausgesiedelten, in der Betriebsfläche gelegentlich auch durch Landzukauf arrondierten Siedlungsstellen (otruby, chutory) wurden in die wiederauflebende Landumteilungsgemeinde zurückgezwungen. Die zunehmende Flurzersplitterung und verlängerte Arbeitswege waren besonders negative Folgen dieses radikalen Verfahrens, die sich gerade in den fruchtbaren, aber überbevölkerten Schwarzerdegebieten einstellten. In den Waldgebieten des Nordens ohne geschlossene Dorfflur richtete sich das Interesse der Teiler vorwiegend auf die Nutzung der ehemals obrigkeitlichen Wälder, die häufig raubwirtschaftliche Formen annahm.

Die soziale Wucht der Landteilung wurde durch die starke Rückwanderung aus den Städten und durch entlassene Soldaten verstärkt. Zwischen 1917 und 1920 haben mehr als 8 Mio. Menschen Zuflucht auf dem Dorf genommen und verlangten als Angehörige ihrer Gemeinde ihren Anteil am nationalisierten Boden. Insgesamt hatte sich der Landbesitz der Bauern im europäischen Rußland um fast ein Viertel vermehrt, am stärksten in den zentralen landwirtschaftlichen Gouvernements. Aber durch die Zuwanderer wurden die Landgewinne der einzelnen Bauernwirtschaften so verkürzt, daß sie im allgemeinen über eine halbe Desjatine (1 desj. = 1.09 ha) nicht hinausgingen. Um dieser Atomisierung des Bodens entgegenzuwirken, bemühte sich die Sowjetregierung, Staatsgüter (Sowchosen) einzurichten, „Brotfabriken – als Teilchen der revolutionären Stadt, die anderen Gesetzen folgt, als der egoistische und unwissende bäuerliche Sumpf, der sie rings umgibt – “ und Kollektivwirtschaften zu fördern. Aber in der Landteilungsbewegung gingen diese Versuche so gut wie verloren, wie folgende Tabelle zeigt. (Prokopovicz, S. 69)

Aufteilung von 22,8 Mio. Desjatinen Boden in 36 Gouvernements des europäischen Rußland

1. November 1920	Desjatinen in 1 000	Desjatinen in v.H.
Verteilt unter Bauern	21 407	93,7
an Sowchosen	1 049	4,6
an Kolchosen	392	1,7
Total	22 848	100

Innerhalb der Bauernschaft ist 1919 eine gewisse Verschiebung in der Verteilung des Bodens zugunsten des Kleinbesitzers gegenüber 1917 festzustellen, während die für die Ertragskraft der einzelnen Betriebe so wichtige Verteilung des Viehs ziemlich unverändert blieb (in v.H. aller Betriebe, Ljaščenko, S. 92). Auffällig ist die Vermehrung der Betriebe mit Zugkraft von 4 und mehr Pferden:

	1917	1919
Betriebe ohne Saatfläche	11,4 v.H.	6,5 v.H.
Betriebe mit einer Saatfläche bis 4 Desjtn.	59,1	74,0
Betriebe mit einer Saatfläche bis 4–8 Desjtn.	21,6	16,4
Betriebe mit einer Saatfläche v. mehr als 8 Desjtn.	7,9	3,1
Total	100	100

	1917	1919
Betriebe ohne Pferde	28,7 v.H.	25,1 v.H.
Betriebe mit 4 und mehr Pferden (a)	1,2	6,7
Betriebe ohne Kühe	17,9	15,7
Betriebe mit 4 und mehr Kühen (a)	3,0	1,0

(a) Zwischenwerte wurden nicht angegeben.

Wenn man davon ausgeht, daß im Durchschnitt nur die Betriebe über 8 Desjatinen Überschüsse an Getreide lieferten, die darunterliegenden selbst Brot kauften, so bedeutete die Verringerung der ersteren auf weniger als die Hälfte eine große Einbuße in der Versorgung der Städte und Armeen.

Es ist leicht vorstellbar, daß diese Nivellierung der Besitzgrößen im allgemeinen und die sozialpolitisch bedenklichen und produktionswirtschaftlich unmotivierten Unterschiede in der durchschnittlichen Größe der Landanteile in einzelnen Dörfern und Regionen die Erzeugung gefährden mußten. Im neuen Agrarkodex von 1922 wurde der Stand der Teilung für die Landgemeinden schließlich bestätigt. Es gelang nicht einmal, die wiederkehrende Umteilung der Gemeinden auf die Periode von drei Fruchtwechseln (9 Jahre) festzulegen. Unter dem Druck der Sorge um die Selbstversorgung einer wachsenden Zahl von Essern auf dem Dorfe kam es zu sehr viel häufigeren, auch jährlichen Umteilungen. So lebte die von der Stolypinschen Reform zurückgedrängte obščina vehement wieder auf und mit ihr alle Nachteile, die sich aus der Unbeständigkeit des Besitzes für die Behandlung des Bodens und Beachtung des Fruchtwechsels ergaben. Die obščina behauptete sich bis zur betrieblichen Kollektivierung des Dorfes als die eigentliche und der offiziellen Dorfsowjetorganisation an Wirksamkeit überlegene Selbstverwaltungseinheit.

Obwohl die Umteilungsgemeinschaft eine Eigentumsgesinnung nicht aufkommen ließ, waren Versuchen einer Sozialisierung der Produktionsweise selbst nur sehr begrenzte Erfolge beschieden. Schon vor dem „Kongress der Komitees der armen Bauern und der Kommunen" (Dezember 1918) hatte Lenin es als Aufgabe dieser Gruppen bezeichnet „die Maßnahmen zum allmählichen Übergang von der privaten zur gemeinwirtschaftlichen Wirtschaft auszuarbeiten". Dem kam das Dekret vom 14.2.1919 über die sozialistische Bodenbewirtschaftung entgegen, in dem der landwirtschaftliche Eigenbetrieb als „absterbende Übergangsform" hingestellt, die Vergesellschaftung der Produktion als grundlegendes Problem der Landwirtschaft genannt und das zuständige

Volkskommissariat angewiesen wurde, die landwirtschaftlichen Produktionsgenossenschaften in jeder Weise bei der Versorgung mit Produktionsmitteln und sonstiger Hilfe zu bevorzugen. Die politische Absicht dieses Vorgehens wurde von Lenin und anderen bolschewistischen Führern wiederholt und unzweideutig verkündet. Die bäuerliche Individualproduktion auch auf kleinsten Bodenanteilen galt als solides Fundament und Brutstätte des Kapitalismus, der hier in „seinen Wurzeln ausgerissen" werden müßte. Man war sich andererseits darüber im klaren, daß erst auf einer neuen technischen Basis, auf der Grundlage der „Elektrifizierung des ganzen Landes", die Überführung der Einzelbauern in den sozialistischen Großbetrieb erfolgen konnte.

Von Anbeginn standen die Formen und Grade der Sozialisierung fest: Das Staatsgut (sovetskoe chozjajstvo = abgekürzt Sovchoz), bewirtschaftet mit Lohnarbeitern, und die Kollektivwirtschaft (kollektivnoe chozjajstvo = abgekürzt Kolchoz), die aus dem Zusammenschluß von Einzelbauern entsteht und die erzielten Erträge nach Abzug der Kosten an ihre Mitglieder nach der beigetragenen Arbeitsleistung (ursprünglich auch nach dem eingebrachten Inventar) verteilt. Innerhalb der Kolchosen unterschied man wiederum Kommunen, in denen auch der Verbrauch kollektiviert war, Artele, in denen der größte Teil der Produktion, und Genossenschaften der Landbestellung, in denen nur die Bestellung der Felder gemeinschaftlich erfolgte.

Die Regierung hatte vorsorglich beabsichtigt, wenigstens die vorhandenen hochproduktiven Großbetriebe, insbesondere solche mit technischen Kulturen und Verarbeitungsanlagen, ungeteilt zu erhalten. Sie sollten als Musterbetriebe dienen und als zuverlässige Lieferanten die Ernährung der Städte sicherstellen. Die spontane Aufteilung reduzierte diesen Bestand auf den in Tab. S. 28 ersichtlichen Bruchteil der gesamten Ackerfläche. Mangelnde Fachkenntnis der mit der Verwaltung betrauten Arbeiter aus den aufsichtführenden Fabriken und Überbesetzung mit Versorgung suchenden Essern führten zu Verlusten und gegen Ende 1920 zu der Erkenntnis, daß „bei den vorhandenen Ressourcen des Staates auf große staatliche Unternehmungen in Form von Organisation großer Bodenflächen zu rechnen, nicht in Frage kommt".

In der um diese Zeit noch freiwilligen Kollektivbewegung waren im Typus der Kommune landlose, aus den Städten vom Hunger vertriebene Arbeiter und demobilisierte Soldaten führend, die sich in den devastierten Gutshöfen als „Genossenschaften der Habenichtse"[15] ansiedelten. Bald wuchsen aber die Genossenschaften vom Arteltypus schneller an.

Landwirtschaftliche Produktionsgenossenschaften in der UdSSR

Jahresende	Kommunen	Artele	Bodenbearbeitungsgenossenschaften	Genossenschaften insgesamt
1918	975	604	–	1 579
1919	1 949	3 600	615	6 164
1920	1 869	7 690	867	10 426
1921	3 091	10 130	2 489	15 710

In Wirklichkeit waren die Grenzen zwischen dem Individualbetrieb und den verschiedensten Typen von Genossenschaften überaus fließend; die Praxis der obščina und die formelle Aufhebung des Privateigentums am Boden ließen solche Übergänge leicht zu. Es waren vor allem die materiellen Vergünstigungen, die vornehmlich inventar- und vieharme Bauern zum Eintritt in die Artele und die noch schwächeren Formen der Genossenschaft geneigt machten. Die Erwartungen der Bolschewiki, daß man auf diese Weise „Die Bauernschaft in die sozialistische Wirtschaft einspannen und zugleich technisch auf eine höhere Stufe stellen könnte", mußten schließlich auch offiziell abgeschrieben werden. Die geringe Produktivität und ausgebliebene Marktleistung der auf Selbstversorgung eingestellten Kolchosen und Sowchosen waren wesentlich mitbestimmend für die vollkommene Umorientierung der sowjetischen Agrarpolitik nach 1922.

Die schnelle Liquidierung der Überschüsse liefernden Gutsbetriebe und grösseren Bauernwirtschaften hatte verhängnisvolle Folgen für die Versorgung der nichtlandwirtschaftlichen Bevölkerung. Die Bolschewiki glaubten, diese Notlage mit einem einfachen Rezept beheben zu können. Im Rahmen der allgemeinen Arbeitspflicht sollte der Bauer, der mehr als den Eigenbedarf hervorbringt, verpflichtet werden, seine Überschüsse zu einem nach Abschaffung des „spekulierenden" Handels staatlich festgesetzten Preis abzuliefern. Auch Lenin war dabei in einem naturalwirtschaftlichen Kommunismus befangen: „Die Brotverteilung muß die Grundlage unserer Tätigkeit werden. Nur dann, wenn wir diese Aufgabe lösen und ein sozialistisches Fundament besitzen werden, werden wir ... das ganze prächtige Gebäude des Sozialismus erbauen können, das wir mehr als einmal von oben zu bauen begonnen haben und das mehr als einmal wieder eingestürzt ist"[16].

Auch ohne die Schrecken und die Anarchie des Bürgerkrieges hätten die Unsicherheit der Besitzverhältnisse, die Zersplitterung der marktleistungsfähigen Großbetriebe, die drastische Verminderung des Angebots gewerblicher Güter, die Anarchie in der Finanz- und Geldwirtschaft zu dem bedrohlichen Rückgang in der Argrarproduktion geführt. Die Versorgungskrise wurde noch vertieft durch dogmatische Maßnahmen zur Aufhebung des Zwischenhandels. Der legale Tausch zwischen Dorf und Stadt wurde unterbunden; aber ein leistungsfähiger Apparat zur behördlichen Verteilung, wie ihn die deutsche Kriegswirtschaft hervorgebracht hatte, war nicht vorhanden. Die Bauern versorgten nur noch sich selbst. Eine notdürftige Versorgung der Städter wurde durch illegalen Schleichhandel, die „Sackträger", aufrechterhalten[17].

In der Mitte des Jahres 1918 waren die Speicher leer. Die Regierung richtete eine Versorgungsdiktatur ein und ging zur Requisition mit Waffengewalt über. Im Dorf wurde der Klassenhaß geschürt, der versorgungswirtschaftliche Erfolg blieb aber gering, weil die Kommandos mittels des Terrors ihre eigene Versorgung aufbesserten, aber nur wenig an die Städte weitergaben und die Bauern zur bewaffneten Abwehr übergingen. An ihre Stelle traten Versorgungsabteilungen der Arbeiter, die, wie Fourageabteilungen in einem besetzten Land, etwa die Hälfte der kriegszeitlichen Ablieferungen aufbrachten, bis schließlich ihre Aufgabe an die Truppen der staatlichen Sicherheitsorgane überging (21.11.1920). Aber auf die Dauer konnten die Bauern nicht dazu gezwungen werden, mehr anzubauen, als sie selbst brauchten. Im Jahre 1921/22 war die Anbaufläche auf 77 v.H., die Produktion auf knapp die Hälfte abgesunken. Von den notwendigen Vorräten entblößt, wurden durch die Dürrekatastrophe von 1921 besonders die Schwarzerdegebiete betroffen, während die auch für die Erfassungskontrolle weiter entlegenen Anbauregionen verschont blieben. Annähernd 5 Millionen Menchen verhungerten, weitere Millionen wurden durch Hilfsaktionen des Auslandes, vor allem der USA (Hoover-Mission) gerettet. Das Requisitionssystem war am Ende. Eine völlige Umkehr der Agrar- und Versorgungspolitik war das Gebot der Stunde.

NIEDERGANG DER INDUSTRIELLEN PRODUKTION

Es waren nicht allein die organisatorischen Unzulänglichkeiten der im Bürgerkrieg vollständig sozialisierten Industrie, als vielmehr auch Zerstörungen, Erschöpfung der Vorräte und die Abwanderung der Arbeiter, welche die Produktion auf ein Siebentel und die Zahl der Arbeiter auf unter 40 v.H. gegenüber dem letzten Vorkriegsjahr absinken ließen. Besonders einschneidend war der Rückgang in den Grundstoffindustrien.

in Mio. Pud (1 Pud = 16,3 kg)	1913	1920	1920 in v.H.
Steinkohle	1 738,4	406,5	23,4
Erdöl	564,3	233,9	41,4
Roheisen	257,4	6,3	2,4
Zement (Faß)	12,2	0,4	3,2
Zucker	82,8	5,5	6,6
Wollgewebe (m)	2,4	0,6	25,0
Leinengewebe (m)	9,1	2,3	25,3

Die Fabrikation metallener Landwirtschaftsgeräte sank auf 2–13 v.H. Verheerend waren die Folgen des Bürgerkriegs für das Transportwesen. Von 63 000 km Eisenbahnlinien war 1919 nur noch knapp die Hälfte benutzbar. In Wechselwirkung mit der materiellen Auszehrung verfiel auch die Arbeitsdisziplin. Damit drohte die soziale Machtgrundlage des neuen Regimes zu schwinden. Formen revolutionärer Mitbestimmung und kollegiale Grundsätze auf allen Stufen weichten die industrielle Führungsgewalt auf und führten zur Produktionsanarchie. Schon auf dem IX. Parteikongreß (März 1920) wurde diese Gefahr erkannt, und direktoriale Leitungsprinzipien wurden noch auf der Stufe der vorwiegend naturalen Entlohnung und Prämiierung wieder zur Geltung gebracht. Damit und durch Entlassung der größten Zahl der industriellen Betriebe aus der direkten zentralen Kontrolle waren die organisatorischen Grundlagen für einen Produktivitätsaufschwung gelegt.

Als ein spezifisch „sozialistisches“ Element der Leistungssteigerung wurden die „kommunistischen Samstage“ eingeführt, freiwillig erbrachte Werktage ohne Entlohnung, in denen Lenin das Anzeichen einer neuen Arbeitsgesinnung begrüßte. Dagegen wurde den aus einem zeitweiligen Arbeitseinsatz roter Truppenteile formierten „Arbeitsarmeen" in der Einsicht, daß Formen militärischer Disziplin auf den Arbeitsprozeß nicht auf die Dauer anwendbar sind, entgegen der Ansicht einiger prominenter Führer, insbesondere Trotzkijs, keine konstitutive Bedeutung zugesprochen.

Die Aufhebung des legalen Handels, der gewaltige Rückgang der Produktion und der individuellen Arbeitsleistung, die wachsenden Staatsausgaben für den Krieg und die leerlaufende Verwaltung, rapide sinkende Steuereinnahmen und die Beschaffung von Mitteln durch Notendruck verursachten den fortschreitenden Verfall der Währung. In Preisindices einzelner Güter ausgedrückt, war die Kaufkraft zu Beginn 1921 auf 12–15 Tausendstel des Wertes von 1914 abgesunken. Der Bauer zog sich mit gehorteten, wertlos gewordenen Banknoten auf seine Selbstversorgungswirtschaft zurück. Die Arbeiter erhielten 1920 etwa neun Zehntel ihres Arbeitsentgeltes in Naturalien ausgezahlt. Kommunale und staatliche Dienstleistungen wurden – soweit überhaupt – unentgeltlich oder zu längst überholten Festpreisen gewährt. Die mit einer Inflation einhergehende Enteignung der Besitzer von Forderungsrechten wurde von den Bolschewiki als Erfolg im Klassenkampf begrüßt. Aber allen ideologischen Erwartungen auf ein Verschwinden des Geldes zum Trotz behielt der Rubel seine Rolle als Mittel der Wirtschaftsrechnung in den Betrieben und öffentlichen Haushalten.

Vermutlich wäre auch ohne die Zerstörungen und die tiefe Erschöpfung durch den Bürgerkrieg die Entwicklung auf dem von Lenin schon 1918 gewiesenen Weg des „Staatskapitalismus" weitergegangen, den man mit der Kursänderung vom Ende des Jahres 1921 wiederaufgenommen hat. Aber es ist nicht zu ermessen, ob ohne die Erfahrungen der chaotischen Jahre mit ihren dilettantischen Experimenten und brutalen Mißgriffen in allen Instanzen die Kader der sowjetischen Wirtschaftshierarchie ebenso formiert und ernüchtert an die Bewältigung der erst bevorstehenden großen Aufgabe der Industrialisierung hätten herangehen können. Die äußere Bedrohung des Staates, das tiefe Eindringen von ausländischen Heeren und die Not des Landes haben ferner nicht wenig dazu beigetragen, daß sich parteilose Fachleute an der Lösung nationaler Planungsaufgaben beteiligten und den Technikern der Machtergreifung das erforderliche Sachwissen lieferten. Trotz grundsätzlicher Ablehnung einer Militarisierung der Arbeitsverfassung hat es die Partei gelernt, der Kriegführung eigentümliche Formen und Stimulantien auch bei der Lenkung von Arbeitskräften zu verwenden. Ausdrücke wie Stoßarbeit, Brigade, Kampagne, Getreide- und andere Fronten, Held der Arbeit, Šturmovščina (negativ für das „Stürmen" von Planungszielen am Ende der Planperiode) u.a.m. gehörten zu der weiterwirkenden Überlieferung der „heroischen Epoche" des Kriegskommunismus, an die nach Jahren der vorübergehenden Liberalisierung wieder bewußt angeknüpft wurde.

4. LIBERALISIERUNG UND WIEDERAUFBAU 1921–1925 (NEUE ÖKONOMISCHE POLITIK)

Der Bürgerkrieg war beendet (1920). Im Vertrag von Rapallo mit Deutschland (April 1922) war die außenpolitische Isolierung durchbrochen worden. Die Hoffnung auf proletarische Revolutionen im Auslande wurde vertagt, da in allen Industrieländern soziale Reformen und die Ausstrahlungen der Nachkriegsprosperität Nordamerikas die politischen Verhältnisse befestigten. Relativ offene wirtschaftliche und wissenschaftliche Kontakte mit dem Auslande, insbesondere mit Deutschland, wurden noch gepflegt, gleichzeitig aber die organisatorischen Verbindungen mit Organisationen im Auslande auch zwecks wirtschaftlicher Nachrichtengewinnung gestrafft. Die Anwerbung ausländischer Fachkräfte nahm mit der Verschlechterung der Wirtschaftslage im Westen beträchtlich zu. Die zielbewußte Ausschaltung der in der Auseinandersetzung um die „Generallinie" hervorgetretenen Gegner durch I. V. Stalin bereitete die Errichtung des totalitären kollektivistischen Wirtschaftsstaates vor.

GRUNDSÄTZE DER NEP

Es war eine bedeutende staatsmännische Tat Lenins, den Abgrund zu erkennen, vor den die Bolschewiki durch die direkten, revolutionären Methoden des Kriegskommunismus geraten waren, und das Steuer rechtzeitig herumzureißen. Als Quintessenz seiner Lagebeurteilung können die im März 1921 gesprochenen Worte gelten: „Entweder wir müssen das mittlere Bauerntum wirtschaftlich zufriedenstellen und uns zur Freiheit des Umsatzes verstehen, oder es ist bei dem langsamen Tempo der internationalen Revolution unmöglich, die Macht des Proletariats aufrechtzuerhalten". Freiheit des Umsatzes, das hieß zunächst und vor allem Wiederherstellung des Kleinhandels als des einzigen effektiven Bindegliedes zwischen den Nahrungsmittel und industrielle Rohstoffe liefernden bäuerlichen Wirtschaften einerseits und den Arbeitern in Bergbau, Industrie und im Transportwesen andererseits. Man hatte den Handel liquidiert, um, marxistisch gedacht, „mit dem Warenfetisch den Fetischismus auf allen Gebieten des gesellschaftlichen Lebens zu vernichten"[18], sah aber schließlich ein, daß der Versuch, den Handel völlig zu verbieten, bei dem „Vorhandensein von Millionen von Kleinproduzenten . . . eine Dummheit und Selbstmord der Partei bedeuten müßte". Die Wiederzulassung des Handels, dieses Inbegriffs des kapitalistischen Übels, wurde von Lenin als taktische Maßnahme auf dem Wege zum Sozialismus begründet. Gleichzeitig sollte der zentralistische „Bürokratismus" der Sowjets, der sich auf der Grundlage der Zersplitterung von Millionen unverbundener Produzenten eingerichtet hatte, beseitigt werden und an seiner Stelle der wiederbelebte Handel die produktiven Kräfte wecken und „in das Bett des Staatskapitalismus leiten".

Das von Lenin vertretene Konzept des „Staatskapitalismus" ist ein Schlüssel für die wirtschaftspolitische Strategie und Taktik der Bolschewiki in der „Übergangsperiode". Es ist unmittelbar entstanden aus der Anschauung des hochorganisierten, vom Bankkapital integrierten „Monopolkapitalismus" und der in ihrer Präzision maßlos überschätzten Kriegswirtschaft des Deutschen Reiches. Diese sei nichts anderes, so meinte Lenin, als „ ein staatsmilitärisch-monopolistischer Kapitalismus . . . eine vollkommene materielle Vorbereitung des Sozialismus, die Eingangspforte zu ihm, weil er in der historischen Leiter jene Stufe bedeutet, zwischen der und der folgenden Stufe, die man Sozialismus nennt, es keine dazwischenliegenden Stufen gibt". Deshalb sollten die vom Kapitalismus hochentwickelten, auch für die Kriegführung eingesetzten Instrumente der rationellen Verteilung und Kontrolle der Produktionsfaktoren, des Geldes und der „Konsumregulierung" von der sogenannten Diktatur des Proletariats übernommen und für ihre Zwecke verwendet werden.

In dieser mechanistischen Anschauung von der Funktionsweise des hochentwickelten Industriestaates hatte aber Lenin, dem wettermachenden Mann im Märchen gleichend, den Wind vergessen, d.h. die Rolle der preisorientierten und die Produktion stimulierenden Verteilungswirtschaft. Bei der Einführung der NEP war zuerst daran gedacht, den Handel auf örtliche, geldlose Tauschgeschäfte einengen zu können. Als die Praxis des Geldverkehrs die Erweiterung der Tauschkreise erzwang, nahm man die wiederauftretende „Teilung der Warenproduzenten in Kapitalbesitzende und Lohnarbeiter . . . die Wiedererrichtung der kapitalistischen Lohnsklaverei, die nicht vom Himmel fällt, sondern . . . aus der landwirtschaftlichen Warenproduktion erwächst"[19] als ungefährlich hin, solange Großindustrie und Großtransport in den Händen des Regimes blieben. Die neue Politik war zwar ein taktisch gemeinter „Schritt zurück", sie erfaßte aber bei dem gewaltigen numerischen Übergewicht der kleinen Produzenten in Landwirtschaft, Gewerbe und Nahverkehr die ganzen rückständigen Lebensverhältnisse des Volkes. So wandelte sich in der Vorstellung Lenins in seinen letzten Lebensjahren die Übergangszeit des privatgenossenschaftlichen Handels in eine langwährende Periode der Erziehung des russischen Menschen zu einem „ehrenhaften Händler", d.h. zu einem rechnenden Wirtschaftsmenschen, der in der Praxis freiwilliger Genossenschaften das Verhalten der „asiatischen Wirtschaftsweise" ablegen sollte.

INSTITUTIONELLE VERÄNDERUNGEN UND WIRTSCHAFTLICHE WECHSELLAGEN

Nach der Wiederherstellung der privaten Initiative in Handel, Landwirtschaft und Kleingewerbe näherte sich die Produktion in wenigen Jahren dem Vorkriegsstand. Man sollte aber nicht übersehen, daß dies im wesentlichen auf der Grundlage der überkommenen Technik und ohne Erneuerung von Anlagen und

Maschinen vor sich ging. Infolge der Schwankungen der Ernten und des Ungleichgewichtes zwischen der bäuerlichen und der gewerblichen Produktion ergaben sich Preisbewegungen, deren Ungleichmäßigkeit und Ausmaß die wirtschaftliche Rechnungsführung störten und die Autorität des neuen Regimes ernstlich gefährdeten. Auf dem Lande freigesetzte Arbeitskräfte vermehrten die Zahl der Arbeitslosen in den Städten. Wohlhabende Bauern und Privathändler, von denen die Wiederbelebung der Wirtschaft ausging, wuchsen als soziale Schicht zur eigentlichen Gegenmacht der bolschewistischen Regierung heran. Die Gewerkschaften waren noch gewichtige Verhandlungspartner in Lohnfragen. Der Außenhandel konnte nur Bruchteile der für den dringenden Import von Ausrüstungsgütern benötigten Devisen zur Verfügung stellen. Die wirtschaftspolitischen Maßnahmen der Regierung in dieser Periode konnten nur dem kurzfristigen Ziel dienen, die völlig überraschend auftretenden zyklischen Krisenerscheinungen zu meistern und gleichzeitig die Basis zu schaffen, auf welcher der eigentliche industrielle Aufbau erst beginnen sollte. Diese Aufgabe war unverrückbar gestellt; der Erfolg, das mögliche Schrittmaß und die Methoden der Entwicklung aber blieben in jenen Jahren noch völlig im ungewissen.

Die entscheidende Weichenstellung für den Übergang zur NEP war das Dekret vom 21.3.1921 über die Ablösung der Requisitionen in der Landwirtschaft durch eine Naturalsteuer. Ihr Gesamtbetrag wurde auf die Hälfte der Requisitionsabgaben begrenzt und sollte nur den vordringlichen Staatsbedarf decken. Der Bauer sollte seine übrige Produktion frei auf den Markt bringen und gegen gewerbliche Erzeugnisse eintauschen können. Die festgelegten Naturallieferungen verschiedener Erzeugnisse wurden am 10.5.1923 nach Festigung der Währung durch eine Vereinheitlichung teils in Getreideeinheiten umgerechneter Naturalabgaben, teils in Geldabgaben umgewandelt und schließlich ganz in Form von Geldabgaben abgewickelt.

Da es nicht gelang, den Tauschverkehr der Bauern auf Lokalmärkte einzuschränken, und da bei stabilisierten Geldverhältnissen der Privathandel die Tauschkreise überregional ausweitete, versuchte man das Kommissariat für Versorgung (Narkomprod) zum unmittelbaren Tauschpartner der bäuerlichen Absatzgenossenschaften zu machen. Die letzteren wurden zwar als kapitalistische Vereinigungen, aber doch gleichzeitig als ein Element des „Staatskapitalismus" angesehen, dessen Vertragsbeziehungen nur erfaßt, kontrolliert und als Übergang zum Sozialismus benutzt werden sollten. Das Narkomprod sollte dem Centrosojus als Spitze aller Genossenschaften alle Vorräte an Fertigwaren übergeben und dagegen Überschüsse an Nahrungsmitteln und Rohstoffen für die Industrie zu festgesetzten Tauschrelationen einhandeln. Aber bei unterschiedlicher Versorgungslage und regionalen Notzuständen erwiesen sich die individualistischen Marktkräfte als stärker. Die Bauern verkauften an freie Händler, die auch findiger im Auftreiben der vom Dorfe benötigten Produkte des wiederaufgelebten Kleingewerbes waren[20].

Das landwirtschaftliche Genossenschaftswesen mit dem Selskosojus als Spitze entwickelte sich auf freiwilliger Grundlage. Die Kooperativen betätigten sich, der wirklichen Neigung ihrer Mitglieder entsprechend, nach Art freiwilliger Genossenschaften ganz vorwiegend in der Kreditvermittlung, im Einkauf und

Absatz und wirkten insofern erwartungsgemäß als Schule wirtschaftlichen Verhaltens, weit weniger dagegen als Wegbereiter des Kollektivismus in der Produktion. Den größten Aufschwung nahmen die bloßen Verarbeitungsgenossenschaften, insbesondere diejenigen der Mühlen, deren Anzahl von 4751 (1922) auf 8628 (1925) stieg. Sie herrschten vor in Gebieten mit technischen und Spezialkulturen, z.B. bei den Butterproduzenten Sibiriens, im Zucker- und Baumwollanbau. Diesem, den Genossenschaftsverhältnissen im übrigen Europa vergleichbaren, organisatorischen Stand entsprach die Finanzkraft in keiner Weise. Die Geldmittel der Kooperativen stammten ganz überwiegend aus Krediten des Staates, für den sie unentbehrliche Instrumente der Versorgung mit Nahrungsmitteln und Rohstoffen darstellten.

Ein Vergleich zwischen der Dynamik der Kooperativen einerseits und den Kommunen als dem eigentlichen Modell einer sozialistischen Landwirtschaft andererseits konnte nur wenig Ermutigendes für letztere ergeben. Das Experiment der freiwilligen Kollektivierung aus dem Geist des Kommunismus war gescheitert. Die Ergebnisse der Kooperativen aber schienen die Erwartungen Lenins auf lange Sicht eher zu bestätigen.

Der Handel erwies sich, weit mehr als es die NEP anfänglich vorsah, als das eigentliche Element der Wirtschaftsbelebung. Er allein konnte auch ohne Anfangskapital die Atomisierung der Produktionsweise, die großen Räume und die Unbeholfenheit der staatlichen Verteilungsorganisation überwinden. Natürliche Talente für solche Aktivität waren aus der Vergangenheit im Überfluß vorhanden. Im Wettbewerb der privaten mit der staatlichen Handelstätigkeit entwickelte sich eine erstaunliche Vielfalt von Handelsorganisationen und -formen. Die Leitfigur dieser Periode war der „Nepman", ein homo oeconomicus reinsten Geblüts, der den primitiven Typ des „Sackträgers" der Hungerjahre ablöste. Die Nützlichkeit dieser Funktion wurde von den Staatsorganen eingesehen. „Deshalb mußte man sich weitgehend auf den privaten Händler verlassen, der in jenen Jahren einerseits der Staatsindustrie half, ihren erschütterten Produktionsapparat wiederherzustellen und andererseits durch die wirtschaftliche Patronage seitens der Staatsindustrie am Leben erhalten wurde" (M. Dobb).

Die in Rußland vorhandenen Verbrauchsgenossenschaften waren im Hinblick auf ihre sozialisierende Eigenschaft zunächst als Hilfsorgane der Verteilung gesetzlich bestätigt. Ursprünglich sollten sie einen Handelsapparat darstellen. Aber dafür reichten die vorhandenen Fachkräfte offenbar nicht aus. Auf drei bis vier Dörfer (oder 4000–4500 Einwohner) kam eine Geschäftsstelle. Nur etwa ein Drittel der Bevölkerung soll im Jahre 1925 in irgendeiner Weise genossenschaftlich organisiert gewesen sein. Der Staatshandel entstand in Ablösung der staatlichen Verteilungsstellen der Bürgerkriegswirtschaft. Die Zahl der wieder zugelassenen, als AG organisierten Handelsgesellschaften betrug im Jahre 1925 achtundfünfzig, die teils rein staatlich, teils gemischtwirtschaftlich oder privat organisiert waren. Den Absatz der Erzeugnisse der staatlichen Verbrauchsgüterindustrie besorgten vornehmlich die sogenannten Syndikate, die nach den hauptsächlichen Warengruppen organisiert waren. Sie erfaßten unterschiedliche, aber wesentliche Teile des Absatzes der Industrievereinigungen („Trusts"). Ihre Aufgabe entsprach ziemlich genau der aus der kapitalistischen

Wirtschaft übernommenen Bezeichnung: Ausschalten preisdrückenden Wettbewerbs, Marktregulierung, Stillegung unproduktiver Betriebe. Das Gesamturteil der sowjetischen Wissenschaft über den Erfolg der Betätigung der Syndikate ist heute ganz überwiegend negativ. „Die Neuheit der Aufgabe, die Unerfahrenheit der Kader, die Unzulänglichkeit der Umlaufmittel besonders im Zeichen des Währungsverfalls in der ersten Periode der NEP haben die Erwartungen sowohl auf eine vereinheitlichende, regulierende Tätigkeit als auch auf ihre Fähigkeit, die Preise in Übereinstimmung mit der allgemeinen Politik der Regierung zu halten, enttäuscht" (Ljaščenko). Auch in diesem Bereich hatte der Staatskapitalismus ohne zureichendes Kapital und ohne Kapitalisten die ihm zugedachte Aufgabe der Wirtschaftslenkung nicht erfüllen können.

Der Außenhandel konnte erst mit der Aufhebung der Blockade seitens der Entente (Januar 1920) wieder eröffnet werden. Das Handelsvolumen war anfänglich wegen der äußerst begrenzten Exportmöglichkeiten, der fehlenden Handelsverträge, zunächst auch wegen diskriminierender Maßnahmen im Auslande, sehr bescheiden. Dies waren die begreiflichen Folgen der entschädigungslosen Enteignung von Auslandsvermögen und der Annulierung von Anleihen. Nur langsam überwand das wiedererwachende Geschäftsinteresse ausländischer Firmen diese Hemmnisse. In Form langfristiger Handelsverträge wurde erst zu Beginn des Jahres 1925 der Verkehr mit den meisten europäischen Staaten wiederaufgenommen. Seit 1923 war das Volkskommissariat (Ministerium) für Außenhandel ermächtigt, den einzelnen Branchen Kontingente für die Einfuhr und Ausfuhr zuzuteilen. Damit war unter modernen Bedingungen zum erstenmal ein auf Mengenplanung und bilateralen Güteraustausch ausgerichtetes System des Außenhandels entstanden. Quantitativ erreichte das Außenhandelsvolumen bis 1926 knapp ein Drittel des letzten Vorkriegsjahres.

Die wechselvolle Entwicklung der industriellen Organisation während der NEP ist aus dem Widerspruch zwischen den zentralistischen Absichten der Regierung und der mangelhaften Ausstattung, Versorgung sowie Organisation der Unternehmungen zu erklären. Schon frühzeitig (Ende 1920) wurde erkannt, daß die durchgehende, alle Branchen und Betriebsgrößen erfassende zentralisierte Leitung der Industrie in Hauptverwaltungen (Glavki) nur auf dem Papier bestand und nicht imstande war, die Betriebe mit Umlaufsmitteln zu versorgen und zu kontrollieren.

Erstmals stellte sich das auf allen folgenden Stufen der sowjetischen Wirtschaftsentwicklung wiederauftretende Problem der Dezentralisierung der Lenkungsfunktionen. Solange es sich vorwiegend um Entscheidungen über die laufende Produktion und nicht um Investitionsentscheidungen handelte, hatte dieses Problem kaum mehr als formale organisatorische Bedeutung. Durch das Dekret vom 27.10.1921 wurde die Zahl der Glavki von 52 auf 16 vermindert; aus 16 Hauptverwaltungen wurden über 1800 vorwiegend kleinere Betriebe (darunter allein 2417 Mühlen) an Genossenschaften und an Privatpersonen „verpachtet". Man unterschied Unternehmungen, die noch von der zentralen Zuteilung abhängig blieben, darunter insbesondere Betriebe des Metallgewerbes, und solche, die auf eigenen Füßen stehen sollten. Im Februar 1922 wurde die Kategorie der von zentralen Zuteilungen abhängigen Betriebe weiter beschränkt auf Industrien, deren Erzeugnisse vorwiegend an den Staat zu liefern waren. Für alle Staatsunternehmen wurde das Prinzip der kaufmännischen Rechnungsführung und direktorialer Verantwortung (jedinoličije = Einmannführung) festgelegt. Das bedeutete das Ende des „revolutionären" Dilettantismus, der Leitung der Betriebe durch Personen völlig unzureichender Vorbildung; Enquêten hatten bei etwa 60 v.H. Fabrikdirektoren nicht mehr als Elementarbildung festgestellt. An Stelle des Arbeitsdienstes trat wieder der freie Lohnvertrag und an Stelle der Gleichmacherei der an der Produktivität der Arbeit gemessene Lohn. Der Rat der Volkskommissare sprach dabei folgende Erwartung aus (16.9.1921): „Wir werden keine Ingenieure mehr erblicken, die den Posten eines ersten Stallknechtes bekleiden . . . oder sich mit der Verbesserung von Küchengeräten befassen . . . keine Facharbeiter, die Kartoffeln setzen und Latrinen reinigen".

In der ersten Periode der NEP war es weit weniger die Dezentralisierung als die Reprivatisierung, welche die Produktion belebte. Am 10.12.1921 wurde die Reprivatisierung aller Unternehmen bis zu 10 Arbeitern dekretiert, wurden die Gewerbefreiheit wiederhergestellt und ihr dienende Rechtsgeschäfte zugelassen. Freilich wurde im Gesetzbuch der RSFSR von 1922 der freie Rechtsverkehr „zum Zwecke der Entwicklung produktiver Kräfte des Landes" (Art. 4) nur soweit garantiert, als Rechte nicht „im Widerspruch zu ihrer sozialökonomischen Bestimmung verwirklicht werden" (Art. 3). Hier war die Schlinge gelegt, welche die private Erwerbstätigkeit je nach den Erfordernissen der staatlichen Wirtschaftspolitik wieder abdrosseln konnte. Über die faktische Entwicklung des privaten Sektors gibt die folgende Tabelle bei allem Vorbehalt statistischer Unvollkommenheit Auskunft (Prokopovicz, S. 191):

Anteil der Privatwirtschaft in v.H. der Bruttoproduktion (beim Handel in v.H. des Bruttoumsatzes)

Jahr	Industrie			Handel			
	Großindustrie	Kleinindustrie	insgesamt	Großhandel	Kleinhandel	insgesamt	Landwirtschaft
1923/24	4,4	87,3	33,3	18,1	66,5	44,9	
1925/26	4,0	81,9	27,1	7,9	44,4	24,8	98,6
1927/28	1,4	70,6	14,7	1,9	25,4	10,5	98,6
1928/29	0,9	43,8	12,7	0,9	14,3	5,1	98,3

Die verstaatlichte Industrie wurde, seit 1921 mit den Großbetrieben beginnend, in den bereits erwähnten Trusts zusammengefaßt, wobei diese als fortschrittlich anerkannte Organisationsform kapitalistischer Unternehmenszusammenschlüsse zum Vorbild genommen wurde. 1923 gab es 478 solcher Trusts, davon 133 zentral und 345 örtlich organisierte. Hinter der imponierenden Bezeichnung verbarg sich aber eine große Zahl von Vereinigungen, deren Umlaufmittel keine volle Ausnutzung der Anlagen gestatteten. Die Zusammenschlüsse waren auch vielfach spontan aus dem Bemühen entstanden, sich in der marktlosen Zeit durch gemeinsames Vorgehen Roh- und Hilfsstoffe zu sichern (Pollok, 187). Nur selten waren sämtliche Staatsbetriebe einer Branche im Trust zusammengefaßt. Regionalpatriotismus, Streit um Zuständigkeiten zwischen Trusts und VSNCh sowie der Betriebe untereinander ergaben ein ziemliches Chaos. Warenhunger und die Sorge um die Ernährung der eigenen Belegschaft führten zu Schleuderverkäufen oder, je nach der Marktstellung, zu Preissteigerungen.

Seit dem Frühjahr 1923 gelang es dem VSNCh allmählich, seine Autorität zu verstärken. Das Eingriffsrecht des Staates ging nun sehr weit: Über Grundkapital und Gewinn konnte hinfort nur mit Zustimmung des VSNCh bzw. von dessen Organen verfügt werden. Der VSNCh ernennt die Direktoren, die ihm gegenüber verantwortlich sind. Er bestätigt das Produktionsprogramm, die Verkaufsorganisation, auch die Verkaufspreise. Unter dieser Aufsicht sind die Trusts aber autonom, etwa nach dem Prinzip „Zentralisierung der Leitung und Dezentralisierung der Verwaltung", das man den Verwaltungsgrundsätzen westlicher Unternehmenszusammenschlüsse entnehmen konnte. Die Fabrikdirektoren waren nur ausführendes Organ der Trustbefehle, sofern ihnen nicht besondere Vollmachten für den Markt erteilt wurden.

Es ist zu berücksichtigen, daß diese Regulierungsversuche sich noch auf dem Hintergrund konjunktureller Preisschwankungen und teilweise offener Märkte abspielten, so daß die Zügel der Lenkung oft schleiften. Ein Grund für das Streben der Trusts und Direktoren nach Selbständigkeit war u.a. der Grundsatz, daß der Staat für die Schulden der Trusts nicht zu haften brauchte.

Ein besonderes Moment der Dezentralisierung war die föderative und regionale Staats- und Verwaltungsgliederung, die zu einer Abgabe von „Verwaltungsmandaten" durch den VSNCh an die Republiken und andere Gebietskörperschaften führte. Man verfuhr dabei in etwa nach der Bedeutung der einzelnen Wirtschaftszweige. Den lokalen Trusts wurden die örtlichen Bedürfnissen schnell anzupassenden Verarbeitungsindustrien überlassen. Den Vorteilen solcher sachgegebenen Delegation der Zuständigkeit standen Nachteile für die noch nicht marktorientierte Lenkung der überregionalen Industrieverbände gegenüber.

Schon im frühesten Stadium der sowjetischen Industrieorganisation ist das Gegeneinander zentralisierender und dezentralisierender Tendenzen gegeben; sie unter den jeweiligen Produktionsverhältnissen im Gleichgewicht zu halten, blieb eine unerläßliche, nach der Natur der Dinge nur unvollkommen zu lösende Aufgabe des Regimes. Als sich der neue Apparat der schweren Krise des Herbstes 1923 nicht gewachsen zeigte, wurde eine Phase der Zentralisierung (1923–1926) eingeleitet. Ihre Mittel waren eine zunehmende zentrale Preisfestsetzung, direkte Leitung der Warenströme, und eine Straffung der Zuständigkeiten des VSNCh sollte eine über den dezentralisierten Zuständigkeiten stehende einheitliche Industrieplanung durchführen, indem sie ihre Direktiven mit den von den unterstellten Organen (VSNCh der Republiken, Trusts) einzureichenden Plänen abstimmte. Diese idealen Satzungen und Postulate stimmten jedoch mit dem wirklichen Gang der Wirtschaft kaum überein. Es ist schwer, zwischen hymnischen Lobpreisungen und erbarmungsloser Kritik jener Zeit die dazwischenliegende Wahrheit zu erkennen. Die Beschwerden über kleinliches Hereinregieren, ungeheuerlichen Bürokratismus und Papierkram auf allen Stationen der Planerstellung, das Fehlen einer Übereinstimmung von zentraler Planterminierung und den unaufschiebbaren laufenden Dispositionen der Betriebe haben damals und fortan die Arbeit der Planungsmaschinerie begleitet. Umständliche und vielfach überflüssige Kontrollkommissionen, die folgerichtig an die Stelle der schon fast ausgeschalteten Kontrolle durch den Markterfolg traten, belasteten die produktive Arbeit[21].

Das Planungssystem schien ad absurdum geführt, und sein Zusammenbruch wurde von den meisten ausländischen Sachkennern als unvermeidbar angesehen. Dennoch ist es trotz der beträchtlichen Fehlleitung von Energien und knappen Mitteln gelungen, die Grundlagen für eine zentrale Führung der Industriewirtschaft zu legen und durch vieles Experimentieren wenigstens prinzipiell Methoden der industriewirtschaftlichen Planung zu gewinnen, für die es bis dahin kein Vorbild gegeben hatte. Es kann als eine bedeutsame Leistung der bolschewistischen Führung angesehen werden, daß diese Linie trotz der Diadochenkämpfe nach Lenins Tod und der heftigen Kontroversen um die Grundsätze der wirtschaftlichen Lenkung durchgehalten wurde.

Die Sowjets haben schon frühzeitig erkannt (Beschluß der XI. Parteikonferenz im Dezember 1920), daß nicht nur durch direkte Lenkung im einzelnen, sondern bei wiederzugelassenen freien Märkten auch durch Regulierung der Preise und des Geldumlaufes die Wirtschaftsentwicklung im ganzen zu steuern sei. Man wußte, daß vor allem die Aktivität der Einzelbauern nur durch angemessene, d.h. solche Preise anzuregen ist, die es dem Bauern gestatten, seinen Bedarf an gewerblichen Gütern, insbesondere auch an Produktionsmitteln zu decken. Das bedeutete, daß die Industrie imstande sein mußte, eine der angebotenen bäuerlichen Marktleistung äquivalente Menge solcher Güter bereitzustellen, wobei Stabilität des Geldwertes zugleich Voraussetzung und Folge des so zu erreichenden Gleichgewichtes war.

Weder die Produktionskraft der Industrie noch die fiskalischen und monetären Machtmittel der Regierung waren zu jener Zeit stark genug, um diese Voraussetzungen zu schaffen. Das führte zu heftigen, kurzfristigen Preisschwankungen und Disproportionen, welche die Sowjets vor schwer zu erklärende und noch schwerer zu meisternde Konjunkturerscheinungen stellten[22]. Es ist dabei zu berücksichtigen, daß die Regierung bei schwindenden Goldreserven – von großzügigen Hilfsaktionen für die Hungernden abgesehen – keine Kredithilfe des Auslandes erlangen konnte und deshalb keine operativen Reserven für Stützungsmaßnahmen vorhanden waren, wie sie z.B. den mittel- und osteuropäischen Staaten nach dem Kriege zur Verfügung standen. Durch eine gute Ernte und erfolgreichen Wiederaufbau der Anlagen im Kohlenbergbau und Eisenbahntransport hatte die Urproduktion 1922 etwa zwei Drittel des Vorkriegsstandes erreicht. Zunehmend kritisch wurde dennoch die Lage in der Konsumgüterindustrie, als nach Erschöpfung der Rohstoffvorräte die Zulieferungen an landwirtschaftlichen Textilrohstoffen, Zucker und Metallen auf Bruchteile des Bedarfs schrumpften.

Trotz des Produktionsrückganges in diesen Zweigen führte der Hunger nach landwirtschaftlichen Erzeugnissen durch Schleuderverkauf und Unterbietung im Frühjahr 1922 zu einer Halbierung der realen Industriepreise gegenüber 1913. Sowie die neue Ernte auf den Markt kam und die Transportlage für die Industrie sich besserte, öffnete sich die Preisschere wieder, und diesmal zugunsten der Landwirtschaft. 1923 erreichte die Agrarproduktion etwa 70 v.H. der Produktion von 1916, die Metallindustrie knapp über ein Zehntel, die Textilindustrie etwa die Hälfte des Vorkriegsniveaus. Man glaubte angesichts dieser Relationen mit einer etwa 70prozentigen Steigerung der industriellen gegenüber den landwirtschaftlichen Preisen rechnen zu könne; im Herbst 1923 aber standen sie wie 3 : 1.

Dieses Mißverhältnis beschleunigte die Inflation des alten Rubels, in welche auch der am 11.10.1922 geschaffene neue „Rote" Rubel (červonec), dessen Wertbeständigkeit durch streng begrenzte Ausgabe garantiert werden sollte, hineingeriet[23]. Die Entwertungsrate eilte der Notenvermehrung voraus. Wie stets in inflationären Lagen standen sich zwei Erklärungen dieser Erscheinung gegenüber; die eine sah die Ursache in der Vermehrung der Banknoten, die andere in Veränderungen im Güterangebot. Die Vertreter der ersten Ansicht konnten darauf hinweisen, daß zunächst der červonec, als Hortungsmittel geschätzt, gegen alle Erfahrungen den schlechteren Papierrubel verdrängte, um schließlich durch den Gütermangel bei wachsender Emission selbst entwertet zu werden. Die Argumente aus der güterwirtschaftlichen Sicht der Dinge gingen von der Rohstoffknappheit aus. Der bedeutende Konjunkturtheoretiker Kondratev[24] sprach von „den ungünstigen konjunkturellen Veränderungen in Geldmenge, dem Niveau des Güterumsatzes und der Umlaufgeschwindigkeit des Geldes". Das verminderte Güterangebot führte zum schnellen Enthorten der červoncy und damit zum Sinken ihres Wertes. Der Bauer sah sich mit seinem größeren Angebot nach der Ernte steigenden Industriepreisen, die bis zum Zehnfachen der Vorkriegszeit betrugen, gegenüber. Die Folge war eine erneute Einschränkung der Aussaatflächen. Eine völlige Anomalie war die sinkende Nachfrage des Dorfes nach den begehrten gewerblichen Produkten. Die Lager füllten sich mit unabsetzbaren Gütern. Das war letztlich die Folge eines eindeutig monopolistischen Verhaltens der Syndikate, die nach Zurückdrängung des freien Marktes ein Preisdiktat ausübten und staatliche Kredite zum spekulativen Auffüllen ihrer Bestände benutzten.

Die Regierung stand vor der Aufgabe, die Preisschere zu schließen, wenn der Güteraustausch zwischen Industrie und Landwirtschaft nicht erneut verfallen und damit die Produktion insgesamt absinken sollte. Ihre Maßnahmen waren logisch und vielseitig: Kreditrestriktionen, punktweise auch Importe („Güterintervention") zwangen zu Preissenkungen, Konzentration auf die produktiveren Betriebe verminderte die fixen Kosten des aufgeblähten Verwaltungsapparates. Aber es war nicht leicht, die gegenüber der Vorkriegszeit vielfach erheblich angestiegenen Lohnkosten wieder zu senken, da die Arbeiter ihre Forderungen noch gewerkschaftlich geltend machen konnten. Im Laufe des Jahres 1924 konnten die Preisdivergenzen annähernd beseitigt werden, aber damit war nur die Fähigkeit der Regierung erwiesen, kurzfristigen Konjunkturerscheinungen durch gezielte antizyklische Maßnahmen zu begegnen. Den in der Produktionsstruktur des Landes liegenden permanenten Krisenursachen war mit solchen Mitteln nicht beizukommen. In ihrer Diagnose und Therapie, z.B. in der Frage, ob die Industrie- oder die Agrarpreise hochgehalten werden sollten, standen sich Institutionen und Gruppierungen innerhalb der Partei bereits unversöhnlich gegenüber. Aus der wirtschaftlichen Entwicklung der wenigen Jahre der Erholung war eine eindeutige Antwort mittels ökonomischer Analysen nicht zu gewinnen.

Die materiellen Ergebnisse der sogenannten „Wiederaufbauperiode" (1920–1925) werden in offiziellen Statistiken als in etwa dem Vorkriegsjahr angenähert ausgewiesen[25]:

Produktionsziffern

Jahr	Erdöl	Steinkohle	Roheisen in Mio. t	Eisenerz	Zement
1913	9,2	29,8	4,2	9,2	1,5
1920	3,8	8,4	0,1	0,2	0,01
1926/27	8,5	25,6	2,2	3,3	1,3

Die mit etwa 3 Mio. Kwh noch sehr niedrige Erzeugung an Elektroenergie war gegenüber 1913 um etwa ein Drittel gestiegen. Die Verbrauchsgüterproduktion hatte den Vorkriegsstand in einigen Branchen ebenfalls überschritten. Der Qualitätsabfall – eine Folge der Ausrichtung der Mengenpläne in der Staatsindustrie – war allerdings erheblich. Der Produktionsanstieg ging ferner insoweit zu Lasten des Produktivkapitals, als Abschreibungen unterlassen oder zurückgestellte Beträge zur Produktionsausdehnung verwendet wurden. Es wurde z.B. festgetellt, daß fast die Hälfte der Dampfkessel mehr als 25 Jahre im Gebrauch war oder daß der Aufwand an Brennstoffen beim Verhütten fünfmal größer war als im Ausland. Die inländische Maschinenindustrie war noch weit davon entfernt, auch nur den Erneuerungsbedarf zu decken.

Die NEP hatte, den Erwartungen entsprechend, die Arbeitskraft des Volkes regeneriert und die Produktion in den bestehenden Betrieben wieder in Gang gebracht. Die Reallöhne waren auf den Vorkriegsstand und darüber hinaus gestiegen, die Dorfbewohner konnten sich satt essen. Die Erinnerung an diese guten Jahre hat bei den Mitlebenden und im Geschichtsbewußtsein bis heute und nicht nur für den Sowjetmenschen fast einen Mythos der NEP geschaffen. Die Frage, ob es so oder wie es anders hätte weitergehen können, ist deshalb noch aktuell und nicht ohne eingehende Untersuchung der Lage und der wirtschaftlichen Aktionsbedingungen um die Mitte der 20er Jahre zu erörtern.

5. PROBLEME DER KAPITALBILDUNG (1926–1929)

Anders als ihre großen historischen Vorbilder führte die russische Revolution, produktionswirtschaftlich betrachtet, zu einem Rückschritt. Die Verstaatlichung der schon vordem hochkartellierten Industrie brachte eine starke Bürokratisierung, aber keine neuen Impulse. Das Genossenschaftswesen erfaßte und förderte die kleinen Produzenten nur in primitiven Geschäftsverrichtungen. In der Landwirtschaft war der althergebrachte, der Herausbildung rationaler Betriebseinheiten entgegenlaufende Prozeß der Bodenzersplitterung durch die Liquidierung des Gutsbesitzes vollends entfesselt worden. Die erwerbswirtschaftlichen Triebkräfte der Industrieentwicklung wurden durch den Umsturz zunächst grundsätzlich ausgeschaltet und später in enge Grenzen der Betätigung verwiesen. Die Bolschewiki hatten geglaubt, daß die Sozialisierung bis dahin unbekannte kollektivistische Antriebe der Produktionssteigerung entfalten und daß ein siegreiches Proletariat in den westlichen Industriestaaten die erforderlichen Mittel in solidarischer Hilfeleistung dem Sowjetstaat überlassen würde. Das Ausbleiben der Revolution in Deutschland stellte die Partei vor die nicht vorausgesehene Aufgabe[26], das Problem der Industrialisierung des rückständigen, großen Agrarlandes aus eigener Kraft und unter ungünstigeren Voraussetzungen als in der Zarenzeit zu bewältigen.

Die wünschenswerte Rate des industriellen Wachstums läßt sich im Verhältnis zum jeweiligen internationalen Wohlfahrtsstandard unter Berücksichtigung der besonderen Lage einer Volkswirtschaft annähernd bestimmen. Noch stand das russische Imperium mit China und Indien in der Reihe der industriell unterentwickelten politischen Großräume der Welt; doch war es, ungleich diesen, durch kulturelle Nachbarschaft und nationale Machtentfaltung mit der Dynamik der großen Industriemächte schon lange unmittelbar verbunden. Deshalb war für eine russische Regierung das schnelle Nachholen der Entwicklung der europäischen Industrieländer (und Japans) ein unverzichtbares Gesetz des politischen Handelns, worin auch ein gewisser Rüstungsgleichstand eingeschlossen war. Für die Bolschewiki war dieses Ziel ein Moment von besonderer Bedeutung.

Das zur Selbstbehauptung des Staates notwendige Mindestmaß an Rüstung allein wäre nach den Erfahrungen der vernichtenden Niederlage gegen das kaum mit halber materieller Kraft im Osten fechtende kaiserliche Deutschland erheblich höher anzusetzen gewesen als in der Zarenzeit. Aber die Sowjets deklarierten sich auch als militärische Vormacht der kommunistischen Weltrevolution. Eine solche Ideologie weckte in der Umwelt naturgemäß Mißtrauen und das Gegenteil von Bündnisbereitschaft, so daß der politisch isolierte Staat einen entsprechend höheren Rüstungsaufwand aufzubringen hatte. Die Grundlage dafür waren eine entsprechend große Stahlproduktion und die Möglichkeit, alle wichtigen Rüstungsgüter im eigenen Lande herzustellen.

Zu diesen vorgegebenen Motiven eines beschleunigten industriellen Wachstums traten die spontanen Antriebe, welche durch die Revolution, das von ihr angefachte technologische Pathos und durch die Hoffnung auf eine schnelle Überwindung der zivilisatorischen Rückständigkeit ausgelöst wurden. Die Gleichsetzung von industriell-urbaner Zivilisation mit Sozialismus und ein missionarischer Fortschrittsglaube erweckten eine Opferbereitschaft, wie sie von modernen Nationen sonst nur in Kriegszeiten aufgebracht worden ist.

In die Bestimmung der für wünschenswert oder erforderlich gehaltenen Wachstumsrate des Sozialprodukts einer geschlossenen Volkswirtschaft ist der Zeitfaktor als Wachstumstempo einzubeziehen. Die Sowjets haben jeweils relativ sehr hohe Zuwachsraten für die Planperiode festgesetzt. Übermäßige Anstrengungen, Zwangsmaßnahmen, Raubbau am Menschen und an der Natur wie eine diktatorische Verhärtung des ganzen Staatsgefüges waren die Folge davon. Die Wahl dieses Schrittmaßes ist für die nachträgliche ökonomische Betrachtung ein politisches Datum, das letztlich dem Urteil des Hitorikers unterliegt, wenn er z.B. schätzt, ob die Furcht der Sowjets vor einem Angriff von außen als berechtigt und der Umfang ihrer Rüstungsanstrengungen als angemessen anzusehen ist. Andererseits würde es die politische Geschichtsschreibung des Sowjetstaates an Tiefe und Gründlichkeit fehlen lassen, wenn sie Momente des sozialökonomischen Druckes außer acht ließe, die von den ungelösten Entwicklungsproblemen auf das politische Handeln, auf Verfassung und Gesetzgebung ausgingen.

Auch ohne die Entscheidung für Kanonen statt Butter ist die forcierte Steigerung der Großindustrie, insbesondere der Gewinnung von Stahl als Leitprodukt verständlich, wenn man die schwache industrielle Dynamik der Sowjetunion mit der entsprechenden der anderen industriellen Großräume der Welt vergleicht:

Welt-Rohstahlproduktion 1918-29. (in Mill. to)

	1913	1925	1927	1929
Europa (ohne die UdSSR)	38,6	40,6	50,2	54,6
Nordamerika	32,6	47,0	46,6	58,8
UdSSR	4,2	1,9	3,6	4,7
Japan	0,3	1,3	1,7	2,3
übrige Welt	0,3	0,6	0,5	0,7
Welt	76,2	91,4	102,6	121,1

Quelle: Statist. Jahrbuch f. d. Deutsche Reich, Berlin

Dabei ist zu berücksichtigen, daß in den alten Industrieländern nicht nur die eisenschaffenden Anlagen, sondern auch sonstige Baustahl erfordernden Großinvestitionen wie Eisenbahnen, Werften, Brücken usf. vorhanden waren, so daß dort der weitere Zuwachs an Stahl ganz überwiegend der Ausweitung und Vertiefung der verarbeitenden Industrien zugute kam.

In der ersten Hälfte des Jahrhunderts war nur der Stahlproduktion wirtschaftsraumbildende Kraft zuzusprechen[27]. Eurasien war dementsprechend durch eine tunlichst gleichmäßig gestreute, bei zunehmender Raumtiefe freilich zunehmend kostenungünstige Verteilung von Stahlzentren zu erschließen. „Elektrifizierung" an sich hätte keine vergleichbare Wirkung hervorbringen können. Das wußte auch Lenin[28]. Der erste Schritt in dieser Richtung, die gegenläufige Verbindung der Uralerze mit der Kuznetskkohle über 1000 Eisenbahnkilometer[29], die widrigen äußeren und sozialen Bedingungen dieser Konstruktion gehörten, ebenso wie der Bau des Weißmeerkanals, zu den ohne Rücksicht auf Kosten und menschliches Leid unternommenen anderen Großbauten der Stalinzeit, die neben der Kollektivierung die diktatorische Verhärtung des Systems bewirkten und gleichzeitig voraussetzten. In jenen Jahren sind die Entscheidungen gefallen, in denen sich die politische Methode herauskristallisierte und die praktischen Maßnahmen mit der dazugehörigen Ideologie eingeleitet wurden, die den Typus „Sowjetwirtschaft" erst schufen.

Lenins wirtschaftspolitisches Testament hatte eine allmähliche Heranbildung des rationalen Wirtschaftsmenschen in pseudokapitalistischen Genossenschaften vorgesehen und auf die Überzeugungskraft von technisch überlegenen Großbetrieben vertraut. Wir finden kaum Belege dafür, daß er völlig die volkswirtschaftlichen Größenordnungen, Wirkungszusammenhänge und Probleme erkannt hat, die sich aus der Aufgabe der Industrialisierung des rückständigen, vorwiegend kleinbäuerlichen Landes ergaben, und es blieb ihm erspart, den Weg aus dem Dilemma zu suchen, das durch das wachsende Ungleichgewicht im Gütertausch zwischen Industrie und Landwirtschaft unter solchen Umständen im Entstehen war.

Nach dem Tode des überragenden Führers verhinderten zwar das Einparteisystem und der festetablierte politische Terror das Aufkommen gesellschaftlicher Gegenmächte. Innerhalb der Partei wurden aber mit großer Offenheit und einer Erbitterung, die den Unterlegenen zum Verderben gereichte, die aufkommenden Probleme erkannt und diskutiert. Der dramatische Kampf um die Führung ist in der sowjetischen Literatur oft und nach der Quellenlage wohl erschöpfend dargestellt worden. Im Folgenden sollen nur die volkswirtschaftlichen Argumente dieses Meinungsstreites hervorgehoben werden, die von den Wortführern der politischen Entscheidung bei zuweilen wechselnder Frontstellung vorgebracht wurden.

Alle Diskussionen über die möglichen Methoden und Akkumulationsquellen der sowjetischen Industrialisierungspolitik kreisten um eine dem erforderlichen Wirtschaftswachstum dienliche Lösung der Agrarfrage als des zentralen Problems. Es genügte die Erfahrung weniger Jahre nach Erreichen der landwirtschaftlichen Produktion der Vorkriegszeit, um zu erkennen, daß auf dem bisher eingeschlagenen Wege des freien Leistungstausches zwischen Industrie und Landwirtschaft ein Gleichgewicht zwischen den Sektoren jedenfalls dann nicht herbeizuführen war, wenn die Industrie sich ausdehnen und ihr Produktionsgefüge vertiefen sollte[30]. Die sowjetische Lehrmeinung spricht von einer aufgetretenen Diskrepanz zwischen den Wachstumsgesetzen der „sozialistischen Großindustrie" und der individuellen kleinbetrieblichen Produktionsweise des Dorfes. In westlichen Ländern vollzog sich der Aufbau von Großindustrie bei gleichzeitigem Fortbestand und Intensivierung der bäuerlichen Familienwirtschaft so, daß eine solche Gegensätzlichkeit nur vorübergehend auftrat. In der Sowjetunion hingegen lagen spezifische, z.T. durch die revolutionäre Landumteilung erst hervorgerufene Bedingungen vor, die dem gleichgewichtigen Fortschritt beider Sektoren entgegenstanden. In einer geschlossenen Volkswirtschaft mit noch über 80 v.H. Dorfbewohnern, die als Produzenten und Verbraucher die Größe und Richtung der geld- und güterwirtschaftlichen Strömungsgrößen wesentlich bestimmten, waren also die Ursachen des Mißverhältnisses zunächst im agrarischen Bereich aufzuspüren und zu beheben.

Die während der egalitären Bauernrevolution und im Drang nach Selbstversorgung entstandene Agrarstruktur unterlag unter dem Einfluß der Marktkräfte während der NEP einer nach Vermögen und Leistungsfähigkeit fortschreitenden Differenzierung. Einkommensunterschieden, die sich für die einzelnen Wirtschaften durch Lage, Ungleichheit in der anfänglichen Ausstattung mit Land und Inventar und nicht zuletzt in der persönlichen Tüchtigkeit ergaben, begannen sich trotz gezielter Gegenmaßnahmen zu vertiefen. Für 1928 ergab sich das folgende Bild der Verteilung der Produktionsmittel auf die verschiedenen sozialen Schichten auf dem Dorfe:

Schicht und Wert der Produktionsmittel in Rb.	Personen je Wirtschaft	v.H. Wirtschaften ohne oder bis 0,01 Desj. Saatfläche	Saatfl. je Wirtschaft in Desj.	v.H. d. Wirtschaften ohne Zugvieh	ohne Pflüge	durchschnittl. Wert der Produktionsmittel in Rb. je Betrieb
Unterbäuerliche Schicht ohne Produktionsmittel	2,6	45,3	0,8	100	100	2,7
bis zu 100 Rb.	3,6	20,6	1,5	93,9	93,3	55,1
Mittelbauern 200–400 Rb.	4,9	2,9	3,3	31,1	31,1	307,7
Darüber 401–1600	6,5	1,3	6,9	5,4	5,4	1 092,5
über 1600	7,3	4,5	9,4	10,0	10,5	2 623,3

Quelle: Statistisches Handbuch der UdSSR f. d. J. 1928 (russ.) S. 144

Die mit Produktionsmitteln so verschieden ausgestatteten Schichten wurden, der marxistischen Terminologie entsprechend, als Proletarier bzw. Halbproletarier „kleine Produzenten" und als „kleinkapitalistische Wirtschaften" bezeichnet. Nach der amtlichen Statistik gehörten 1927 zu der unterbäuerlichen Schicht 33,3 v.H., zu den mittleren Bauern 62,8 v.H., zu der obersten Größenordnung nur 3,9 v.H. Die Angehörigen der letzteren Gruppe, gemessen an ihrem Land, Inventar und ihren Erträgen vom Typus des „Großbauern" nach mitteleuropäischem Sprachgebrauch recht weit entfernt, wurden mit dem ressentimentgeladenen Begriff des „Kulaken" belegt. Gestützt auf das ihnen bei der Umteilung belassene Inventar, haben sie durch die seit 1922 wieder zugelassene Pacht und Beschäftigung landloser Dorfbewohner eine maßgebende wirtschaftliche Stellung in der Dorfgemeinde erlangt und waren in der Lage, Saatgut, Geld sowie Pferdezug- und Maschinenleistungen an die Bauern ohne Inventar, meistens zu den bei Genossenschaften üblichen Bedingungen, zu verleihen.

Die soziale Dynamik auf dem Dorfe konnte so mit der durch Stolypins Reformen ausgelösten verglichen werden. Weit mehr als damals war aber die Entfaltung der Produktivität durch die schnell fortschreitende Bodenzersplitterung behindert. In den Alluvialgebieten im Nordwesten Rußlands hatten die Einzelwirtschaften ihr Land an 10–100 verschiedenen Stellen, die Flurstücke waren häufig schmaler als eine Eggenbreite, auf die Feldraine entfielen etwa 7 v.H. des Ackerlandes. Rationelle Fruchtfolgen in Sortenwahl waren praktisch unmöglich. In den Getreidesteppen des Südostens lag ein Drittel der individuellen Fluren über 10 km vom Wirtschaftshof entfernt. Die Zersplitterung wurde größer durch die regelmäßige Umteilung bei abnehmender Anbaufläche je Bauernwirtschaft (1925: 4,33 ha, 1929: 4,24 ha). Die Ernteergebnisse waren entsprechend niedrig (bei Weizen 1925: 8,3 dz, 1928: 7,7 dz je ha, gegenüber 20,7 bzw. 22,3 in Deutschland), und es war leicht einzusehen, daß ohne grundlegende Verbesserung der Struktur eine Steigerung auch nach Überwindung des Analphabetismus nicht zu erzielen war.

Die Bodenzersplitterung, Kapitalarmut und technische Rückständigkeit des Dorfes bedeuteten keineswegs Not und Elend auf dem Lande. Im ganzen hatte sich die Schicht der sogenannten Mittelbauern (serednjaki), die sich ausreichend selbst versorgen konnten, gegenüber der Vorkriegszeit und im Verhältnis zu den Dorfarmen (bednjaki) erheblich vergrößert. Im Schwarzerdegebiet nahmen die größeren Besitzungen von über ca. 10 ha nur noch 10 v.H. des Ackerlandes ein gegenüber ca. 25 v.H. im Jahre 1905. In den Hauptgetreidegebieten waren nur noch 6 v.H. der Bauernfamilien ohne eigene Ernte gegenüber etwa 20 v.H. im Jahre 1917. Aber auf der Tagesordnung stand nicht die gleichbleibende oder gar bessere Versorgung der Bauern, sondern die Frage, auf welche Weise aus dem Dorfe ein Subsistenzmittelfonds herausgewirtschaftet werden könnte, der ausreichen würde, eine möglichst schnell wachsende Stadtbevölkerung zu ernähren und zu kleiden. In dieser Hinsicht gaben sowohl die gegebene Struktur wie die Ertragsentwicklung in den Jahren der NEP kaum Anhalt für zuversichtliche Erwartungen. Wissenschaftliche Gutachten jener Zeit hielten eine jährliche Ertragssteigerung von 2 v.H. bestenfalls für möglich, was nur etwa dem Bevölkerungszuwachs entsprochen hätte. Jedem größeren Fortschritt waren schon durch die Flurzersplitterung unübersteigbare Grenzen gesetzt. Überdies war die russische Industrie auf Jahre hinaus noch nicht imstande, ausreichend neuzeitliche technische Hilfsmittel einer Produktionssteigerung zu liefern.

Für eine Analyse der Möglichkeiten und Grenzen einer Vergrößerung der auf den Markt gelangenden Getreidemenge war das gute Jahr 1925/26 besonders aufschlußreich. Bei allem Vorbehalt gegenüber Erntestatistiken (insbesondere in Befehlswirtschaften) gewinnt man aus der Zeitreihe der NEP einen hinreichend informierenden Eindruck von den obwaltenden Trends:

	Bevölkerung	Anbaufläche Brotgetreide		Ertrag an Rohgetreide			
Jahr		Gesamt	Pro Kopf	Brutto	davon Saatgut	Netto Gesamt	Netto Pro Kopf
	Mio.	Mio. ha	ha		in Mio. to.		dz.
1913	139,3	94,4	0,68	80,1	12,1	67,9	4,9
1921/22	134,6	79,8	0,59	42,3	10,3	32,0	2,4
1922/23	134,3	66,6	0,49	56,3	8,5	47,8	3,6
1923/24	137,4	78,9	0,57	57,4	10,1	47,3	3,4
1924/25	140,5	82,9	0,59	51,4	10,7	40,7	2,9
1925/26	143,6	87,3	0,61	74,7	11,4	63,3	4,4
1926/27	147,0	93,7	0,64	78,3	12,1	66,2	4,5
1927/28	150,6	94,7	0,63	72,8	12,9	60,6	4,0
1928/29	154,2	92,2	0,60	73,3	11,9	61,4	4,0

(Der Bestand an Kühen wuchs seit 1922 jährlich um etwa 1 Mio.).

Von den obigen Reihen ist bei einem Volk von Brotessern die Netto-pro-Kopf Produktion die wichtigste. Sie zeigt, daß auch im Zenit der Wiederherstellung und Erhöhung der Produktion der Vorkriegsstand nicht erreicht wurde. „Die Sowjetunion ging in den Jahren der NEP, ungeachtet eines sichtbaren Aufstiegs der bäuerlichen Wirtschaft, unverwandt auf eine schwere Versorgungskrise zu, die dann auch im Jahre 1929 ausbrach" (Prokopovicz).

Das eigentliche kritische Moment waren die unzureichenden und abnehmenden Überschüsse für den Markt. In den günstigsten Erntejahren 1925 und 1926 wurde nur die Hälfte der Marktanlieferungen – 17 v.H. der Gesamternten – der Vorkriegszeit erreicht. Der vermarktete Anteil sank im folgenden Jahr auf 13 v.H. Das Defizit wurde durch Einschränkung des Getreideexports gedeckt, der ohnehin im besten Jahr kaum ein Drittel der Vorkriegsmenge erreichte. Ohne diese Exporte konnten aber die für eine bessere Versorgung der Landwirtschaft dringend erforderlichen Maschinen nicht eingeführt werden. Exportgetreide auf Kosten der Lebenshaltung in den Industriestädten zu beschaffen, hätte praktisch den politischen Selbstmord des Regimes bedeutet. Gab es eine Möglichkeit, den Bauern zu veranlassen, seinen Leibriemen wieder enger zu schnallen und dennoch mehr zu produzieren? Zur Kennzeichnung der Lage brachten Stalin und andere um 1928 die folgenden Zahlen (hier nur in v.H.-Sätzen):

	Anteil an der Getreideproduktion (in v.H.)	Anteil am Handelsgetreide (in v.H.)	Anteil des Handelsgetreides an der Gesamternte (in v.H.)
Vor 1914			
Gutsbesitzer	12	21,6	47
Großbauern	38	50	34
Mittel- und Kleinbauern	50	28,4	14,7
	100	100	26
1926-1927			
Sowchosen und Kolchosen	1,7	6	47,2
Großbauern	13	20	20
Mittel- und Kleinbauern	85,3	74	11,2
	100	100	13,3

Aus der Tabelle ist zu ersehen, daß gegenüber der zaristischen Zeit 1. der Anteil des vermarkteten Ernteanteils auf die Hälfte gesunken war, 2. das relative Gewicht der Kleinbetriebe an der Getreideerzeugung und der Vermarktung zwar beträchtlich gewachsen, aber ihr prozentualer Beitrag zu dem verminderten Marktaufkommen geringer geworden war. Da das Aufkommen der Großbauern um mehr als die Hälfte kleiner geworden war, war es ein politischer Schachzug, sie als die eigentlichen Verweigerer der Marktleistung zu bezeichnen.

Ende 1927 sanken die Aufkaufmengen auf die Hälfte des Vorjahres, was auch einen scharfen Abfall der Exportmengen zur Folge hatte. Obwohl mehr Industriewaren in die Getreidegebiete gelenkt wurden und Spekulation neuerdings strafrechtlich verfolgt wurde, sanken das Getreideaufkommen im Oktober 1928 wieder um etwa 14 v.H. unter das vom Oktober 1927, die Vorräte bei den Aufkaufstellen um ein Drittel gegenüber dem Vorjahr, und vor der Ernte mußten etwa zwei Drittel der in diesem Jahre exportierten 750 000 t Getreide reimportiert werden. Das Jahr 1928/29 erbrachte trotz erhöhter Preise wegen ungünstiger Witterung und Zurückhaltung der Bauern gerade noch zwei Drittel des Marktgetreides von 1926/27. Das Ausbleiben von Getreide für Exportzwecke gefährdete den Start des ersten Fünfjahresplans. Die auf Anbau von Flachs, Zuckerrüben und Baumwolle spezialisierten Gebiete im Norden und Südosten konnten nicht mehr zureichend mit Brot versorgt werden, und die verarbeitende Industrie sah deshalb einer bedenklichen Verengung ihrer Rohstoffbasis entgegen.

Die Entwicklung der industriellen Produktion in den 10 Jahren nach der Revolution – mit dem letzten Kriegsjahr als Ausgangsdatum – wurde offiziell wie folgt statistisch wiedergegeben:

	1917	1920	1924/25	1925/26	1926/27
Bruttoproduktion (in Vorkriegsrubeln)	3 848	818	3 959	5 722	6 722
Jahresproduktion je Arbeitskraft	1 482	669	2 137	2 437	2 723

Die Zahlen für 1924–1927 weisen angemessene Zuwachsraten auf, auch wenn statistische Fehler und Manipulationen angenommen werden; ihnen allein wäre der Grund der tiefen Beunruhigung nicht zu entnehmen, welche in diesen Jahren der beginnenden „Erweiterung der Reproduktion" die führenden Gremien des Sowjetstaates ergriffen hat. Ganz allgemein läßt sich sagen, daß die Entwicklung der einzelnen Industriezweige, insbesondere in der Produktionsmittelindustrie, nicht den Erwartungen entsprach, die auf dem XIV. Parteikongreß (Dezember 1925) in der Formel der wirtschaftlichen Unabhängigkeit des Landes durch Industrialisierung ausgesprochen worden waren. Neben dieser durch die politische Weltentwicklung bestimmten Zielsetzung standen wirtschaftspolitische Aufgaben, die sich aus der rasch wachsenden Arbeitslosigkeit, Knappheit an qualifizierten Arbeits- und Führungskräften[31] und der technischen Stagnation der zunehmend überbevölkerten Landwirtschaft ergaben. Auf den Konferenzen und Kongressen der Partei, in Pamphleten und gelehrten Abhandlungen wurde in einem partei-internen Gruppenkampf auf Leben und Tod um die systemadäquaten Methoden einer Lösung dieses gordischen Knotens gerungen.

Die in dieser Auseinandersetzung verwendeten ökonomischen Argumente lassen sich von den partei- und machtstrategischen Erwägungen nicht trennen. Sie sollen deshalb den politischen Fraktionen in diesem noch offenen Meinungsstreit zugeordnet werden.

Es ging um die Entscheidung der Frage, in welchem Tempo (Proportionen) und aus welchen Quellen die Erneuerung und Erweiterung der Industrie erfolgen sollte. Die „linke" Opposition gegen die aufkommende bürokratische Parteidiktatur Stalins verlangte die absolute Vorherrschaft der Industrialisierungspolitik als Basis der proletarischen Diktatur. Konnte diese nicht durch Weltpolitik (die „permanente Revolution" Trotzkijs) erreicht werden, so mußte solange, als die Industrie sich nicht aus eigenen Überschüssen erweitern konnte, die große bäuerliche Masse ausgebeutet werden, d.h. das für die Alimentierung der wachsenden Industriearbeitskraft benötigte Mehrprodukt ohne angemessene Gegenleistung hergeben. Mit rücksichtsloser Offenheit vertrat Preobraženskij[32] die Ansicht, daß, im Zeichen der „primären sozialistischen Akkumulation", die „Metropole" der Staatsindustrie die Masse der rückständigen Bauern ebenso ausbeuten müsse wie seinerzeit der Kapitalismus seine Kolonien. Die Industrie bilde einen einzigen Trust „in Arbeiterhand", der mittels einer monopolistischen Preispolitik das unterworfene Landvolk bis zur Grenze des Existenzminimums auszubeuten in der Lage sei. Selbstverständlich wurde diese Theorie, solange auf den guten Willen der Individualbauern Rücksicht zu nehmen war, von der Parteiführung, mit Stalin an der Spitze, entrüstet zurückgewiesen. In der Tat erklärte sie aber vollständig den Hauptinhalt der späteren Kollektivierung.

Die Rechte, deren einflußreichste Wortführer der Partei-Ideologe Bucharin und der Genossenschaftsvorsitzende Rykov waren, hielt an der Linie eines sich vergrößernden Güteraustausches zwischen der sozialisierten Industrie und reicher werdenden Bauern fest, wie sie von der NEP vorgezeichnet war[33]. Aber in der Frage der Kaufkraftsteigerung und privaten Kapitalbildung auf dem Dorfe war die Frage des Getreidepreises einbeschlossen. „Hier aber lag der Schnittpunkt jenes tiefgreifenden Konfliktes in der bolschewistischen Führung über den weiteren Weg der sowjetischen Industrialisierung" (W. Hofmann). Waren die Preise hoch genug, um die bäuerliche Produktion anzuregen, so mußten die Löhne der Arbeiter und damit die Kosten der Industrie steigen, und Bucharin mußte zuletzt (September 1928) auch zugeben, daß die wachsende Industrie selbst eine Güternachfrage erzeugte, der sie bei bestehender Struktur nicht genügen konnte. Mit Rykov empfahl er härtere Besteuerung der Kulaken und staatliche Vorratsbildung. Aber wie sollte man dann dem Dilemma der alten Requisitionspolitik entgehen? Die Rechte und die Linke sahen sich schließlich dem gleichen Problem gegenüber. Das Zünglein an der Waage in dem Streit um die mögliche oder notwendige Politik bildete das Parteizentrum unter Stalin. Dessen ambivialente Haltung sollte nicht nur als Taktik des persönlichen Machtgewinns angesehen werden. Er ist gleichzeitig in der Rolle des Exponenten der jeweils möglichen „Generallinie" zu sehen, welche alle Erwägungen zur innen- und außenpolitischen Lage integriert. Wenn in dieser Zeit die Reste der revolutionär-humanitären Werte unter dem Druck der politisch gewählten Isolierung des „Sozialismus in einem Lande" in die Praxis der totalitären bürokratischen Kommandowirtschaft pervertiert wurden, so war dies das Werk der Parteiführung als Ganzes. Die Elemente einer Übereinstimmung im Ziel, das Sich-Fügen in eine als unabänderlich angesehene Ratio der planmäßigen Industrialisierung waren auch bei der jeweiligen Opposition stärker als das Abweichen in der Methode.

Die westliche Geschichtsschreibung dieser Entscheidungsjahre überliefert vorwiegend die dogmatischen Konflikte im Kampf der Diadochen um die Macht. Man kann so übersehen, daß sie Reflexe von sozialwirtschaftlichen Vorgängen sind und daß für willkürliches Handeln nur wenig Spielraum war, ehe die Entscheidung als solche den Grund für eine schrankenlos erscheinende Willkür legte. Wir haben gesehen, in welcher Weise freie Bewegung der Preise oder, bei kontrollierten Preisen, das Ausbleiben von Leistungsantrieben das Gleichgewicht zwischen der auf Investitionen angewiesenen Industrie und der stagnierenden Landwirtschaft störte. Zu dem Mißverhältnis zwischen der Entwicklung der beiden Sektoren trat das Problem der strukturellen Arbeitslosigkeit. Um 1928 wurde die Zahl der Arbeitslosen in der Industrie mit 2 Mio. angegeben – bei ca. 3 1/2 Mio. Beschäftigten. Jene waren in der Masse ungelernte Arbeiter vom Lande, die nicht, wie früher, notfalls ins Dorf zurückkehrten. Die ländliche, „versteckte“ Arbeitslosigkeit wurde auf 8–9 Mio. geschätzt[34]. Aber die registrierten ca. 25 v.H. Gelernten unter den Arbeitslosen erregten Kritik der Gewerkschaften an der Industrieführung, und das führte zur vorübergehenden Einführung des 7-Stunden-Tages und Mehrschichten-Arbeit unter Einbeziehung der Sonntage; doch die erhoffte Mehrnutzung der Anlagen scheiterte am Mangel an Rohstoffen und leitendem Personal und am beschleunigten Verschleiß der Maschinen.

Ehe man daran geht, die Bemessung des bolschewistischen Industrialisierungstempos als „ehrgeizig“ im Sinne der bloßen Machtproduktion nach innen und außen oder als ideologisch bedingt zu bewerten, sollte man die sozialen Fakten bedenken, die gleichsam autonom eine übernormale industrielle Wachstumsrate[35] erheischten. Die Größenordnung des Problems ließe sich vereinfachend durch eine Multiplikation der rund 10 Mio. nicht produktiv beschäftigten Esser mit einer (niedrig angenommenen) Investitionssumme von 5000 Rb. vorstellen: der Betrag von 50 Mrd. Rb. Kapital gibt einen Anhalt für die Höhe der Investitionssumme, die aufzubringen war, um in angemessener Frist die erforderlichen industriellen Arbeitsplätze bereitzustellen. Selbst wenn der angenommene Betrag, über mehrere Jahre verteilt, wesentlich niedriger angesetzt würde, überträfe er um ein Vielfaches die 1927/28 tatsächlich in der Industrie investierten ca. 1,5 Mrd. Rb. In entsprechenden Größenordnungen mußte freiwillig oder erzwungen (d.h. über Preise und Steuern) gespart werden, oder man mußte die Lücken durch Auslandskredite schließen. Die letztere Möglichkeit war schon politisch äußerst begrenzt, und die dem Auslandskapital eingeräumten „Konzessionen“ blieben atypische Versuche[36]. Es ist hier zu erwähnen, daß um dieselbe Zeit amerikanische Privatanleihen – selbst Ausdruck der während des Ersten Weltkrieges außerordentlich gesteigerten Produktionskraft der USA – den schnellen Wiederaufbau im allerdings schon hochentwickelten Mittel- und Westeuropa gestatteten.

Die Begrenztheit des Prozesses des freiwilligen Sparens und der Besteuerung von Beträgen ergab sich aus der kleinbetrieblichen, technisch stagnierenden Struktur im privaten Sektor der Volkswirtschaft und aus der prekären Kosten-Preis-Relation in der staatlichen Industrie und im Handel. Jeder Versuch, dieses Verhältnis von Kosten und Preis bei starren oder nach oben tendierenden Löhnen durch Erhöhung der Preise zu verbessern, führte zu „Preisscheren“ u.a. zwischen Abgabe- und Absatzpreisen, d.h. zu inflationären Vorgängen. Sinkende Reallöhne der Arbeiter, Leistungswiderstand der Bauern, Zerfall der volkswirtschaftlichen und betrieblichen Rechnungszusammenhänge belasteten eine Finanzierung auf diesem Wege. Die Aussicht auf eine Industrialisierung über den Konsumgütermarkt wurde noch dadurch gemindert, daß ein Nachholen des westlichen Produktionsfortschrittes in den meisten Industriezweigen die Herstellung großer Betriebseinheiten mit moderner Technik erforderte. Selbst für solche mußten die Rohstoffbasen, die Energie-, Transport- und Maschinenanlagen erst geschaffen werden. Viele Jahre mußten finanziell überbrückt werden, ehe Investitionen der vorgelagerten Industrien vollendet wurden und zum vermehrten Ausstoß von Verbrauchsgütern beitragen konnten.

Die wirtschaftspolitischen Alternativen verengten sich damit auf die Bereitstellung von Mitteln zur Überwindung der langen Hungerstrecke bis zum Heranreifen der konsumfernen Investierungen, naturalwirtschaftlich betrachtet: auf das Beschaffen eines Subsistenzmittelfonds, der aus der Landwirtschaft ohne Gegenleistung herausgeholt und als streng kontrollierter Lohnfonds an die Industriearbeiter verteilt werden konnte. Das ist der ökonomische Kern der Überlegungen und Maßnahmen, die zur Unterwerfung des Landvolkes unter die Anforderungen der beschleunigten Industrialisierung führten. Die politisch gezielte Diffamierung und Vernichtung der „Kulaken als Klasse“ kann nicht davon ablenken, daß es um die Transformierung der Arbeitsverfassung und Wirtschaftsweise aller in der Landwirtschaft Tätigen ging.

Grundsätzliche Überlegungen dieser Art waren schon während der großen Industrialisierungsdebatte innerhalb der Parteiführung herangereift, ihr Umschlagen in die direkte Aktion erfolgte aber offenbar in einem Zustand von Panik, die ausgelöst war von dem bedrohlichen Rückgang der Anlieferungen der Landwirtschaft. Obwohl die Anbauflächen von 105 (1913) auf 113 (1928) bzw. 118,0 (1929) Mio. ha. angewachsen waren, waren die Erträge von 80 auf 73 bzw. 71 Mio. t Getreide abgefallen (darunter Weizen von 26 auf 21 bzw. 18 Mio. t). Auf den Markt gebracht wurden 1927 10,3 Mio. t gegenüber 21,2 Mio. t im Jahre 1913. Die staatlichen Getreidereserven waren 1927 um fast die Hälfte geringer als im Vorjahr. 1928/29 brachte die Mißernte in der Ukraine eine erneute Verschärfung der Lage[37]. Die Preise für Getreide stiegen auf freien Märkten auf ein Mehrfaches der staatlichen Preistaxe. Die Regierung griff mit außerordentlichen Zwangsmaßnahmen (Dekret vom 28.6.1929) durch: Strafen und Konfiskation bei der Erfassung der Vorräte, Umwandlung von administrativen Bußen des Strafgesetzbuches in drakonische Freiheitsstrafen, Einführung der Gesamthaftung des Dorfes für die plangemäße Aufbringung, wobei wie im Kriegskommunismus die materiellen Interessen der Dorfarmen gegen die reichen Bauern mobilisiert wurden. Der Gedanke der Errichtung von Riesenbetrieben (Getreidefabriken) und Viehsowchosen auf noch freien Steppenböden wurde ohne genügend Personal und Maschinen wieder aufgenommen. Stalin selbst sprach noch im Sommer 1928 von „Verwaltungswillkür, Verletzung der revolutionären Gesetze, Angriffen auf Bauernhäuser, illegalen Haussuchungen und von einer Bedrohung des Bündnisses zwischen Arbeitern und Bauern“[38].

Durch Terror gegen den Einzelbauern war jedoch nach jeder Erfahrung eine höhere Leistung von den Bauern nicht zu erzwingen. Mittels des administrativen Druckes war es zwar gelungen, den für das Jahr 1929/30 vorgesehenen Getreidevorrat von 13,3 Mio. t einzulagern. Dennoch mußte im Herbst 1929 die Brotrationierung eingeführt werden. Die durch Zwangsablieferungen von Getreide, steuerliche Maßnahmen, Umteilung des Bodens, Verweigerung der Zuteilung von Betriebsmitteln und Gewalttaten erzielte „Liquidierung der Kulaken als Klasse“ hatte eine kleine (3 v.H. der Betriebe), aber besonders leistungsfähige Schicht (1927 lieferten sie 2,2 Mio. t an den Staat) aus der Versorgung ausgeschaltet.

6. DIE POLITIK DER FORCIERTEN INDUSTRIALISIERUNG 1929–1945
(„Sozialismus in einem Lande")

In der wechselvollen Geschichte der Institutionen der sowjetischen Wirtschaftslenkung beharrte der Gosplan, die staatliche Plankommission unbeschadet ihrer jeweiligen Zuständigkeit, als der Integrationsmittelpunkt von Idee und Praxis der zentralen Verwaltungswirtschaft. Er repräsentierte gleichsam die Ratio des Wirtschaftssystems. Das Bedürfnis nach einer wissenschaftlichen Durchdringung des Systemzusammenhanges war stets so dringend, daß selbst die gelegentliche Kennzeichnung des Gosplan als einer „vollkommenen bürgerlichen Körperschaft von 300 Professoren und Technikern, die lediglich eine kommunistische Leitung an der Spitze" habe,[39] seine Autorität nicht gefährden konnte. Schon während der NEP galt der Grundsatz, daß „keine einzige allgemeine staatliche Wirtschaftsfrage von den höheren Organen der Republik entschieden werden darf, ohne den Staatsplan zu passieren" (Resolution des XII. Parteitages). So entwickelte sich der Gosplan „sehr rasch, wenn nicht formal, so doch faktisch zum Leiter der sowjetrussischen Planwirtschaft" (K. Pollok).

Angesichts der gewaltigen Arbeit des Sammelns von Fakten, der theoretischen Klärung bis dahin noch nirgends im Zusammenhange betrachteter gesamtwirtschaftlicher Vorgänge und der Erprobung der Technik einer solchen Planungsorganisation kann es nicht verwundern, daß erst im August 1925 mit der Vorlage der sogenannten Kontrollziffern als Indices für die wünschenswerte Entwicklung der Volkswirtschaft die eigentliche Funktion der Staatsplanbehörde, nämlich das Sichtbarmachen der Planung der Volkswirtschaft, realisiert werden konnte.

Die Aufgabe der Kontrollziffern sollte nach dem damals führenden Theoretiker W. G. Groman darin liegen, „die Hauptkonturen der wichtigsten volkswirtschaftlichen Elemente für das kommende Jahr zu entwerfen, diese Elemente zu koordinieren und ein Gesamtbild von dem voraussichtlichen Stand der Volkswirtschaft zu geben". Das Aufstellen solcher Prognosen gehört zu den heute naheliegenden Vorhaben der modernen volkswirtschaftlichen Gesamtrechnung[40]. Die Theoretiker des Gosplan haben den an sie gestellten Anforderungen entsprechend als erste diesen Weg beschritten. Es zeugt von ihrem kritischen Ernst, daß sie angesichts der technisch und politisch bedingten Unzulänglichkeiten der zugrunde liegenden Statistik selbst zur Vorsicht im Umgang mit den von Trotzkij geradezu enthusiastisch begrüßten Kontrollziffern mahnten.

Schon das katastrophale Defizit in der für 1925 angenommenen Getreidemenge und seine Auswirkung auf die importabhängigen Industrien zeigten die Grenzen von Planprognosen in einer nur teilweise verstaatlichten und vom Agrarsektor noch überwiegend abhängigen Wirtschaft. Die Enttäuschung über den ersten methodischen Versuch einer Gesamtplanung konnte und durfte aber die Idee der integralen Planung als die eigentliche Staatsräson des Sowjetstaates nicht erschüttern. Die Kontrollziffern für 1926/27, zu einem Band von 400 Seiten angewachsen, erhielten bereits den Rang von richtunggebenden Direktiven, einer Grundlage der zu straffenden „Plandisziplin". Aber es wurde nachträglich wieder festgestellt, „daß die Kontrollziffern und die Wirklichkeit im Grundlegendsten und Wichtigsten überhaupt nichts miteinander gemein haben".

Es ist klar, daß die Intentionen der Politiker, die dem Ideal der perfekten Planung nachjagten, und die Skepsis der Wissenschaftler, die mit unzulänglichen Zahlen und ungewissen Produktionsergebnissen rechneten, nicht vereinbar sein konnten. Innerhalb des Gosplan gab es aber ebenso Differenzen. Die einen rechneten mit einem langen Fortbestand der Bauernwirtschaft und der Preisreagibilität ihres Verhaltens. Sie gingen aus von konjunkturtheoretisch gegebenen Limits für die Entwicklungsproportionen von Industrie und Landwirtschaft, immer unter der Voraussetzung, daß ein Austausch von Wertäquivalenten zwischen beiden Sektoren vor sich ginge. Diesen „Genetikern" (Groman, Basarov, Kondratev) stand die Schule der „teleologischen" Planer gegenüber, die zielgerichtete, von der gegebenen Technik erreichbare technische Koeffizienten der künftigen Produktion zu bestimmen wünschten, die durch ein System von untereinander verflochtenen naturalen „Bilanzen[41]" den anzustrebenden Entwicklungspfad der Wirtschaft bezeichnen sollten (S. G. Strumilin). Hier war der Ansatzpunkt zur politischen Bestimmung der Koeffizienten (der früheren Kontrollziffern) gegeben, die auch das Kernstück der totalen Planung in naturalen Mengengrößen bildeten. Ihre Bedeutung als Normen, als Direktiven für das Handeln aller ausführenden Stellen hing freilich davon ab, daß man alle Produktionsfaktoren, vor allem die Arbeitskraft auch auf dem Lande so fest in den Griff bekam, daß das „teleologische" System der Planung wie ein Prokrustesbett gehandhabt werden konnte.

Im Einklang mit den Leitsätzen des XV. Parteitages, der einen 5-Jahresplan forderte, in dem „insbesondere die Zweige der Volkswirtschaft entwickelt werden sollten . . . von denen die Hauptrolle bei der Sicherung von Wehrkraft und wirtschaftlicher Widerstandskraft in Kriegszeiten abhängt", ging der Gosplan an die Ausarbeitung der entsprechenden Plandaten. Im April 1929 wurde der XVI. Parteikonferenz der „erste Fünfjahresplan (im folgenden: FJP) der Entwicklung der Volkswirtschaft für die Jahre 1928/29–1932/33" vorgelegt.

Einem Gedanken Lenins folgend und keineswegs als Werk von „rechten Restauratoren des Kapitalismus" (so Ljaščenko) wurden eine „minimale" und eine „optimale" Variante der Planziele ausgearbeitet. Die optimale rechnete mit stabilen bzw. für Exportzwecke steigenden Erntemengen, langfristigen Auslandskrediten und sinkenden Rüstungsaufgaben sowie bestimmten Rationalisierungserfolgen. Maßgebend war die Festsetzung einer hohen (gegenüber der Vorkriegszeit 2 1/2fachen) Investitionsrate, wovon 3/4 der Produktionsmittelindustrie zugedacht waren. Die Fünfjahres-Periode entsprach der geschätzten Konstruktionsdauer von Großbauten. Es war also vorausgesehen, daß mindestens so lange mit keiner wesentlichen Verbesserung des Lebensstandards zu rechnen war. An der angenommenen geringen Mehrproduktion der Verbrauchsgüter sollte aber auch noch die Landbevölkerung teilhaben, soweit sie mit dem Übergang zur Kolchosearbeit die hausgewerbliche Selbstversorgung aufzugeben hatte. Aber die Versorgung blieb weit unter dem Ansatz der „minimalen“, pessimistischen Variante des Planes. Die Gründe waren: das massenhafte Abschlachten von Vieh durch die Bauern vor dem erzwungenen Eintritt in die Kolchosen, der Rückgang der landwirtschaftlichen Exporterlöse durch den Preissturz während der Weltwirtschaftskrise und schließlich die überplanmäßige Forcierung des Investitionstempos unter dem Eindruck der außenpolitischen Lage.

Angesichts solcher Vorgänge, welche die Unsicherheit einer langfristigen volkswirtschaftlichen Planung überhaupt demonstrierten, ist der Erkenntniswert einer Periodisierung der Wirtschaftsgeschichte der Sowjetunion nach den Laufzeiten der Pläne zu bezweifeln. Die Planperioden sind jedoch gelegentlich auch als Orientierungsmittel der politischen Geschichte von Nutzen. Die ersten drei sind:

Geplante Laufzeit	Beschließende Körperschaft
1. FJP 1.10.1928 – 30.9.1932 (im Vollzug verkürzt)	16. Parteikonferenz (23./29.4.1929) und 5. Allunionsrätekongreß (20./28.5.1929)
2. FJP 1.1.1933 – 31.12.1937	XVII. Parteikongreß (26.1. – 10.2.1934)
3. FJP 1.1.1938 – 31.12.1942	XVIII. Parteikongreß (10./21.3.1939)

Für eine entwicklungsgeschichtliche Betrachtung der Gesamtstruktur der Sowjetwirtschaft empfiehlt es sich, die Zeit vom Beginn des 1. FJP bis zum Kriegsbeginn als eine Einheit aufzufassen. Wie schon erwähnt, haben Veränderungen in der politischen Umwelt der Sowjetunion, die Wirtschaftskrise im allgemeinen, der politische Systemwandel in Deutschland/Ost-Mitteleuropa und im Kräfteverhältnis Japan/China die wirtschaftspolitische Zielsetzung der KPdSU entscheidend bestimmt.

Die totale zentrale Planung war von Anfang an dazu bestimmt, u.a. durch eine zweckentsprechende Dislokation der Industrie, „die Wehrkraft des Landes als eine der wesentlichsten und erstrangigsten Aufgaben“ (Ljaščenko) zu sichern. Es ist der Aufwand für die Erschließung und den laufenden Transport der Grundstoffe des Stahls als des Rückgrates der Rüstung, der die ursprünglichen Planproportionen immer mehr zu Ungunsten der Verbrauchsgüterproduktion verschob, die Ausbeutungsrate des Landvolkes und der Arbeitskraft überhaupt steigerte. In diesem Sinne ist es durchaus angebracht, die Wirtschaftsmethoden dieser Epoche unter der Führung J. W. Stalins mit dem polnischen Theoretiker O. Lange als „eine Art Kriegswirtschaft“ zu bezeichnen.

Gleichgültig, ob man solche Anstrengungen als offensive oder defensive erklärt, sie mußten außerordentliche sein, um von dem Produktionsstand, der 1928 in den wichtigsten Gütern pro Kopf berechnet etwas weniger als ein Fünftel desjenigen der USA betrug (26,209), auch nur annähernd den Gleichstand mit den nächsten Nachbarn zu erreichen.

Angesichts der Konsequenzen, die sich in solcher Lage aus einer Festungsmentalität für Institutionen, Rechtsordnung und Vernachlässigung der Ansprüche an Freiheit und Wohlstand ergeben, ist es wenig ergiebig, in einer Eigenentwicklung des zum Dogma erhobenen Marxismus-Leninismus den Schlüssel für das Verständnis der stalinistischen Wirtschaftsepoche zu suchen. Der überlieferten Ideologie wurde eben das entnommen, was einer Rechtfertigung des zunehmenden Voluntarismus entgegenkam. Von dieser politischen Indienststellung der Theorie wurde auch die Statistik betroffen. Ihre Ergebnisse wurden mehr und mehr sekretiert und ihre Methoden der Erzielung wünschenswerter Aussagen angepaßt. Aber davon abgesehen, ergab sich aus der fortgeführten Berechnung des Sozialprodukts zu konstanten Preisen des Jahres 1926/27 (die aus Gründen der zentralistischen Planungstechnik festgehalten wurden) in der Regel eine statistische Aufblähung der Zahlenaggregate[42]. Mit diesen Vorbehalten können die im folgenden zitierten Summenzahlen nur als annähernde Trendwerte gelesen werden. Geringere Bedenken gelten für die absoluten Zahlen (z.B. der Stahlproduktion). Nicht zu fassen oder zu schätzen sind die Abzüge, die für Ausschußproduktion, leerstehende Kapazitäten und Verluste (bei der Getreideernte sicher 20 v.H.!) zu machen wären.

Die Organisation der Sowjetwirtschaft der beginnenden Planära war prinzipiell auf größtmögliche Unabhängigkeit vom Auslande ausgerichtet. Aber in wesentlichen industriellen Ausrüstungsgütern war man von Importen abhängig, ebenso aber vom Import des technischen Wissens hochentwickelter Länder, das man sich in jeder Form, auch illegal, zu beschaffen wußte. Von größter Bedeutung war in den ersten Stadien der industriellen Mechanisierung das Anwerben von technischen Fachkräften und Ratgebern. Gerade die großdimensionierten „Bauten des Sozialismus", wie das gigantische Dnjeprkraftwerk, die Autowerke in Gorkij, auch ganze Stadtanlagen, sind unter maßgebender Beteiligung amerikanischer Ingenieure, deutscher Städtebauer und der Vorarbeit von Tausenden von Facharbeitern entstanden, die in der Zeit der großen Krise auf den Arbeitsmärkten Mitteleuropas leicht zu gewinnen waren[43].

In dieser Zeit, als die industrielle Produktion in den alten Industrieländern auf etwa zwei Drittel absank und die sowjetische – allerdings von einer niedrigen Ausgangsbasis und mittels autoritärer Maßnahmen – um das Doppelte stieg, konnte die Sowjetunion als ein dynamisches und krisenfreies Land gelten und eine gewisse Anziehungskraft auch als Außenhandelspartner geltend machen. Aber der allgemeine Niedergang der Welthandelsbeziehungen kehrte sich auch gegen den autarkistisch abgeschirmten Wirtschaftsstaat. Die Preise für die Produkte der Urproduktion, auf deren Export die Sowjetunion angewiesen war, sanken ungleich stärker als die Preise für die importwichtigen Maschinen. Devisenbewirtschaftung, Bilateralismus und Kontingentierungen im Außenhandel wurden auch von den anderen Großmächten (USA, Empire,

Mitteleuropa) zur Krisenabwehr eingeführt. Die Sowjets waren also weiterhin auf Kapitalbindung aus eigener Kraft angewiesen und sahen sich dabei noch durch die Zuspitzung der Lage unter den wieder aufrüstenden Großmächten zu verstärkter rüstungswirtschaftlicher Anstrengung und Raumerschließung veranlaßt.

Erst nachdem mit der totalen Kollektivierung die umfassende Planung und Lenkung sich auf alle Bereiche der Volkswirtschaft erstreckte, konnten die zentralen Pläne für die Entwicklung der Volkswirtschaft einen verbindlichen Charakter bekommen. Für ihre Durchführung war aber die Verbesserung der Planungstechnik[44] weniger bedeutsam als die Tatsache einer wirksamen Kontrolle des Geldkreislaufes. Abgesehen von den Kolchosmärkten für Überschüsse der den Kolchosfamilien zur Selbstversorgung belassenen Eigengärten war die Preisbildung verstaatlicht. Das Arbeitsentgelt in den Kolchosen bestand zum ganz überwiegenden Teil aus Naturalien, die nach Arbeitstagseinheiten (trudodni) berechnet, aus dem Ertrag der Kolchoswirtschaft zugeteilt wurden. Der Lohnfonds der Industrie war eine nach Branchen, Betrieben und beruflicher Qualifizierung aufgeschlüsselte gesamtwirtschaftliche Plangröße. An die Stelle des Kontraktlohnes aus Tarifverträgen trat ab 1935 der Verordnungslohn durch staatliche Regelung. Für die Einhaltung der Lohndisziplin wurde der Betriebsleiter straf- und zivilrechtlich haftbar gemacht. War die Größe der zu erwartenden Lohneinkommen bekannt, so konnten die Preise für Verbrauchsgüter vornehmlich mittels der Umsatzsteuer so geregelt werden, daß Nachfrage und Angebot ausgeglichen blieben und die Inflation, die durch die relativ sehr großen, autonomen (d.h. marktunabhängigen) Investitionen des Staates hervorgerufen wurde, in den für eine Wirtschaftsrechnung noch erträglichen Grenzen gehalten wurde.

Daraus geht hervor, daß die staatlichen Instrumente der Einkommensregelung, Verbrauchslenkung, Preis- und Finanzpolitik die eigentlichen Regulatoren der Entwicklung waren, die von den Planzielen der allmächtigen Staatspartei vorgezeichnet war. Die volkswirtschaftliche Gesamtrechnung in Rubeln, letzlich der Staatshaushalt, der in einem totalen Wirtschaftsstaat geeignet ist, Umfang und Richtung der wirtschaftlichen Aktivität insgesamt weitgehend widerzuspiegeln, zeigte auch die Grenze, den oberen Plafond an, bis zu dem die politischen Planer gehen konnten, ohne fundamentale Gesetze des vernünftigen Wirtschaftens zu verletzen. Es wäre also nicht richtig, sich die Wirtschaftspolitik der stalinistischen Epoche als schrankenlos voluntaristisch vorzustellen. Andererseits ist es wirklichkeitsfremd, die Möglichkeit einer Einsicht in die möglichen Proportionen des Entwicklungsprogramms gleichzusetzen mit dem planmäßigen Funktionieren und Vermeiden von Willkür im einzelnen. Die stets vorhandene, wenn auch gelenkte und dosierte „Selbstkritik" des Systems offenbarte zu jeder Zeit ein solches Übermaß an Fehlleitung von produktiven Kräften und Materialien, an Planwidrigkeit, Ausschußproduktion und Leerlauf, daß man nie wußte, ob man das Überleben des Systems wegen oder trotz der Zentralplanung bewundern sollte. Auf jeden Fall bedurfte es mächtiger außenwirtschaftlicher Impulse und Kontrollen, um diesen im Grunde schwerfälligen Riesenapparat in Gang zu halten, der zwar der Ratio im ganzen nicht entbehrte, dem aber die wesentlichen Antriebskräfte fehlten, welche die Allokation der Produktionsfaktoren in einer individualistisch organisierten Wirtschaft gleichsam spontan besorgen.

An die erste Stelle der nichtwirtschaftlichen Antriebe ist die Ausübung der Parteimacht zu setzen. Die Geschichte der Sowjetwirtschaft ist deshalb ohne eine Vorstellung von der Oganisation und Funktionsweise der KPdSU nicht zu verstehen. Hier genüge der Hinweis, der, unbeschadet des kaleidoskopartigen Wechsels in den Zuständigkeiten und der Veränderungen in den horizontalen und vertikalen Querverbindungen der wirtschaftlichen Organe, die Partei ihr „monolithisches" Gefüge und den maßgebenden Einfluß auf das Wirtschaftsgeschehen stets zu bewahren wußte. Ihre Maxime war – jedenfalls in der Epoche des extensiven Ausbaues der Industrie – die Planerfüllung um jeden Preis, ihre Methode die „Kampagne", die zeitweise Mobilisierung aller Kräfte an den befohlenen Schwerpunkten. Bei der Durchführung verstand sie es, auch neuartige Wege der Massenführung durch Weckung von Enthusiasmus und kollektivem Opfergeist zu beschreiten. In solchen Lagen ist aber die Grenze zwischen Freiwilligkeit und Zwang kaum zu ziehen.

Man kann die meisten Erscheinungen dieser Art in der Sowjetgesellschaft mit einem wohlorganisierten, alle Beziehungen durchdringenden Konformismus erklären, der den Zusammenhang aller Dinge in der verbindlichen Ideologie des sogenannten Marxismus-Leninismus sucht und auf der Grundlage der Aufhebung des Privateigentums an Produktionsmitteln leichter herzustellen war. Die negative Kehrseite der Überspannung idealistischer Leistungsanstriebe war die verschärfte Strafandrohung für Fehler, Unterlassung oder Planwidrigkeiten bei den Ausführenden. Das Strafgesetzbuch (1926) enthielt Straftatbestände wie unwirtschaftliche Geschäftsführung, Untätigkeit, nicht rechtzeitige Anordnung notwendiger Maßnahmen, Abschluß von unvorteilhaften Verträgen usf. für die leitenden Personen. Bewußte Nichterfüllung („konterrevolutionäre Sabotage", Art. 58, 14) wurde u.U. mit Erschießung geahndet. Ebenso drakonisch wurden selbst geringfügige Verletzungen der Arbeitsdisziplin, z.B. mehrfache Verspätung, mit Jahren an Freiheitsentzug geahndet. Diese Maßnahmen, Auswüchse des politischen Terrors wie des überstürzten Tempos der industriellen Disziplinierung, lähmten die Initiative, füllten aber gleichzeitig die Zwangsarbeitslager, in denen zeitweise viele Millionen inhaftiert waren. Am Rande des Existenzminimums und darunter vegetierend, haben unfreie Arbeitskräfte einen großen Teil der Erschließungsarbeiten vor allem in den subarktischen Gebieten bewältigt[45].

ARBEITSVERFASSUNG

Mit dem Übergang zur Industrialisierung „ in kürzester Frist" wurden Form und Inhalt des Arbeitsverhältnisses völlig den Anforderungen des Planes unterstellt. Die Arbeitsnorm, die gemessene Leistung pro Stunde als unterste Einheit der Plandurchführung legte eine gesetzliche Leistungsverpflichtung fest, über deren Ausmaß und Entlohnung keine Verhandlung mehr möglich war. „So ist die sowjetische Arbeitsverfassung von allem Anfang an mit dem Muttermal der

Gewalt gezeichnet gewesen" (W. Hofmann). Folgerichtig wurden die Gewerkschaften (IX. Gewerkschaftskongreß 1932) als Erfüllungsgehilfen des Staatsplanes dem „Produktionsprinzip" unterworfen[46], nachdem ihr langjähriger Vorsitzender Tomskij schon 1929 abgesetzt und eingekerkert worden war.

Bei einem sozialgeschichtlichen Vergleich ist jedoch zu bedenken, daß im Westen gewerkschaftliche Autonomie und Vertragspartnerschaft die Frucht des gehobenen Wohlstandes und der Leistungsdifferenzierung gewesen sind, während die sofortige Übertragung solcher Errungenschaften auf eine industriell noch unfertige Gesellschaft kritische Spannungen erzeugt. Die hohen materiellen und Ausbildungsziele selbst, d.h. das Zusammendrängen einer Entwicklung von Generationen in wenige Jahrzehnte, führten zu einer Militarisierung des auf Befehlsgewalt gegründeten Arbeitsverhältnisses.

Die arbeitsrechtliche Gleichstellung der Frauen war die Grundlage für eine nahezu vollständige Mobilisierung ihrer Arbeitskraft, wodurch bei den niedrigen Reallöhnen die Erhaltung der Familie erst ermöglicht wurde. Der Staatszwang im Arbeitsverhältnis gipfelte in der Bindung an den Arbeitsplatz (Erlaß vom 15.12.1930), in Kriminalisierung der Arbeitsdisziplin und in moralischen Strafen. Angesichts der drohenden Kriegsgefahr wurde (Erlaß vom 26.6.1940) der „Arbeitsvertrag" unkündbar, jedes Versäumnis mit hohen Strafen bedroht. Die Leistungshierarchie des Industriebetriebes und die plan- und qualifikationsgerechte Bewertung der Arbeit erforderten aber andererseits quasi-marktwirtschaftliche Lohnbildung und Differenzierungen, Sonderzuwendungen und Ausbau der sozialen Sicherung, so daß unter der Decke des Kommandoverhältnisses die an den freien Arbeitswillen gerichteten Antriebe der modernen Industriegesellschaft ihr Eigendasein weiter entfalteten.

DIE ÜBERSTÜRZTE KOLLEKTIVIERUNG DES DORFES

Der XV. Parteikongreß (Dezember 1927) schloß die „linke Opposition", die Gruppe der Über-Industrialisierer (Trotzkij, Preobraženskij) aus, übernahm aber im wesentlichen ihre Thesen. Lenins Richtlinien für eine allmähliche sozialistische Umwandlung durch Staatskapitalismus in Industrie und Großhandel sowie genossenschaftliche Erziehung des Landvolkes sollte durch die nunmehr von Stalin vertretene Politik der forcierten Industrialisierung, des beschleunigten Aufbaues des „Sozialismus in einem Lande" abgelöst werden. Diese Formel besagte, daß man mit der für die Komintern so peinliche Niederlage der chinesischen Kommunisten (Frühjahr 1927) die Hoffnung auf eine weltrevolutionäre Wendung zunächst begraben hatte. Die Beschleunigung der Industrialisierung sollte aber auch das Land für den Krieg rüsten, der nach Abbruch der diplomatischen Beziehungen durch England"[47] für nahe bevorstehend angesehen wurde. Es wird im Urteil der Historiker kaum je feststehen, ob die Bolschewiki an diese Gefahr wie an die Eroberungsankündigungen der Japaner oder Hitlers wirklich glaubten, oder ob sie, wie andere Revolutionsregierungen vor und nach ihnen, die Bedrohung des Vaterlandes als Begründung für die Verstärkung und Konzentration ihrer Machtbasis benutzten. Ohne Zweifel sind aber die Hast und Härte der wirtschaftspolitischen Maßnahmen in den dreißiger Jahren wesentlich von der Kriegsfurcht mitverursacht, aber ebenso von der Absicht, der Sowjetmacht die führende Rolle während der revolutionären Veränderungen zu sichern, die aus der großen Weltwirtschaftskrise erwartungsgemäß hervorgehen sollten.

Vor diesem Hintergrund erscheint die überstürzte Kollektivierung der Landwirtschaft nur als ein Glied in einer Kette von wirtschaftspolitischen Maßnahmen zur zentralistischen Lenkung der Volkswirtschaft. Als solche ist sie aber ohne historisches Vorbild und das hervorragende und spezifische Merkmal der bolschewistischen Revolution „von oben", die von da an mit dem Revolutionsmodell von K. Marx noch weniger zu vereinbaren war. Es war nicht die Entfaltung der Produktivkräfte im Schoße der agrarischen Produktion, die den Wandel der gesellschaftlichen Formation auf dem Lande herbeiführte, sondern der pragmatische Entschluß der Parteizentrale zur Umwälzung der Produktionsweise in Richtung auf Großbetrieb und Großmechanisierung. Es stimmt auch nicht, wie Stalin auf dem XVI. Parteitag (1930) berichtete, daß die wenigen vorhandenen Staatsgüter und Kolchosen allein schon mit Schleppern und Mähdreschern die Bauern von den Vorzügen der Produktionsgenossenschaften überzeugt hätten. Als korrekt kann wohl die vorsichtige Beurteilung der Möglichkeiten im Text des ursprünglichen Entwurfes für den ersten Fünfjahrsplan angesehen werden: „Ungewöhnliche Schwierigkeiten liegen in dem Problem, die Landwirtschaft auf kollektiver Grundlage zu organisieren und solche Formen der kollektiven Organisation zu entwerfen, die eine höchstmögliche Effizienz des eingesetzten Kapitals gewährleisten. Man muß der Tatsache ins Auge sehen, daß wir uns auf diesem Wege erst vortasten, daß die fundamentalen technischen Prinzipien des kollektiven Landbaues noch nicht klar formuliert worden sind".

In den Beschlüssen des XV. Parteikongresses wurden die „kollektive Bearbeitung des Landes, die Anwendung landwirtschaftlicher Maschinen und der wissenschaftlichen Methoden intensiver Landwirtschaft" und die Bereitstellung von Traktoren als die wichtigsten Mittel zur Lösung der Versorgungsfragen bezeichnet. Aber der Übergang sollte nur mit Einverständnis der werktätigen Bauern vor sich gehen, und dieses Einverständnis sollte durch verstärkte Propaganda herbeigeführt werden.

Die Einschätzung der Einsatzmöglichkeiten des Traktors ist aus dem damaligen Entwicklungsstand der Ackermaschinen zu verstehen[48]. Es handelte sich um den während des Ersten Weltkrieges in den USA entwickelten eisenbereiften großen Schlepper (und Mähdrescher), der nur auf entsprechend großen Ackerflächen eingesetzt werden konnte. Der sachkundige deutsche Beobachter der Kollektivierung, O. Schiller, schrieb (1931): „Die weiten Steppen des russischen Landes sind das gegebene Zukunftsland für den Traktor. Seine rationelle Verwendung ist . . . nur denkbar bei einem weitgehenden Zusammenschluß der Bauernschaft. Schon aus diesem Grunde ist der Traktor geeignet, ganz automatisch den Kollektivismus im Dorfe zu fördern". Er meinte, daß angesichts des Mangels an Zugvieh „dem Bauern der Traktor als Retter in der Not erscheinen" mußte, da er eine sofortige Erhöhung der Erträge und zusätzliche

Zugkraft ohne Einengung der Nährflächen möglich mache. Schiller wies damals auch auf einen Umstand hin, der bei der späteren Beurteilung der Kollektivierung meist übersehen wird, nämlich auf die besondere Eignung der Getreidesteppengebiete für den Einsatz von Großmaschinen. Das ausgesprochen kontinentale Klima mit seinen Dürreperioden schlösse moderne Intensivmethoden fast völlig aus. Die erforderlichen Arbeitsvorgänge seien einfach zu mechanisieren, und im Ernten mittels des (damaligen) Mähdreschers seien die Trockengebiete gegenüber Westeuropa auch besonders begünstigt. Er glaubte, in den möglichen Rationalisierungswirkungen der Großmechanisierung in der UdSSR sogar eine Konkurrenzgefahr für Europa erblicken zu müssen.

Diese Einsicht in den Zusammenhang zwischen dem durch die Kollektivierung angestrebten Betriebssystem und seinen natürlichen Bedingungen gilt uneingeschränkt für die Getreidesteppen damals wie heute. Doch bestand ein solcher nicht für alle Klimazonen der Union. In Nordrußland hatte es, im Unterschied zum Süden keine landwirtschaftlichen Gutsbetriebe gegeben. Die Bauern haben außerhalb ihrer Selbstversorgungswirtschaften in der Forstwirtschaft, durch Heimarbeit oder als Saisonarbeiter in der Industrie bzw. in den südlichen Getreideanbaugebieten ihren Barlohn verdient. In den zentralasiatischen Bewässerungsgebieten, die ganz vorwiegend dem Baumwollanbau dienen sollten, erforderte wiederum die Bewässerungstechnik selbst produktionswirtschaftlich besonders disziplinierte Genossenschaften (die „hydraulische Gesellschaft", K. Wittfogel), die relativ leicht in die Kolchosstrukur überführt werden konnten. Ganz anders wiederum waren die agrarklimatischen Gegebenheiten und das Bodenrelief in den subtropischen Anbauzonen des Südkaukasus oder im Gebiet der Viehnomaden. Es ist ferner hervorzuheben, daß die Tradition der Landumteilungsgemeinde, mit einer der individuellen, pfleglichen Behandlung des Bodens entgegenstehenden Mentalität, ganz vorwiegend nur bei den Großrussen verbreitet war. Alles in allem gesehen entsprachen nur die Getreideanbauebenen und Bewässerungskulturen der Logik des hochmechanisierten Großbetriebes. Freilich war hier auch die erste Notwendigkeit gegeben, durch diese Betriebsform schnell und ohne den riskanten, langwierigen Umweg des Stolypin-Modells mindestens zu einer Stabilisierung der höchstmöglichen Ablieferungsquoten zu kommen.

Die Verallgemeinerung des Kolchossystems für alle Anbauregionen hatte aber noch mehrere Motive, die außerhalb der betriebswirtschaftlichen Vernunft lagen, und in der späteren Kollektivierung der ländlichen Arbeitskraft in den kommunistischen Staaten Osteuropas und Asiens wiederzufinden sind. Die Ausschaltung der individuellen Wirtschaft als des „Nährbodens des Kapitalismus" dürfte bei einer politischen Analyse an erster Stelle genannt werden. In der Räson des totalen Wirtschaftsstaates an sich liegt es, jede außerplanmäßige Verfügung des einzelnen über seine Arbeitskraft tunlichst auszuschalten und Einkommensquellen zu verstopfen, die Leistungswiderstand oder -minderung gegenüber dem Kollektiv gestatten. Das Dorf und flache Land sind in dieser Hinsicht ungleich schwerer zu kontrollieren als industrielle Betriebe und Siedlungen. Insofern war die Kollektivierung auch dort, wo sie betriebswirtschaftlich nicht nahelag oder unsinnig war, in erster Linie ein Kontrollinstrument nicht nur der Arbeitsleistung und Ertragsablieferung, sondern auch der Bewegung der Arbeitskraft. Unerwünschter Arbeitsplatzwechsel, die besonders unter primitiven Verhältnissen herrschende, die Proportionen der wirtschaftlichen Entwicklung bedrohende Fluktuation, wurde durch die Residenzpflicht im Kolchos und die Nichtaushändigung eines Inlandpasses an die Dorfbewohner unterbunden[49]. Gleichzeitig wurden überzählige Arbeitskräfte für eine anderweitige Verwendung frei und erfaßbar. Die Regulierung des naturalen wie des Geldeinkommens war, in Verbindung mit der Entlohnungsform, grundsätzlich möglich.

Dieses nahezu geschlossene System einer Vereinheitlichung der Arbeitsverfassung im industriellen und landwirtschaftlichen Bereich blieb insofern unvollkommen, als den Kolchosangehörigen ein Stück Gartenland und eine Kuh als Grundlage der sonst nicht zu garantierenden Selbstversorgung belassen wurden. Je nach den äußeren Umständen erwies es sich bald als groß genug, um Überschüsse der individuellen Mühe für den Absatz auf legalisierten „Kolchosmärkten" hervorzubringen. Der Anteil dieser Produktion an der Versorgung der nichtlandwirtschaftlichen Bevölkerung mit Veredelungsprodukten blieb sogar unentbehrlich, so daß eine wesentliche Einschränkung oder Liquidierung der Individualwirtschaft der Kolchosniki praktisch nicht in Frage kam. Insofern blieb auch im „vollsozialisierten" System ein harter individualwirtschaftlicher Kern erhalten, der bei allen agrarpolitischen Maßnahmen der Folgezeit nicht zu übergehen und bisher auch nicht aufzubrechen war.

Der Ablauf der Ereignisse der Kollektivierung drängt sich in einer kurzen Zeitspanne zusammen. Die vom XV. Parteikongreß geforderten „außerordentlichen Maßnahmen" zur Beseitigung des Getreidedefizits waren mit den bereits erwähnten Methoden zur Vernichtung der Kulaken seit dem Winter 1927/28 ergriffen worden. Den Rest gab ihnen die unerbittliche, von den Dorfräten leicht auf die Großbauern abzuwälzende „Getreideauflage". Da die Großbauern durch organisierten Boykott vom Handel mit den Genossenschaften im Absatz und Bezug von Waren (Betriebsmitteln) abgeschnitten waren, war ihre Wirtschaftskraft im Herbst völlig gebrochen. Damit war eine numerisch zwar kleine, aber dank ihres Ansehens in der Dorfgemeinde führende, den Leistungswiderstand der Bauern gegenüber dem unangemessenen Ablieferungsdruck des Staates bestimmende Schicht ausgeschaltet. Die Mittelbauern wurden davon abgeschreckt, durch Wirtschaftserfolg in die Vernichtungszone zu geraten. Die unterbäuerlichen Schichten konnten zum Eintritt in die durch steuerliche und andere Vorteile begünstigten Kolchosen bewogen werden. Fehlende spontane Antriebe wurden durch die Aktivität von Zehntausenden von Parteibeauftragten aus den Städten ersetzt, die mit mehr Eifer als Sachkenntnis auch die Organisation der Kolchosen und Maschinenstationen in die Hand nahmen. Einen weiteren Hebel der produktionsgenossenschaftlichen Verflechtung bildete ein Kontrahierungssystem, der Abschluß von Lieferungs- und Abnahmeverträgen zwischen staatlichen Stellen und den Absatzgenossenschaften zunächst für die technischen Kulturen, schließlich auch für Getreide. „Kollektiv und Kontrahierung sind die wesentlichen Merkmale des neuen russischen Agrarsozialismus. Sie dienen der Erreichung desselben Zieles, nämlich der „Herstellung einer in

Konsum und Produktion geschlossenen Planwirtschaft" (O. Schiller). Die Genossenschaften aller Arten waren freilich primitiv und mit dem westlichen Genossenschaftswesen nur entfernt vergleichbar. Jedenfalls waren sie die gegebene Vorstufe für die verhältnismäßig leicht zu vollziehende Kollektivierung. Ausländische Beobachter hatten eine allmähliche Straffung dieser Verbände bis zur Produktivgenossenschaft mit der Mentalität der Mehrheit des russischen Landvolkes für vereinbar gehalten. Die überstürzte Durchführung erschreckte aber jedermann, nicht zuletzt die sowjetische Führung. Durch den zelotischen Eifer der Parteistellen, die Flucht der Bauern „ nach vorn", massenhaftes Abschlachten des Viehs, damit auch Rückgang der Zugkraft, entstand hinter den „Erfolgszahlen" der Kollektivierung ein bedrohliches Produktionschaos. Am 2.3.1930 erschien Stalins berühmter Brief über „die vom Erfolg berauschten" Funktionäre. Ein vorübergehendes Zurückfluten der Bewegung änderte aber nichts mehr an ihren Prinzipien.

Die Kollektivierung läßt sich als logischer Ausweg aus einem sonst nicht zu lösenden Dilemma darstellen oder auf die vereinfachte Formel bringen, daß die Sowjets im Grunde genommen in den Getreidesteppen nur die Form der Gutswirtschaft wiederhergestellt haben, welche ehedem hohe Überschüsse unter Verwendung von Großmaschinen ermöglicht hatte. Wenn Opfer an Arbeitsleid und Lebensdauer zu messen und zu vergleichen wären, so könnte man die Verluste der Kollektivierung gegen die Leiden sonst vermutlich weiter fortbestehender Rückständigkeit, gegen Hunger und soziale Unruhen aufrechnen, darauf hinweisen, daß Bauernlegen und übermäßige Arbeitszeit für Frauen und Kinder während des frühen Industrialismus auch in Westeuropa beklagenswertes Elend erzeugt haben und beispielsweise durch die Betriebsweise der Landlords um 1840 ein guter Teil des irischen Volkes Hungers starb.

Die gewaltsame Kollektivierung schockiert aber das historische Bewußtsein in einer anderen Weise[50]. Das soziale Elend des liberalen Laissez-faire war der Begleitumstand der Entfesselung der kapitalistischen Antriebskräfte, ohne welche, selbst nach der Meinung von K. Marx, die Entfaltung der technischen Zivilisation anfangs nicht möglich gewesen wäre. In der bolschewistischen „Revolution von oben" liegt aber eine Umkehrung und Pervertierung des historischen Prozesses vor, wie er durch die radikal-liberale Umwälzung von 1917 eingeleitet und von W. I. Lenin in der Idee einer freiwillig-genossenschaftlichen Evolution weitergedacht worden war. Die kalte Formel „Liquidierung der Kulaken als Klasse" enthält die antihumanitäre Wendung in der bolschewistischen Revolution, jedenfalls in den Augen derer, welche bis dahin die Oktoberrevolution als historisch-legitime Nachfolgerin in der Kette der Umwälzungen im Zeitalter des Fortschritts angesehen haben.

Die Sozialgeschichte überliefert keinen vergleichbaren Vorgang, bei dem so wie hier eine soziale Schicht unter berechnendem Einsatz eines ganzen wirtschaftlichen und massenpsychologischen Instrumentariums vernichtet wurde, obwohl sie nichts anderes getan hatte, als die ihr eingeräumten Chancen wirtschaftlich nutzbringender Betätigung wahrzunehmen, ohne dabei Gebote der Menschlichkeit zu verletzen. Die offizielle sowjetische Geschichtsschreibung versucht heute ebenso wie Stalin damals, Ausschreitungen auf „unverantwortliche Genossen“ abzuwälzen. Sie wird jedoch kaum umhin können, sich einmal zu den moralischen Kosten der primären Kapitalakkumulation ebenso zu bekennen wie der von ihr so verdammte liberale Kapitalismus.

DIE AGRARVERFASSUNG

Von den während der NEP als Programm versuchsweise durchgehaltenen Formen landwirtschaftlicher Produktionsgenossenschaften wurde auf dem XVII. Parteikongreß (17.2.1935) das sogenannte Stalinsche Musterstatut für landwirtschaftliche Artels als ausschließliche Betriebsform im bäuerlichen Bereich angenommen. Damit gingen der Boden, Vieh und Inventar in den Besitz und die Bewirtschaftung der Genossenschaft über, jedes Mitglied durfte aber ein Stück Gartenland, eine Kuh und Kleinvieh zur freien Nutzung behalten. Diese „Hoflandwirtschaft“ sollte der Familie des Genossenschaftsmitgliedes (Kolchosnik) den Lebensbedarf sichern, da die Entlohnung für die Arbeit im Kolchosbetrieb in der Beteiligung an dessen schwankenden Erträgen besteht. Sie wird am „urtümlichen Arbeitsmaß“ (W. Hofmann) des Tagewerkes (trudoden') gemessen und nach der Art der Arbeitsleistung bewertet. Die Tagewerkgutschrift stellt den Anspruch auf den Lohn dar, dessen endgültige Höhe von dem nach Abzug aller Kolchosverpflichtungen verbliebenen und auf alle Berechtigten in natura oder bar aufgeteilten Ertrag abhängt. Die Kolchosverfassung gab dem Staat die Möglichkeit, die Bauern einer straffen Arbeitsordnung zu unterwerfen, die Abgabemengen willkürlich festzulegen und einzuziehen, ohne ein Äquivalent für ihre Arbeitsmühe zu gewährleisten[51]. Ein historischer Vergleich mit den Requisitionen des Kriegskommunismus liegt ebenso nahe wie mit einem auf Naturalabgaben und Fronarbeit gegründeten Fronsystem. Dem entsprachen auch die Auswege der Selbsthilfe in Form von Nebenarbeit, Ausnutzung von Marktchancen und Aneignung von Kolchosgut, welche die Kolchosniki suchten, um dem lastenden Druck auszuweichen.

Als Organisationsform der Mechanisierung des Dorfes wurden Maschinen-Traktoren-Stationen (MTS) eingerichtet, die den rationellen Einsatz der anfangs unzureichenden Zahl von Maschinen im Verband mehrerer Kolchosen besorgen sollten[52]. Die ursprünglich auf genossenschaftlicher Grundlage entwickelten Stationen wurden mit dem 10.9.1930 in staatlicher Regie überführt, ihre Investitionen auf den Staatshaushalt übernommen. Mit ihren Parteizellen übten die MTS die Funktion der politischen Führung und Kontrolle des flachen Landes aus. Da die Kolchosen für die Maschinenarbeit Vergütungen in Naturalabgaben zu leisten hatten, die bis zum Kriege auf 40 v.H. ihrer gesamten Ablieferungsverpflichtungen stiegen, so war hier ein besonders wirksames Instrument der Ertragsbeteiligung des Staates an höheren Ernteergebnissen gegeben. Bei dem im Verhältnis zu 200 000 Kolchosen relativ langsamen Anwachsen der Zahl der Schlepper (in Tausend: 1930, 66; 1932, 125; 1936, 483) und der überstürzten Verminderung der Zugtierbestände blieb die erwartete Produktionssteigerung durch Mechanisierung recht begrenzt.

Wirkte der Kolchos zunächst wie ein mühsam technisiertes Relikt aus vergangenen Agrarverfassungen, so entsprach das Staatsgut (sovchoz) mit Landarbeitern durchaus dem Ideal sozialistischer Agrarwirtschaft. Sowchosen wurden als „Getreidefabriken“ nach der zersplitternden Landverteilung vorwiegend auf Neuland, in größerem Stil erst seit 1928, mit importierten Großschleppern auf ertragsunsicheren Böden eingerichtet; Betriebe von durchschnittlich 24 000 ha (1931), in denen, wie es hieß, „die Verminderung der Qualität der Bestellung durch die größere Saatfläche“ kompensiert werden sollte. Nach dem Mißerfolg dieser Gigantomanie wurde die Durchschnittsgröße vermindert (in Tausend ha: 1933, 13,8; 1937, 10,3;). Getreide und Viehfarmen dieses Typs bewirtschafteten 1938 nur etwa ein Zehntel der Fläche und etwas weniger des Viehbestandes und blieben trotz der hohen laufenden Betriebsverluste wegen der relativ hohen Ablieferungsquoten, die sie erbrachten, bestehen.

FINANZWIRTSCHAFT

Die überstürzte Industrialisierung, der Nachdruck auf Erfüllung und Übererfüllung von Mengenplänen „um jeden Preis“, Disproportionen und Engpässe hätten in das häufig vorausgesagte Chaos geführt, wenn nicht durch Straffung von Finanzwirtschaft und Planbuchhaltung die Transparenz der volkswirtschaftlichen Vorgänge verbessert und ein laufender Ausgleich zwischen Branchen, Betrieben und den Regionen möglich geworden wäre. Die Bedeutung der finanz- und kreditpolitischen Instrumente wuchs mit Größe des Staatshaushaltes (in Mrd. Rbl.):

	1928/29	1932	1937	1938
Einnahmen	8,1	35,5	103,9	127,5
Ausgaben	8,0	34,8	100,7	124,0

Weit überproportional zum Wachstum des Sozialprodukts stieg seine Verrechnung über den Staatshaushalt durch die fortschreitende Sozialisierung der Produktion und des Einkommens in Formen der kollektiven Bedürfnisbefriedigung. Die Steuerreform vom 2.9.1939 hatte das Steuersystem auf 5 Steuerarten reduziert, von denen die Umsatzsteuer, die ganz vorwiegend die Preise der Verbrauchsgüter belastete, besondere Bedeutung gewann (1931: 50,7 v.H., 1935: 75,5 v.H., 1938: 63,0 v. H. des Steueraufkommens). Bei der absoluten und (am Sozialprodukt gemessen) auch relativen Bedeutung des Staatshaushaltes kamen den Steuern wesentliche ordnungspolitische und kontrollierende Funktionen zu. Unerwünschte Erwerbsarten und soziale Positionen konnten zurückgedrängt und laufend überwacht werden. Mittels der Umsatzsteuer konnten ohne Änderung der Plankostenpreise die Verbraucherpreise variiert und bis zu den Betrieben (zum Kostenausgleich) differenziert werden.

So vermochte man auch wachsende und inflationierte Lohneinkommen abzuschöpfen und diese Mittel den einmaligen und laufenden Investitionen der Industrie zuzuführen. Unter solchen Umständen konnten die Produktionsmittelpreise niedrig gehalten und rechnerische Verluste bei einer großen Zahl von Unternehmen und ganzen Branchen über den Staatshaushalt ausgeglichen werden. Erst nach Erhöhung der Preise für Produktionsmittel (1.4.1936) stiegen auch die Gewinnabführungen der Staatsbetriebe an (1934: 1 Mrd., 1937: 9,3 Mrd., 1940: 21,7 Mrd. Rbl.). Ihr Anteil an den Staatseinnahmen wuchs von ca. 6 v.H. 1936 auf ca. 12 v.H. im Jahre 1940. Die Einkünfte der Kolchosen wurden durch hohe naturale Ablieferungen und minimale Ankaufspreise so niedrig gehalten, daß deren Einkommensbesteuerung vorwiegend der Anbaulenkung und Kontrollzwecken diente.

In den ersten Planjahren kam es durch Kreditexpansion unterer Bankorgane zu Planstörungen. Die Kreditreformen von 1930 bis 1932 bestimmten deshalb, daß allein die Staatsbank im Rahmen des Finanzplanes Vorschüsse gewähren konnte. Gleichsam mit einer Abschrift des Produktionsplanes in der Hand konnten künftig ihre Filialen das Ausgabegebaren jedes Unternehmens auch für kurze Perioden überwachen.

Das monetäre Lenkungs- und Kontrollsystem wurde durch ein System staatlicher Preisfestsetzung geschlossen, das nach der Aufhebung der Rationierung der Verbrauchsgüter (1935) den Ausgleich zwischen Angebot und Nachfrage im ganzen regelte. Tatsächlich regierte aber die „informelle" Rationierung durch Schlangestehen, Wartelisten und einfaches Nichtvorhandensein von Waren sowie bevorzugte direkte Zuteilung[53] die Versorgung.

DIE INSTITUTIONEN DES TOTALEN WIRTSCHAFTSSTAATES

> „Der Kommunismus benötigt und setzt voraus die äußerste Zentralisierung der Großproduktion im ganzen Lande . . Dem allrussischen Zentrum das Recht wegzunehmen, sich alle Unternehmungen einer Branche an allen Enden des Landes unmittelbar unterzuordnen . . wäre ein regionalistischer Anarcho-Syndikalismus und kein Kommunismus"
>
> W. I. Lenin, Ges. Wke (russ.) Bd. 36, S. 329

Die Organisation der Wirtschaftsführung stand im Zeichen der Straffung der Führungsmittel und der Zentralisierung, einer natürlichen Folge der verschärften Knappheit der Produktionsmittel, des Ressortkampfes um diese und des Überwiegens wirtschafts- und rüstungsstrategischer Erwägungen. Es liegt im Wesen betrieblicher und überbetrieblicher Leitung, daß Vorteilen der Zentralisierung Nachteile gegenüberstehen, die sich aus der fehlenden Übersicht über produktionsnahe Vorgänge ergeben. Aus diesem Dilemma entspringt das fortwährende Umorganisieren im Führungssystem der Sowjetwirtschaft, das historisch zu verfolgen wenig lohnend ist und dessen jeweilige praktische Auswirkungen nachträglich kaum zu bewerten sind. Es ist aber zu erkennen, daß die einzelnen volkswirtschaftlichen Lenkungsinstrumente erhebliche Unterschiede hinsichtlich des möglichen Zentralisierungsgrades und ihrer kontrollierenden Wirksamkeit aufwiesen.

Den stärksten Veränderungen in den Organisationsprinzipien und Zuständigkeiten unterlag naturgemäß der Bereich der Wirtschaftsführung im engeren Sinne, die Behörden der Planung, der Lenkung des Faktoreneinsatzes, der Versorgung mit Maschinen Rohstoffen und Transportmitteln in allen Zweigen der Wirtschaft; ein Ausdruck der sich ständig wandelnden Technik der Produktion, der Statistik, der Nachrichtenmittel, aber auch der Standorte und ihrer verwaltungsmäßigen Regionalisierung. Eben weil die Möglichkeiten direkter Lenkung und Überwachung des Produktionsablaufes den ursprünglichen Erwartungen nur wenig entsprachen, gewannen die Mittel einer leicht instituierbaren, anpassungsfähigen und formalen Kontrolle, die Preis-, Geld- und Finanzpolitik an Bedeutung. Deshalb konnte und durfte die Geldrechnung auch nicht an Bedeutung verlieren; im Gegenteil, der „Chozrasčet" (wirtschaftliche Rechnungsführung), „die Kontrolle durch den Rubel", wurde zu einem Leitprinzip erhoben.

Unberührt vom Wandel in den Zuständigkeiten der Wirtschaftsverwaltung blieb die zentralistische, hierarchische Betriebsführung der Partei. Der politische Apparat war mit dem Apparat der Fachleute durch planvolle Zirkulation innerhalb der Elite zwar personell verbunden, doch blieb er, gleichsam über der Sachlogik stehend, imstande, die jeweiligen politischen Enscheidungen nach Schwerpunkten durchzusetzen und die gerade befohlene „Kampagne" zur Sicherung des Planerfolges rücksichtslos durchzuführen.

Der hervorgetretene Zug in der Wirtschaftsverwaltung dieser Periode war die allmähliche Ablösung des VSNCh durch Kommissariate (später Ministerien genannt), die im Zuge fortschreitender Spezialisierung bis 1939 auf 21 anwuchsen. Die in den frühen dreißiger Jahren eingerichteten „Kombinate" (Konzerne leistungsverbundener Industrien und Trusts (Zusammenfassung gleichartiger Industrien), der „Funktionalismus" in der Leitung, d.h. die horizontale bzw. vertikale Aufteilung nach Zuständigkeiten, wurden damit abgeschafft. Die Ministerien entwickelten sich in Sorge um Planerfüllung und Unabhängigkeit zu streng zentralisierten, das ganze Staatsgebiet umfassenden, jedes Detail am Ort beherrschenden Gebilden, deren Zentralismus groteske Folgen im kostspieligen Gegeneinander und Nebeneinanderherlaufen von Leistungsbeziehungen und Transporten hatte und die Zeit des Zweiten Weltkrieges noch lange überdauerte.

7. HAUPTDATEN DER WIRTSCHAFTLICHEN ENTWICKLUNG VON 1928–1945

EXKURS ÜBER DIE SOWJETISCHE STATISTIK

Die von den Sowjets veröffentlichten Zahlen unterliegen seit Anbeginn dem Verdacht der politischen oder propagandistischen Manipulierung. In der Tat könnte die Hervorhebung einzelner Daten z.B. Wachstumsraten statt Mengenangaben, der gesamten statt der Pro-Kopf-Produktion solchen Zwecken vorübergehend dienen. Man kann ferner, wie bei jeder Befehlswirtschaft, annehmen, daß meldepflichtige Stellen übergeordnete täuschen, etwa um höhere Prämien zu erreichen, Leistungsreserven zu verdecken oder daß jene – etwa bei Ernteergebnissen – selbst nur über ungenaue Schätzungen verfügen können. Andererseits spricht die in einer zentralgelenkten Wirtschaft entscheidende Bedetutung möglichst korrekter Zahlen dafür, daß die Behörden im Interesse einer tunlichst zuverlässig orientierenden Information wachsender Zahlen von Verantwortlichen kein irreführendes Material veröffentlichen[54].

Es ist auch darauf hingewiesen worden, daß bei der Zentralwirtschaften innewohnenden Neigung der untergeordneten Bereiche zu beschönigenden Erfolgs- oder Verlustmeldungen ein Gesetz der gleichbleibenden Täuschungsrate („law of equal cheating“) dahin wirkt, daß zwar Mengenangaben nicht aber die Mengenrelationen verfälscht würden. An die bei der Bildung von Zahlenaggregaten in Geldeinheiten zuweilen unvermeidbaren Doppelzählungen, insbesondere bei Zwischenprodukten, haben prominente sowjetische Statistiker (u.a. Strumilin) erinnert.

Eine Reihe unlösbarer statistischer Probleme ergibt sich bei der Bewertung von Gütern und Dienstleistungen in Geld, insbesondere auch bei internationalen Leistungsvergleichen. Da in der zentralen Planwirtschaft die in relativ großen Zeitabständen behördlich gesetzten Preise von den wie immer geschätzten Werten, d.h. realen Knappheitsverhältnissen, meist erheblich abweichen, müssen monetäre Zeitreihen in Geldgrößen zur Ermittlung der realen Veränderungen von Preisänderungen „bereinigt“ werden. Da auch höchst erfahrene Statistiker in der Methode und im Ergebnis solcher Untersuchungen weit untereinander abweichen (s. S. 77) so ist es für eine erste Übersicht der sowjetischen Wirtschaftsentwicklung nützlicher, sich an die naturalen (Mengen-) Angaben zu halten. Freilich ist damit die Qualität der einzelnen Güter direkt nicht zu erfassen, denn Eisenbahnschienen können 30 oder 3, Schuhe 2 Jahre oder auch viel weniger halten, Getreide trocken oder naß eingelagert werden u.s.f.

Mißt man die Entwicklung der Sowjetwirtschaft am Index des Nettoprodukts, so ist zu berücksichtigen, daß darin nach der Praxis zentralgeleiteter

Wirtschaften die (immateriellen) Dienstleistungen nicht einbezogen werden, und daß für die Zeitreihen Angaben über konstante Preise nur beschränkt veröffentlicht worden sind.

Bei der Aufstellung und Bewertung von Zahlenreihen der wirtschaftlichen Entwicklung entstehen stets Probleme, die sich aus der Methode ihrer Erhebung, aus der aggregierenden Zusammenfassung zu volkswirtschaftlichen Gesamtgrößen sowie aus der wertenden Gewichtung im zeitlichen Vergleich ergeben. Für eine zentralgeleitete Wirtschaft ohne Märkte für Produktionsmittel und ohne Knappheitspreise gilt das in besonderem Maße. Der Planer, der bei seinen Entscheidungen auf die Zuverlässigkeit und den Aussagegehalt der offiziellen Statistik gänzlich angewiesen ist, operiert also mit einem Zahlenmaterial, das die wirklichen Vorgänge im Wirtschaftsgeschehen nur annähernd wiedergeben kann. Dazu bemerkte ein führender sowjetischer Ökonom, A. G. Aganbegjan: „Wir haben einen absoluten Mangel an Informationen. Die vom Statistischen Zentralamt veröffentlichten Zahlen sind aufgeblasen. So planen und lenken wir die Wirtschaft ohne irgendeine wirkliche Information über die wirkliche sozialökonomische Lage zu haben"[55].

In der westlichen Forschung wird die Verläßlichkeit der sowjetischen Statistik natürlich nicht weniger kritisch betrachtet, doch gelten die Angaben über die Produktion in naturalen Größen als untereinander vereinbar (was wiederum auch ein Kunstwerk der Statistiker ist) und als praktikable Größen der Planung in Mengenbilanzen[56]. Das Problem einer plangerechten Erfassung der Qualität, auch des Sortiments, zu lösen ist das Hauptanliegen der Reform sozialistischer Systeme. Besonders deshalb ungewiß ist die statistische Erfassung der agrarischen Produktion, vor allem wegen des Auseinanderfallens von Halmernte und den gelagerten Mengen.

Die Mehrjahrespläne (und der als Gesetz verpflichtende, jeweilige Einjahresplan) legen in Mengeneinheiten und in entsprechenden monetären Gesamtgrößen das Produktionsprogramm der Volkswirtschaft fest. Nachträgliche Änderungen der Planperioden und/oder der Planungsgrößen sind Vorgänge auch der Anpassung an unvorhergesehene Veränderungen ökonomisch relevanter innerer oder äußerer Gegebenheiten. Der Grad der jeweiligen Planerfüllung ist deshalb kein alleiniger Maßstab für die Bewertung der Ergebnisse einer Planperiode.

DER ERSTE FÜNFJAHRESPLAN (1928–1932)

Die materielle Ausgangslage des ersten umfassenden, d.h. in verbindlichen Kennziffern im Sinne einer Input/Output Matrix aufgestellten Planes entspricht im industriellen Sektor ungefähr derjenigen am Vorabend des ersten Weltkrieges.

Industrieproduktion 1913–28				
Jahr		1913	1921	1928
Eisen	(Tsd to)	4216	117	3282
Stahl	(Tsd to)	4331	220	4251
Erdöl	(Tsd to)	9234	3781	11625
Kohle	(Tsd to)	29117	9531	35510
Elektroenergie	(KwSt)	1945	1520	5007
Zement	(Tsd to)	1347	51	1283

Unter der optimistischen Annahme einer stetig steigenden Getreideproduktion, wachsender Exporterlöse und zunehmender Arbeitsproduktivität sollten die Investitionen in der Schwerindustrie um das Dreifache steigen und bis zu einem Drittel (vor 1914 – bei einem anderen Berechnungsmodus – ein Zehntel) des Volkseinkommens beanspruchen, während das Verbrauchsniveau jährlich etwa um 15 v.H. steigen sollte. Die kollektivierte Landwirtschaft sollte die erforderlichen industriellen Arbeitskräfte freisetzen und durch steigende Produktivität die wachsende Stadtbevölkerung ernähren.

Entgegen dieser Erwartung zeitigten statt dessen die überstürzte Kollektivierung ohne ausreichende Landtechnik und die vorwiegend wegen des Futtermangels erfolgten Viehschlachtungen einen Rückgang der Produktion und eine über das erwartete Maß hinausgehende Abwanderung in die Städte. Aber das Netz der staatlichen, parteitreuen Maschinen-Traktoren-Stationen (MTS) sicherte eine rigorose Erfassung der Ernte am Halm und auf Kosten des unterworfenen Dorfes – 1933 raffte in der Ukraine eine Hungersnot Millionen dahin – eine rationalisierte Ernährung der Städte[57].

Die Abwanderung in die Stadt vom Lande stieg von ca. einer Million 1927 auf über vier Millionen im Jahr 1931. Hinter dieser Bewegung steht das Problem der Eingliederung einer Masse industriell völlig unerfahrener, in bäuerlicher Mentalität verharrender Menschen – ihre Zahl stieg von 1933–38 auf insgesamt fast 12 Millionen – in neu zu errichtende Fabriken und Bergwerke, deren leitendes Personal vorwiegend aus schnell eingeschulten Kadern der „Arbeiter- und Bauern-Fakultäten" bestand[58]. Das Anlernen wurde durch eine maßlose Fluktuation erschwert. Die „jährlichen Austritte in Prozent der Beschäftigten" betrugen z.B. 1930 in der Gesamtindustrie 152,4 v.H. im Steinkohlenbergbau 295,2 v.H. Der Anlernprozeß im frühindustriellen Westeuropa erscheint demgegenüber als ein organischer Vorgang; Eingliederung des in Stadt und Land vorhandenen unterbeschäftigten Proletariats in die Mechanisierung von Manufakturen und dörflicher Heimarbeit[59]. Niedrige Qualifikation der Arbeit und unzureichende Disziplin waren die Folgen der überstürzten sozialen Transformation in Rußland, während die Verantwortung dafür vom Parteiapparat auf die Ingenieure bürgerlicher Herkunft abgewälzt wurde, was zu den sensationellen „Sabotageprozessen" der dreißiger Jahre führte. Schließlich wurde die Bindung an den Arbeitsplatz durch drakonische Strafen und straffe Registrierung (Arbeitsbuch) einigermaßen hergestellt.

Die ökonomischen Nachteile und Verluste der diktierten Transformation der rückständigen Agrargesellschaft wurden zum Teil und qualitativ entscheidend durch die westliche Entwicklungshilfe gemildert. Die Weltwirtschaftskrise veränderte zwar die Austauschrelationen zu ungunsten der Sowjetunion, veranlaßte aber andererseits Tausende von erstklassigen Experten und Facharbeitern zur konstruktiven Mitwirkung an den größten und spektakulärsten Großvorhaben, wie dem Wasserkraftwerk Dnjeprostroj, an der Autofabrik Gorki, an den Stahlwerken Magnitogorsk, aber auch an weiteren, in die Tausende gehenden, technologisch fortschrittlichen Unternehmungen im ganzen Lande[60].

Die plangemäß „führenden Kettenglieder" der Industrialisierung waren die Stahlproduktion, die Energiegewinnung und die Maschinenindustrie; nur für die Stahlgewinnung waren die Grundlagen und Erfahrungen gegeben. Während der 4 1/4 Jahre des ersten Planes wurde die vorhandene Kapazität um nahezu zwei Drittel vergrößert, die Zahl der installierten Maschinen um die Hälfte; völlig neu aufgenommen wurde die Herstellung von Kraftfahrzeugen, Traktoren und den meisten Typen von Werkzeugmaschinen. Gegenüber dem sehr niedrigen Niveau von 1913 war der Maschinenbau um das 10fache angewachsen und in wenigen großen Betrieben konzentriert, was die Übernahme der amerikanischen Rationalisierungsfortschritte (Taylor-System, Fließband) gestattete. Nachteile der Konzentration waren große Transportwege und mangelnde Zustimmung unter den Zulieferungsbetrieben. Die Liquidierung der kleinbetrieblichen Ansätze im Glauben an die absolute Überlegenheit des Großbetriebes zwang die Betriebe zur unrationellen Selbstversorgung und Vorratslagerbildung.

Die Erfolge im Maschinenbau kamen vor allem der Mechanisierung des Bergbaues und der Landwirtschaft zugute. 1930 bereits begann das Traktorenwerk von Stalingrad (heute Wolgograd) seine Produktion. 1932 wurden ca. 50.000 Traktoren und 10.000 Mähdrescher hergestellt. Die Jahresleistung der Elektrokraftwerke stieg von ca. 5 Mrd. KWh zu Beginn auf ca. 14 Mrd. KWh am Ende des 1. FJP. Das Kraftwerk an den Stromschnellen des Dnjepr (Dnjeproges), seinerzeit der Welt größtes Wasserkraftwerk, wurde zum Lehrstück für die energetische Ausnutzung der gewaltigen Kraftreserven des Landes. Aber immer noch betrug die Produktion von Elektroenergie pro Kopf – der wichtigste Indikator für den Industrialisierungsstand – nur ein Drittel der deutschen und etwa ein Viertel der amerikanischen. Die Versorgung mit Kohle war anteilsmäßig noch geringer. Die Herstellung von entsprechenden Maschinenaggregaten hielt Schritt. Bei der Entwicklung der Brennstoffindustrie konkurrierten die Investitionen in neuen östlichen Revieren mit dem erforderlichen Ausbau der vorhandenen. Der Abbauplan für Steinkohle wurde nicht erfüllt. Es wurde notwendig, auf Torf und devastierenden Raubbau an den Wäldern auszuweichen. Immer noch behauptete das Donez-Revier bei einer Gesamtproduktion von 64 Mio. Ja/t mit 44 Mio. Ja/t den Vorrang in der Steinkohlenförderung, gefolgt vom Kusnezrevier mit 7,5 Mio. Ja/t.

Die Erfolgszahlen des ersten Planfünfts werden als nicht besonders zuverlässig angesehen. Der größte, aber nicht meßbare Erfolg wurde zweifellos in der Qualifizierung der Arbeit als der Grundlage späteren Produktivitätsfortschrittes erzielt. Dagegen verschlechterte sich die Versorgung der Verbraucher vor allem auch mit Nahrung katastrophal. Das lag auch am forcierten Export von Getreide – bei sinkenden Weltmarktpreisen – gegen Import von Maschinen, die gut die Hälfte des neu installierten Maschinenparks ausmachten.

Um die durch eine zunächst unkontrollierte Kreditgewährung an die Unternehmen gespeiste Inflation und den Umlauf des Konsumentengeldes in den Griff zu bekommen, entstand um 1930 ein perfektioniertes Finanzsystem, durch das mittels einer flexiblen Umsatzsteuer, niedriger Erfassungspreise in der Landwirtschaft und – ein Jahrzehnt später annullierter – Zwangsanleihen im Verein mit durchgehend fixierten Preisen die Inflation zurückgestaut und der Staatshaushalt zum wirksamsten Steuerungsinstrument des Wirtschaftskreislaufs und der ihm zugrunde liegenden wirtschaftlichen Aktivitäten gemacht wurde.

DER ZWEITE FÜNFJAHRESPLAN (1933–1937)

Überall auftretende Engpässe waren Anzeichen einer disproportionierten Entwicklung. Als Hauptaufgabe des zweiten FJP wurde deshalb „die Vervollständigung der technischen Rekonstruktion der Volkswirtschaft im ganzen" bezeichnet. Man sollte die neuen Unternehmen, die neue Technik erst „meistern" lernen, die Produktivität und Qualität der Arbeit verbessern. Ein Zwischenplanjahr brachte die geringsten Wachstumsraten der Dekade, die Planziele wurden reduziert. Aber für Eisen und Stahl wurden weiterhin hohe Ziele (16 bzw. 17 Mio. t für 1937) festgesetzt. In der Produktion von „Maschinen, welche Maschinen machen" wurde Unabhängigkeit vom Import angestrebt. Vordringlich war auch die Ausweitung der Gewinnung der knappen Buntmetalle, die wichtige Rohstoffe für die Elektroindustrie sind. Die kriegswichtige Aluminiumherstellung erhielt neue Zentren im Ural.

Im ganzen war das Wachstumstempo des 2. Planes weniger angespannt. Die regelmäßigere Versorgung der städtischen Bevölkerung gestattete 1935, die Rationierung aufzuheben. Die Produktivität der industriellen Arbeit wurde durch neue Methoden des „sozialistischen" und gleichzeitig personalisierten Wettbewerbs[61] erheblich gesteigert. Aber damit wuchs auch die Gesamtlohnsumme auf das 3fache der geplanten, der eine nur unzureichend wachsende Konsumgüterproduktion gegenüberstand. Die Ziele für Stahl (17,7 Mio. t) und Walzgut wurden leicht übererfüllt, zurück blieben Erdöl und Kohle (128 Mio t statt 152 Mio t des Planes). Der Einsatz von Elektroenergie pro Arbeiter wurde verdoppelt. 1937 kamen vier Fünftel der Produktion aus neuen oder völlig erneuerten Fabriken. Statistisch wurde für die Dekade ein Wachstum der Großindustrie um das 6,5fache nachgewiesen. Aber wegen des Zugrundelegens des „unveränderlichen" Preise von 1926/27 und der Doppelzahlungen haben solche Globalzahlen keinen Aussagewert. Die imposanten Mengenzahlen der tatsächlichen, physischen Ausbringung einzelner Industriegüter sagen wiederum nichts aus über deren Qualität. Der Ausschuß bildete anfänglich etwa ein Drittel der Produktion. Bei den Verbrauchsgütern ware dessen Anteil wesentlich höher, verursacht durch fehlende Qualitätskontrolle und Unerfahrenheit der neuen Kader.

Dieser Qualitätsverfall traf vor allem den Reallohn. Im ersten FJP war der Reallohn ohnehin statt der vorgesehenen Erhöhung von 70 v.H. um 14 v.H. gefallen. Nach Aufhebung der Rationierung (1935) stiegen die Preise bei verschlechteter Qualität der Nahrung. Erst die beiden Jahre vor Kriegsbeginn brachten eine Besserung. Bei niedrigen Wohnungsmieten verkleinerte sich der städtische Wohnraum meist in Altbauten auf 4,2 m^2 pro Person. Unvorstellbar primitiv waren die Lebensverhältnisse in den neuen Industrierevieren Sibiriens. Der eigentliche Fortschritt in der Lebenshaltung lag um diese Zeit in der außerordentlich verbesserten hygienischen Fürsorge und im Eröffnen breiter Möglichkeiten der Bildung und Arbeitsqualifizierung, in denen auch die Hoffnung auf eine bessere Zukunft eingeschlossen war.

Zu einer gewissen Konsolidierung des Wachstums trug auch bei, daß die im ersten Planjahrfünft begonnenen Großbauten, nun zu Ende geführt, die Produktion aufnahmen. Höhere Gold- und Platinverkäufe verbesserten den Außenhandelssaldo. Zuverlässigkeit in der Tilgung nach 1928 aufgenommener Auslandskredite – vor allem eines vom Deutschen Reich garantierten Vorschusses von 300 Mill. RM – erleichterte den Handelsverkehr.

Fortbestehende Disproportionen der Entwicklung lagen in der unzureichenden, zwischen 50–60 v.H. liegenden Ausnutzung gerade der mit moderner Technik ausgestatteten Investitionen und der daraus resultierenden niedrigen Kapitalproduktivität, die sich letztlich im Sinken der Reallöhne niederschlug. Einer der Gründe war die hinter der großräumigen Standortexpansion und „Gigantomanie" der Anlageplanung weit zurückbleibende Transportleistung. Während das Streckennetz seit 1913 um etwa die Hälfte vergrößert wurde, stieg der Frachtentransport um das Fünffache. Die so entstehenden Engpässe verzögerten die Zulieferung, rechtzeitige Inbetriebnahme und volle Ausnutzung der immer weiter auseinanderliegenden Kapazitäten.

Wenn Stalin in seiner Verfassungsrede von 1936 verkündete, daß „die erste Phase des Kommunismus, der Sozialismus im wesentlichen bereits verwirklicht" sei, so traf dies für die Eigentumsordnung gewiß zu, aber von der dem Sozialismus zugeschriebenen dem Kapitalismus überlegenen Produktivität war man noch weit entfernt. Sie dürfte um jene Zeit in vergleichbaren industriellen Bereichen kaum ein Viertel der US-amerikanischen betragen haben und noch viel weniger in der Landwirtschaft.

Im Umfang der Industrien der Grundstoffe und der Metallurgie hatte die Sowjetunion Deutschland, England und Frankreich – jedes für sich genommen – überholt, aber in Anwendung neuester Verfahren, vor allem in der verarbeitenden Industrie, klaffte ein weiter Abstand. Zudem hatte die fast völlige Liquidierung des Handwerks in der Stadt und auf dem Lande die entsprechenden Folgen für die Versorgung mit Gütern des täglichen Bedarfs.

Die Dynamik der industriellen Entwicklung und die innerhalb eines Jahrzents errungene weltwirtschaftliche Position der UdSSR läßt sich an der folgenden Tabelle ermessen.

Jahr	UdSSR	Deutsches Reich	Frankreich	Groß-britannien	USA	Japan
			Kohlenförderung in Mill. to			
1929	41,8	177,0	53,8	262,0	552,3	34,3
1937	122,6	154,5	44,3	244,3	448,4	45,3
1938	232,9	186,2	46,5	230,7	355,3	33,0
			Roheisenerzeugung in Mill. to.			
1929	4,3	15,3	10,4	7,6	42,6	1,1
1937	14,5	16,0	7,9	8,6	37,7	2,6
1938	14,7	18,6	6,2	6,9	19,5	0,7
			Index der gesamten Industrie-Produktion			
1929	100	100	100	100	100	100
1937	372	117,2	81,9	123,6	102,7	168,9
1938	413,0	126,1	76,1	115,5	80,0	74,7

Die von den Sowjets veröffentlichten Indices für das gesamte industrielle Wachstum beruhen, wie schon gesagt, auf willkürlich, d.h. wirtschafts- und verteilungspolitisch festgesetzten Planpreisen. Westliche Experten kamen in nachträglichen Berechnungen zu wiederum untereinander erheblich abweichenden Zahlen[62].

Indices des sowjetischen Industriewachstums 1928–1940

Jahr	Offiz. Sowjet.	Seton	Hodgman	Jasny	Nutter
1928	100	100	100	100	100
1932	202	181	172	165	140
1937	445	380	371	257	279
1940	587	462	430	350	312

Quellen: Zusammenstellung bei H. J. Sherman, The Soviet Economy, Boston 1969, S. 96

Die errechenbaren Wachstumsraten für die beiden ersten Planjahrfünfte lauten dann bei den Sowjets 19,2 und 17,2 v.H. jährliche Zunahme, bei den genannten westlichen Autoren liegen sie zwischen 16 und 8,8, bzw. zwischen 16 und 11,7 v.H. Aber selbst die niedrigste Einschätzung zeigt ein die historischen Wachstumskoeffizienten der alten Industriestaaten weit überragendes Ergebnis. Der Eindruck auf die Zeitgenossen läßt sich daran ermessen, daß in demselben Jahrzehnt, auf dem Höhepunkt der Großen Krise, die US-Wirtschaft um die Wachstumsrate Null stagnierte, einige europäische Staaten negative Werte aufwiesen. In kontinentaler Raumerschließung, durch rücksichtslose Ausbeutung menschlicher und natürlicher Ressourcen und Übernahme der Erfahrung der fortgeschrittensten Industrienationen – bis 1928 der deutschen, nachher vornehmlich der amerikanischen – entstand in zehn Jahren eine breite Basis der Grundstoff- und Maschinenindustrie, die auch eine weitgehende Mechanisierung der Landwirtschaft und der Kriegsrüstung gestattete.

Im Hinblick auch auf die Industrialisierung und gesellschaftliche Umwandlung der vom Zarismus übernommenen Kolonialgebiete mit teilweise noch archaischen Strukturen und auf die Bewährung des neuen Wirtschaftsgefüges im 2. Weltkrieg ist diese Periode als entscheidend für den Aufbau der weltpolitischen Stellung des russischen Imperiums anzusehen.

Aber die geschichtlich einzigartige, unter schwierigen geographischen Umständen vollbrachte Anstrengung hat auch jene monolithische Wirtschaftsbürokratie entstehen lassen, die Voraussetzung und Ergebnis der ökonomischen Raumdurchdringung war und die bisher jeder Absicht dezentralisierender Reform widerstand. Doch ist das Zurückbleiben in Produktivität und technologischer Flexibilität nicht nur auf die besondere Ordnungsform zurückzuführen. Im vorgezogenen Aufbau der schwerindustriellen Grundlage blieb naturgemäß der Ausbau der Infrastruktur der Betriebe, z.B. innerbetrieblicher Transporteinrichtungen zurück, die im Westen simultan entstanden waren. Anstelle von mechanischen Einrichtungen blieb oft Handarbeit und damit im Vergleich mit gleichaltrigen Betrieben im Westen ein Vielfaches an Belegschaft. Expansion statt Intensivierung, relativ niedrige Produktivität und Vollbeschäftigung auch als Folge zurückbleibender Rationalisierung blieben seither ein Charakteristikum der sowjetischen Wirtschaft. Da diese Merkmale auch für die vorrevolutionäre Industriewirtschaft Rußlands gelten, stellt sich auch hierbei die Frage einer systemunabhängigen Kontinuität der russischen Arbeits- und Betriebsverfassung.

DIE AUSSENWIRTSCHAFT

Der Anteil des autarkiebegabten Rußland am Welthandel ist zu allen Zeiten sowohl absolut wie auch bezogen auf die Größe seines Nationalprodukts relativ unbedeutend gewesen. Jedoch war es stets auf die Einfuhr hochqualifizierter Industriegüter angewiesen, deren Gegenwerte, vorzugsweise Nahrungsmittel, Rohstoffe und Gold, meist nur mit relativ hohem eigenen Arbeitsopfer bzw. Konsumverzicht aufzubringen waren. Die geringe Wettbewerbsfähigkeit in Industrieprodukten, die nahezu vollständige Ausstattung mit nutzbaren Bodenschätzen und die Anforderungen der nachholenden Industrialisierung haben schon im 19. Jahrhundert zu einer Politik der zollgeschützten Selbstversorgung (Autarkismus) geführt. Diese Tendenz setzte sich im Zeichen der hochgespannten Industrialisierungsziele der KPdSU verstärkt fort. Mittels des staatlichen, durch die zentrale Planwirtschaft bedingten Außenhandelsmonopols konnte der Außenhandel als ein planmäßig gesteuertes Instrument des eigenen Ausbaues des politischen Einflusses im Auslande eingesetzt werden.

Der Nutzen des zentralgeleiteten Außenhandels für die Sowjetwirtschaft war natürlich stets eine von der Entwicklung der Nachfrageverhältnisse auf dem Weltmarkt abhängige Größe. So waren Versuchen, durch Preisunterbietungen größere Mengen abzusetzen, um dringend benötigte Importe zu bezahlen, Grenzen gesetzt durch die Aufnahmefähigkeit des Weltmarktes, gelegentlich auch durch gezieltes Abwehrverhalten des Auslandes und nicht zuletzt durch die wachsende Nutzeinbuße der eigenen Volkswirtschaft. Das hat die Entwicklung des sowjetischen Außenhandels in der Zeit nach 1928 besonders eindrucksvoll erwiesen:

AUSSENHANDELSUMSATZ

(In Zahlen der entsprechenden Jahre, bei Umrechnung der Auslandswährung in Rubel nach dem Kurs vom 1.1.1962, in Mill. Rbl.)[63]

Jahr	Export	Import	Umsatz
1913	1192	1078	2270
1917	382	1901	2283
1928	630	747	1377
1932	451	552	1003
1937	295	229	524
1038	240	245	485

Quelle: Narodnoe Chozjajstvo SSSR v 1962 g. Moskau

Der 1. FJP ging von der Aufgabe aus, den Export auf das 2- bis 2 1/2fache zu vergrößern. So sollte z.B. die Getreideausfuhr bis auf 5–8 Mill. t am Ende der Periode anwachsen. (Diese hatte in der Zeit vor 1914 in manchen Jahren 10 Mill. t erreicht). Die Investitionen wurden auf laufende Erhöhung der Exporte in den traditionellen Rohstoffen (Erdöl, Holz, Flachs) abgestellt. Der entsprechende Importplan sollte den „industriellen" Aufbau, „die stählerne Achse aller Aufbauarbeiten" sicherstellen (Prokopovicz). Diese Erwartungen wurden durch Nachfragerückgang und die Preisstürze in der Weltwirtschaftskrise völlig enttäuscht. Eine Zeitlang vermochte der sowjetische Staatshandel mit seinen manipulierbaren Konditionen sein Volumen zu halten, fiel aber seit 1936 unter das inzwischen in Europa wiederangestiegene Niveau. Die Sowjetunion hatte sich in der Erwartung wachsender Exporterlöse erheblich, bis Ende 1931 in Höhe von 1,4 Mrd. Rubel, verschuldet. Um dieses Defizit abzubauen, blieb nichts anderes übrig, als die Importe zu drosseln, da der Ausverkauf unter den Gestehungskosten – zu „russischen Preisen" wie es damals in den Welthandelsmetropolen hieß – einmal eine Grenze erreichen mußte. Das durch die unerwarteten Veränderungen der Außenhandelsbedingungen und die neue autonome Währungspolitik der westlichen Staaten verursachte Fiasko des sowjetischen Außenwirtschaftsplanes hat nicht wenig zu der Verhärtung des autarkistischen Kurses der Stalinzeit beigetragen.

DER DRITTE FÜNFJAHRESPLAN (1938–1948) UND DIE KRIEGSWIRTSCHAFT

Der Kriegsausbruch (Juni 1941) unterbrach einen Planablauf, der bereits im Zeichen verstärkter Rüstungsanstrengungen des 1. Finnlandkrieges (1939–40) gestanden hatte und dessen Ausführung mit dem Schrecken von Terrorprozessen und „Säuberungen" auf allen Stufen der politischen und militärischen Hierarchie belastet war[64]. Auch wegen der Umstellung von Friedens- auf Rüstungsproduktion, z.B. von Traktorenwerken auf Panzer, lagen die Zuwachsraten erheblich unter denen der ersten beiden Planperioden. 1941 bereits überstiegen die Rüstungsausgaben das Dreifache des Jahres 1938. Neue Industrien wurden größtenteils östlich der Wolga errichtet.

Desorganisation, Stillstand des technischen Fortschritts, ungenützte Kapazitäten, Rückgang der Zuwachsraten selbst in den bevorzugten Eisenhüttenwesen, sinkende Reallöhne waren die Kennzeichen der Planjahre im Schatten der Kriegsgefahr. Der Außenhandel erreichte einen Tiefstand, der nun durch den bis zur Stunde des Überfalls steigenden Güteraustausch – Getreide und Erdöl gegen kriegswichtige Ausrüstungsgüter – mit dem Großdeutschen Reich aufgefangen wurde.

In ihrer Organisation und Arbeitsverfassung konnte die sowjetische Befehlswirtschaft in Kürze auf die Bedürfnisse des Krieges umgestellt werden. Mittels ihrer eingespielten Methoden wurden im Verein mit einer erstaunlichen Improvisationsgabe aller Beteiligten wirtschaftsstrategische Aufgaben von bis dahin unbekanntem Ausmaß bewältigt.

Betrachtet man die volkswirtschaftliche Entwicklung als ein Kontinuum, so erscheint der Abschnitt von 1941–1945 als eine Katastrophe, wobei aber nicht der Energieaufwand ihrer Überwindung sondern die aus ihr hervorgegangenen fortwirkenden Veränderungen interessieren. Dann ist festzustellen, daß das russische Imperium die schwerste Probe seiner Existenz überstanden und anders als in den drei seit 1859 verlorenen Kriegen als Gewinner hervorgegangen ist, obwohl der größte Teil seiner industriellen Produktionsstätten und Getreideanbaugebiete in den entscheidenden Jahren vom Feinde besetzt war. Das bedeutendste Unternehmen dieser Art war, angesichts der schnell vorrükkenden deutschen Armeen, die Verlagerung großer Teile des Maschinenparks und der Vorräte in die Uralregion und ihre erneute schnelle Installation unter den schwersten Bedingungen. Als eine außerordentliche Leistung ist auch die Bewältigung der Verkehrsprobleme in einem im wesentlichen radial auf Moskau ausgerichteten Verkehrssystem anzusehen. An dem Umschwung in den materiellen Kraftverhältnissen an der Front zugunsten der Sowjets hatten freilich die Waffen-, Material- und Nahrungsmittellieferungen der USA und Englands einen meßbar großen und wahrscheinlich ausschlaggebenden Anteil[65].

Aber mitentscheidend war die Tatsache, daß zum Unterschied vom Ersten Weltkrieg die sowjetische Wirtschaft keine Abnahme, sondern Zunahme an Potential aufwies und daß im ganzen das Minimum an Ernährung bereitgestellt wurde. Von den Behörden geförderte betriebliche und individuelle Selbstversorgungseinrichtungen (Gärten) haben dazu wesentlich beigetragen. Man kann nicht sagen, wie lange nach dem Ausfall oder der Lahmlegung so bedeutender Industriereviere wie der südlichen Ukraine, Leningrads und Moskaus ausreichende Rüstung hätte bereitgestellt werden können. Jedenfalls reichten die Stahl- und Erdölbasis des Ural und von Sysran, die Panzerfabriken von Nižne-Tagil und Stalingrad aus, um die Armeen in der kritischen Zeit der Wende ausreichend zu bewaffnen. Noch während der Aktion wurden neue Rohstoffvorkommen östlich des Ural erschlossen und Kraftwerke bedeutenden Ausmaßes errichtet. Es erscheint angesichts der Konzentration der Mittel auf wenige Schwerpunkte glaubhaft, daß in vier Kriegsjahren die Industrieproduktion im Ural um das 3,6fache, in Sibirien um das 2,8fache, im Wolgagebiet um das 3,4fache (Erdöl!) erhöht worden ist (Ljaščenko)[66].

Daß es gelungen war, den größten Teil der bedrohten maschinellen Betriebseinrichtungen mit den dazugehörigen Belegschaften östlich der Wolga zu verlagern, durch neu beackerte Flächen, durch das System vollständiger Ernteerfassung und organisierte Eigenwirtschaft von Betrieben und Individuen die Ernährung wenigstens im Minimum zu sichern, war der Erfolg der einem totalen Krieg bereits im Frieden entsprechenden Organisation und Disziplinierung der Wirtschafts- und Sozialverfassung. Inflationäre Folgen der Kriegswirtschaft wurden während des Krieges und danach durch Zwangsanleihen und schließlich durch einen Währungsschnitt gebändigt.

Die bedeutsamste strukturelle Folge des Krieges war die durch Industrieverlagerungen, Niederbringung neuer Stätten der Urproduktion, vor allem durch Straf- und Kriegsgefangenenarbeit auch im hohen Norden (Norilsk, Vorkuta) beschleunigte Industrialisierung des asiatischen Teiles. Die Kriegführung der „Verbrannten Erde" der sowjetischen und der deutschen Armeen auf ihren Rückzügen hatte schwere Zerstörungen an Gebäuden und maschinellen Anlagen, weniger an den Grundinvestitionen zur Folge. Aber wie im Falle der luftkriegszerstörten Anlagen Westeuropas erfolgte der Wiederaufbau unerwartet schnell bei gleichzeitiger Erweiterung der Kapazitäten.

8. EXPANSION DES WIRTSCHAFTSIMPERIUMS UND AUSGANG DER KRIEGSWIRTSCHAFT 1945–1954

Der Zweite Weltkrieg brachte der Sowjetwirtschaft große Verluste an Menschen[67] und Material, aber auch reichen Gewinn durch die kriegsbedingte, forcierte Erschließung des eigenen Potentials und durch die Ausweitung der Machtsphäre nach dem Zusammenbruch Deutschlands. Da die Zahl der nichtlandwirtschaftlich Beschäftigten durch weiteres Ausschöpfen der Reserven (Landbevölkerung, Frauen) seit 1949 wieder wie in der Vorkriegszeit anstieg, konnten die materiellen Kriegsschäden schnell überwunden werden. Die Einbeziehung des östlichen Mitteleuropa in den Bereich der sowjetischen Planung hatte einen bedeutenden, wenn auch schwer meßbaren Anteil an dem quantitativen und mehr noch qualitativen Erfolg der Sowjetwirtschaft in der Zeit nach dem Kriege. Demontagen und Reparationsentnahmen auch durch Beteiligung an staatlichen Unternehmungen, z.B. in Rumänien, Österreich, mögen nicht immer ihren Zweck erreicht und vielleicht nur wenig zum Ersatz von materiellen Verlusten beigetragen haben.

Von nachhaltiger Bedeutung aber war die machtpolitisch gesicherte Einplanung der spezifischen Leistungen hochentwickelter Industrieregionen Mitteldeutschlands und Böhmens in das sowjetische Produktionsgefüge. Die feinmechanische, optische und Werkzeugmaschinenindustrie Mitteleuropas, die in der Tradition und im Leistungsverband mit dem Westen entstanden war, wurde nunmehr in bilateralen, langfristigen Verträgen im Tausch gegen Rohstoffe dem Aufbau einer differenzierten Produktionsstruktur der UdSSR dienstbar gemacht. Wie immer man die Tauschrelationen zwischen dieser und den Volksdemokratien einschätzt – wichtiger als die vielleicht erzwungenen Preisvorteile blieb für die „Économie dominante“ (A. Perroux) die durch die geplanten und kontinuierlichen Leistungen gewonnene relative Unabhängigkeit vom übrigen Weltmarkt.

Verbesserungen der Gegebenheiten der Wirtschaft hatten zunächst keinen Einfluß auf das starre zentralistische Leitungssystem. Einer Dezentralisierung der Verfügungsmacht und Humanisierung der Arbeitsverfassung wirkten vielmehr einige Momente entgegen, die den Charakter dieser eigentlich „stalinistischen“ Epoche der Sowjetwirtschaft ausmachten. Der Anteil der Zwangsarbeit wurde durch die große Masse der Kriegsgefangenen, der zur „Umerziehung“ verdammten Millionenzahl von zurückgekehrten zwangsverpflichteten Arbeitskräften und bestraften Kollaborateuren wesentlich verstärkt.

Die schlechte Ernte von 1946, Folge sowohl der Verwüstungen durch den Krieg wie des ungünstigen Wetters, verschärfte die noch bestehenden Rationierungsmaßnahmen. Die verstärkte Abwehr ausländischer Einflüsse zeitigte einen Dogmatismus und engstirnigen Patriotismus, der die Sowjetunion in existenzgefährdender Weise auch vom wissenschaftlich-technischen Fortschritt des Auslandes abzuschließen begann. Ein drastisches Beispiel dafür war die Leugnung der für die Agrarbiologie auch praktisch so bedeutsamen klassischen Genetik durch das deshalb zu höchsten Ämtern erhobene Akademiemitglied Lyssenko[68].

Der ökonomische Voluntarismus, der während der Anspannung des Krieges zur alleinbestimmenden Maxime geworden war, steigerte sich in der Züge von Größenwahn annehmenden Persönlichkeit Stalins zu Projekten von phantastischem Ausmaß, so die sogenannte „Umwandlung der Natur" durch Anlage von Tausenden von Kilometern breiter Waldschutzstreifen in den halbtrockenen Getreidesteppen, die Umleitung riesiger Ströme durch atomare Sprengungen („Davidov-Plan") und Bewässerung großer Flächen im Ausmaß europäischer Staaten[69]. Von dauerhafter Bedeutung war die Vollendung hydroelektrischer Großprojekte und von Kanalbauten, die selbst während des Krieges nicht geruht hatten. Sie fanden in Planung und Inangriffnahme von Wasseranstauungen in Bodenseegröße im Wolgalauf („Wolgakaskade") ihre Krönung. Diese Epoche trug so sehr den Stempel von Stalins Persönlichkeit, daß es üblich geworden ist, bei der Periodisierung der Nachkriegsgeschichte der Sowjetwirtschaft den Tod des Diktators (1953) als entscheidende Zäsur anzusehen. Hinter diesen Manifestationen eines despotischen Machtwillens wirkte jedoch nachhaltig die Eigengesetzlichkeit der wirtschaftlichen und sozialen Entwicklung und erzwang schließlich eine Umkehr, die Stalin selbst in einer überraschenden Programmschrift noch angekündigt hatte.

Das Kolchossystem hat den Krieg – auch im feindbesetzten Teil – im wesentlichen unerschüttert überstanden. Auflösungserscheinungen am Rande, wie sie im deutschen Besatzungsgebiet aus politischen Erwägungen[70] und sonst durch Lockerung der Disziplin eingetreten waren, wurden bald wieder unter Kontrolle gebracht. Zunächst wurde heimlich privatisiertes Land und Inventar wieder zurückgeführt. Versuche zur Bildung leistungsfördernder kleinerer Arbeitseinheiten (zvena) an Stelle der großen „Brigaden" wurden als Gefahr für die Kolchoseinheit abgelehnt. Der übermäßig große Verwaltungsapparat, eine Folge der schwerfälligen Kontrolle der Tagewerksrechnung und der Ablieferungen sowie der Bewachung der Vorratslager, war im Kriege weiter angewachsen; er verschlang in einzelnen Regionen bis zu 18 v.H. des gesamten Kolchoseinkommens. Durch ein Dekret (19.4.1946) wurden rund 750 000 solcher überflüssiger Funktionäre ausgesiebt, aber ähnliche Maßnahmen in den folgenden Jahren zeigen, daß das Übel nicht leicht auszurotten war.

Die Beaufsichtigung durch Kolchosschreiber konnte die Leistungsantriebe von selbständigen Bauern nicht ersetzen. Für die Getreideproduktion auf einem acre brauchte der US-Farmer 6–8 Stunden, der sowjetische Kolchosnik noch 2,5 bis 3,6 Arbeitstage, was freilich z.T. auf ungenügende Ausrüstung und widrige natürliche Bedingungen zurückzuführen war. Die Zahlen der vorhandenen Ackermaschinen (1950 wieder ca. 600 000 Schlepper) besagen freilich wenig über deren tatsächliche Einsatzfähigkeit. Ein Schritt zur Rationalisierung sollte die Zusammenlegung von Kolchosen zu größeren Arbeitseinheiten sein, der durch den damaligen neuen Parteivorsitzenden von Moskau,

N. S. Chruščev, mit der Kritik am Bestehen von kleinen, bisweilen nur 5–10 Haushalte umfassenden Kolchosen im nördlichen Rußland eingeleitet wurde („Pravda" v. 8.3.1950). Größere Einheiten sollten auch den Einsatz besser bezahlter Fachleute ermöglichen. Durch „Bewegung von unten" und administrative Vorkehrungen verminderte sich im Laufe des Jahres 1950 die Zahl der Kolchosbetriebe von 252 000 auf 123 000, zwei Jahre später auf 97 000 mit durchschnittlich 1 700 ha (einschließlich Brache). Diese Entwicklung lag auch im Interesse effektiver politischer Kontrolle und Überwachung der Leistung.

In dieser Lage ließ sich Chruščev zu der Vision von „Ackerstädten" (Agrogoroda) hinreißen, d.h. von zentralen Orten, in denen mehrere Kolchosdörfer in leichter zivilisierbaren, mehrstöckigen Siedlungen vereinigt werden und die Kolchosniki, des offiziell verachteten „Wühlens" im eigenen Garten und der Betreuung der eigenen Kuh ledig, rationeller arbeiten und leben sollten. Daß dieses Idealmodell[71] nicht realisiert wurde, mag weniger an dem psychologischen Widerstand der Kolchosniki gelegen haben als an der praktischen Unmöglichkeit, die Versorgungsleistung der intensiv bewirtschafteten Eigengärten zu ersetzen, und an den ungeheuren Kosten der Verwandlung eines Großteils der Bauernkaten (1963 ca. 16 Mio.) in städtische Häuser, von schwer übersehbaren sozialen Folgen dieser Umstrukturierung einmal abgesehen.

Die Einkommensverhältnisse der Kolchosniki besserten sich kaum. Ihre Geldhorte aus der Notzeit wurden durch die Währungsreform (1.12.1947) vernichtet. Der auch in der Industrie üblich gewordene Ersatz von Lohn durch Privilegierung und Heroisierung von Einzelleistungen wurde als wenig wirksam wieder abgeschafft (10.9.1947). Die starke Differenzierung der Kolchoseinkünfte durch Lage- und Intensitätsrenten und das Fehlen statistischer Angaben läßt keine befriedigende Aussage über das Durchschnittseinkommen der Kolchosniki zu. Jedenfalls blieb der Barlohn niedrig, und die direkte Kontrolle oder Drohung mit dem Verlust des Hoflandes bei Nichterfüllung der Norm – vom Strafterror abgesehen – waren die eigentlichen Mittel des Leistungszwanges. Die jährlich je nach Vegetationsdauer mindestens zu leistenden Normtage waren 1942 von 60,80 bzw. 100 (Baumwollgebiete) auf 100, 120, 150 erhöht, Kinder von 12–16 Jahren mit 50 Normtagen belastet worden. Die privaten Einkünfte aus dem Hofland unterlagen weiterhin hohen Abgaben und Steuern. Die Unterbewertung der Pflichtablieferungen der Kolchosen kennzeichneten die um das 15–40fache über dem Erfassungspreis liegenden freien Marktpreise.

Über die Entwicklung der Ernten sei hier nur mitgeteilt, daß die Hektarerträge von 1949–1953 den Stand von 1909/13 kaum überschritten, auf dem Kopf der Bevölkerung berechnet sogar zurückgegangen waren. Die Gesamtergebnisse waren nicht höher und wurden durch Angaben geschätzter Halmernte statt der faktisch in die Scheuern eingebrachten Ernte offiziell auch noch maßlos übertrieben[72], wie aus späteren Regierungserklärungen hervorgeht[73].

9. WIRTSCHAFTSPOLITIK IM ZEICHEN DER REIFENDEN INDUSTRIEWIRTSCHAFT NACH 1953

Die von der Außenwelt als „Neuer Kurs" bezeichnete Wendung in den Methoden der sowjetischen Politik ist offensichtlich durch den Tod des Diktators und den dramatischen Personenwechsel in der Führung ausgelöst, aber nicht verursacht worden. Eine Analyse der inneren und äußeren Aktionsbedingungen der Wirtschaftspolitik ermittelt jedenfalls Umstände, die vermuten lassen, daß der eingetretene Wandel unumgänglich war und hinfort in Friedenszeiten kaum mehr umkehrbar sein dürfte.

Das System der Sowjetwirtschaft war unter Stalin zur Befehlswirtschaft von einer in der modernen Geschichte sonst ungekannten rigiden Härte erstarrt. Das Nachholen einer im spontanen Vorgang früher Generationen währenden Transformation der Gesellschaft in zwei Jahrzehnten und die unerhörten Kriegsanstrengungen haben sich gleichsam überlagert und die Staatspartei zur absoluten Herrin über die Gesellschaft und den Einzelnen gemacht. Es hat einen offenen und latenten Widerstand unter Berufung auf Marx und Lenin gegen die despotische Bürokratisierung gegeben, der mit der Vernichtung der offenen, verborgenen oder vermeintlichen Gegner auch in der Parteihierarchie endete. Aber hatten nicht Opponenten wie Trotzkij selbst einer eindeutigen und noch primitiveren Militarisierung der Wirtschaftsformen das Wort geredet? Man kann bei Stalin nachträglich zuweilen mehr Einsicht in wirtschaftliche Gesetzlichkeit finden als bei seinen Widersachern, wobei er ja eher als Vollstrecker denn als Initiator der von der kollektiven Führung einmal gesetzten Ziele und Termine agierte. Anders wäre auch seine Anrufung der ökonomischen Vernunft nicht zu erklären, als er sich in seiner Schrift „Ökonomische Probleme des Sozialismus in der UdSSR" (1952) gegen Ansichten wandte, die ähnlich wie Vosnessenski – der maßgebende Mann des Gosplan während des Krieges und Verfasser eines von Stalin preisgekrönten Berichtes über die Kriegswirtschaft – die These von der Allmacht des Staates auch über die wirtschaftliche Gesetzlichkeit (als „das umgewandelte Wertgesetz") postuliert hatten[74]. Entgegen der bis dahin geltenden Staatsräson auch in der Preisfixierung verlangte Stalin jetzt „richtige", den Tauschwerten adäquate Preisrelationen und Berücksichtigung von objektiven Gesetzmäßigkeiten des ökonomischen Prozesses, „welche sich unabhängig von unserem Willen vollziehen". Doch leitete Stalin diese Erkenntnis allein aus den Tauschbeziehungen aus dem Warenverkehr zwischen staatlicher Industrie und noch genossenschaftlich organisierten Kolchosen ab. Er bezeichnete die Idee, diese durch Verstaatlichung der ganzen Landwirtschaft zu beseitigen, als einen „unsinnigen und verbrecherischen Weg", den Marxisten nicht gehen können, weil damit „die Bauernschaft auf lange Zeit ins Lager der Feinde des Proletariats" getrieben würde.

Die späte Umkehr des im Kreml von der sozialen Wirklichkeit abgeschlossenen Stalin war aber offenbar von Einsichten unberührt, die sich aus der Erfahrung der neuzeitlichen Entwicklung der industriellen Produktionsweise und Gesellschaft ergeben. In zwei Jahrzehnten waren in der UdSSR durch die Zusammenführung von Massen angelernter Arbeiter und neu erschlossenen Naturkräften die massiven Grundlagen der Urproduktion, der Schwerindustrie und Energieerzeugung gelegt worden. Raubwirtschaft an menschlichen und natürlichen Ressourcen gehörte dabei zu den Begleitumständen, ähnlich wie in der frühen Epoche des kapitalistischen Industrialismus. Natürlich war in ausreichender Kenntnis des universalen technischen Fortschrittes der ganze Komplex einer entwickelten industriellen Produktionsverflechtung in der Planung berücksichtigt worden, aber erst jetzt konnte und mußte man daran gehen, sich dem Niveau der fortgeschrittensten Staaten anzugleichen. Nur so war der Anspruch auf die industrielle Vormacht im Verein der anderen sozialistischen Staaten zu behaupten. Man kann diese Phase als Intensivierung oder Vertiefung der Produktionsstruktur bezeichnen, um zu sagen, daß nunmehr die Wirtschaft ihre Entwicklung bis in die feinsten Verästelungen der Mechanisierung und Chemisierung nachzuvollziehen hatte.

In einem solchen Stadium bedienen zunehmend qualifiziertere Arbeitskräfte immer kostspieligere und empfindlichere Maschinen, leitenden Mitarbeitern ist mehr Entscheidungsfreiheit zu belassen, an Stelle des Befehls und pseudomilitärischer Auszeichnungen tritt der materielle Leistungsanreiz. Kürzere Arbeitszeiten dienen der Regeneration und dem Genuß der Lebensgüter, welche bereitzustellen das eigentliche Ziel der Wirtschaft ist. Die Nachfolger Stalins haben in Wiederanerkennung des Entwicklungs- und zivilisatorischen Entfaltungsfortschrittes des Westens diese Lage erkannt und gingen daran, die starren Formen der Wirtschaftsführung zu lockern. Wegen der Wechselwirkung ökonomischer, soziologischer und psychologischer Faktoren erfaßte diese Tendenz, literarisch „Tauwetter“ genannt, fast alle Bereiche des gesellschaftlichen Daseins und seiner Institutionen.

Doch dürften auch Geschehnisse in der Außenwelt den Kurswechsel nicht unerheblich beeinflußt haben. Die von den Kommunisten aus ihrer dogmatischen Erwartung und nach der Erfahrung der 30er Jahre vorausgesagte Weltwirtschaftskrise trat nicht ein. Die diesmal von den USA geleistete politische Kapitalhilfe (Marshall-Plan), an der sogar die Tschechoslowakei und Polen teilzuhaben trachteten, sowie übernationale Währungsorganisationen ermöglichten einen kaum erwarteten Aufschwung Westeuropas und Japans. Der von den Sowjets nach Westen gedrängte Vertriebenenstrom von Deutschen erzeugte keine Anarchie, sondern weckte unerhörte Antriebskräfte. Der von den Amerikanern mit dem Punkt-4-Programm Trumans eingeleitete Wohlstandsausgleich (Entwicklungshilfe) entzog in den Elendsgebieten der Welt der billigen Umsturzpraxis des Kommunismus weiterhin den Boden und zwang die Sowjets zur Beteiligung an konstruktiven Maßnahmen und zum Wettbewerb in der Entwicklungshilfe. Schließlich erwies sich die westliche Wirtschaftsordnung als so wandlungsfähig in bezug auf Unternehmerverhalten, Eigentumspolitik, soziale Umverteilung durch die öffentlichen Haushalte und erfolgreich in der Beeinflussung des Konjunkturverlaufs, daß mit der Kapitalismuskritik des 19. Jahrhunderts selbst für den sowjetischen Hausgebrauch nicht mehr viel auszurichten war. Die Leninsche Losung „Lernt von den Kapitalisten" gewann vielmehr im Zeichen der „zweiten industriellen Revolution" in der reifenden Industriegesellschaft einen neuen, verbindlichen Inhalt[75].

REFORMEN IN DER LANDWIRTSCHAFT

Es war kaum ein Zufall, daß mit Chruščev ein Mann an die Führung gelangte, der ganz anders als Stalin mit den Problemen der Landwirtschaft unmittelbar und sachkundig vertraut war. Denn entgegen allen Verlautbarungen der Stalinzeit erwies sich wieder einmal das Problem der Agrarerträge als die Schicksalsfrage Rußlands. In den Reden Malenkovs und Chruščevs (8.8. u. 3.9.1953) vor den obersten Gremien wurde die Produktion der Landwirtschaft als in der Technik und hinter dem Bedarf zurückgeblieben bezeichnet. Das galt insbesondere für die Veredelungsproduktion, die dem notwendigen Eiweißbedarf der zunehmend verstädterten Industriebevölkerung nicht genügen konnte. Abgesehen von den Rückschlägen, welche die Viehhaltung durch die Folgen der Kollektivierung und durch den Krieg erfahren hatte, war es der chronische Futtermangel, der den Aufstieg hemmte. Jahresmilcherträge von ca. 1000 kg je Kuh zeugten von einem niedrigen Stand der Zucht.

Die Erweiterung der Futterbasis sollte durch eine außerordentliche Ausdehnung des Maisanbaues und durch Einsilierung erreicht werden. Die zusätzlich nötigte Getreideanbaufläche war durch Erschließung bisher brachliegender oder jungfräulicher Böden vorwiegend in den semiariden Steppen jenseits des Urals zu gewinnen. Das Risiko dieser Planung wurde von Fachleuten erkannt und von der später als „parteifeindlich" verdammten Gruppe (Molotov, Kaganovič, Malenkov) geltend gemacht. Es lag im Mangel an Düngemitteln – der Mais ist der größte Bodenzehrer – und in den niedrigen Niederschlägen der Neulandgebiete (um 220 mm pro Jahr), für die bei extensiver, einseitiger Getreidenutzung die Gefahr der Erosion, Übernutzung und Verunkrautung in höchstem Maße vorhanden war. Die Notwendigkeit der Intensivierung der alten Anbaugebiete wurde von Chruščev nicht übersehen. Doch waren die Möglichkeiten dieser Alternative noch begrenzt, nachdem die Politik der „Umwandlung der Natur" sich als illusorisch, das Feldgrassystem („travopol'naja sistema" von Villjams) sich als wenig erfolgreich erwiesen hatte und für kapitalintensive Methoden die Mittel fehlten. Entscheidend dürfte aber die Erwägung gewesen sein, daß die bereits erreichte und fortzusetzende Erschließung und Besiedlung Sibiriens und Mittelasiens Konsumzentren schuf, die aus den westlichen Anbaugebieten über Tausende von Landkilometern schlechthin nicht mehr zu versorgen waren. Nicht zu übersehen war schließlich der Bedarf an Exportgetreide, nicht so sehr für den freien Weltmarkt als für die Versorgung der osteuropäischen Volksdemokratien, die durch Industrialisierung und Mißerfolge der verfehlten Kollektivierung auf regelmäßige Lieferungen der Sowjetunion angewiesen waren. Damit war die Entscheidung für die extensive, obwohl risikoreiche Anbaustrategie ziemlich eindeutig bestimmt. Von genereller Bedeutung wurden aber die agrarpolitischen Maßnahmen, die eine völlige Revision der Organisation der Leistungsmessung und -bewertung in der kollektivierten Landwirtschaft zum Ziele hatten.

In einer Reihe von Verordnungen (Sept. 1953) wurde die bisher übliche individuelle Festsetzung der Ablieferungsnormen der Kolchosen durch „ständige Hektarnormen" abgelöst, so daß bei Einhaltung dieses Flächenprinzips den Betrieben mit überdurchschnittlichen Erträgen ein Mehr blieb. Die Ablieferungsverpflichtungen aus den Hoflandwirtschaften wurden ermäßigt. Bei der Naturalzahlung für die MTS-Dienste ging man nunmehr von der Netto-Speicherernte aus. Die über die zu Erfassungspreisen abzuliefernden Pflichtmengen hinaus erzielten Überschüsse konnten zu wesentlich höheren Vertragspreisen an kollektive Konsumenten verkauft werden. Die Erfassungspreise wurden wesentlich erhöht, z.B. für Fleisch um das 5fache, Milch und Kartoffeln das 2 1/2fache, für Getreide um etwa das Doppelte. Gleichzeitig wurden die staatlichen Aufkaufpreise für Veredelungsprodukte ziemlich nahe an die amtlichen Verbraucherpreise angehoben. Bei allmählich steigender Produktion und festliegenden Hektarnormen traten die Pflichtablieferungen anteilmäßig zurück und lagen z.B. für Getreide 1956 nur noch bei 17 v.H., während die aufgekauften Mengen ca. 24 v.H., die Naturalzahlung an die MTS ca. 47 v.H. ausmachten.

Die Einkommensverhältnisse der Kolchosniki wurden ferner dadurch verbessert, daß die „einheitliche Landwirtschaftssteuer" aus den Einnahmen bei der Nutzung des Hoflandes gesenkt wurde, um dadurch das Interesse an der für die allgemeine Versorgung so wichtigen privaten Viehhaltung zu erhalten.

Umwälzend für das gesamte landwirtschaftliche Entlohnungs- und Preissystem wurde die Auflösung der MTS und Überlassung der Maschinen an die soweit verselbständigter Kolchosen. Schon die voraufgegangene Zusammenlegung der Kolchosen sowie die Unzulänglichkeiten, die sich aus dem Nebeneinander der Funktionen und Dispositionen ergaben, hätten eine Aufteilung der Maschinenparks nahegelegt. Stalin lehnte diese Idee ab, weil sie dem Dogma der fortschreitenden Verstaatlichung von Produktionsmitteln und Verteilung widersprach. Unter dem Eindruck der Betriebspraxis und des inzwischen erreichten fachlichen Niveaus der Kolchosleiter wurde im März 1958 die allmähliche Auflösung der MTS durch Verkauf der Maschinen an die Betriebe beschlossen, und diese erhielten größere Freiheit in der Zusammenstellung ihres Maschinenbestandes. Unverändert blieb aber der Betrieb bei seiner Planung an die Richtlinien des Gesamtplanes gebunden, nur in dessen Ausführung war größere Freiheit eingeräumt.

Durch den Wegfall der Naturalabgaben an die MTS ergab sich die Notwendigkeit, das Erfassungssystem zu ändern. Durch Beschluß des ZK vom 17.6. 1958 wurden die Pflichtablieferungen der Kolchosen in der bisherigen Form abgeschafft und das ungeheuer komplizierte Preissystem revidiert, wobei auch der Staat die Produkte zu festen, regional und nach dem Ernteausfall differenzierten Preisen ankaufte. Insgesamt bewirkten diese Reformen, daß die Einkommen der Kolchosniki denen der staatlichen Sowchosarbeiter angenähert wurden und dank der inzwischen erreichten höheren Produktion des Industriesektors die Landwirtschaft aufhörte, die große Last der industriellen Akkumulation fast ohne Gegenleistung zu tragen. Die höhere Qualifikation, die infolge der Maschinenausstattung und Vervielseitigung nunmehr auch in der Landwirtschaft erforderlich wurde, verlangte eine Zuwanderung von Fachkräften und dementsprechende Lohnanreize und soziale Achtung.

Die Anhebung der Einkommen und der Preise brachte unausweichlich ein stärkeres Hervortreten der Differentialrente bei den durch Lage oder/und Ausrüstung oder durch hohe Preise für Spezialkulturen begünstigten Regionen und Betrieben. Von Natur aus schlecht ausgestattete Kolchosen wurden dementsprechend ärmer. Die Regierung sah sich fortan dem Problem gegenüber, durch Regulative des zwischenbetrieblichen Wohlstandsausgleichs, wie Abführung aus den Gewinnen für außerbetriebliche Zwecke (Wege, Schulen), diese nicht auf unterschiedlicher Leistung beruhenden Einkommensunterschiede auszugleichen, aber gleichzeitig zu vermeiden, die stimulierende Wirkung des auf besseren Leistungen beruhenden höheren Einkommens aufzuheben. Die Umwandlung der Kolchosen in Sowchosen, die Herstellung des einheitlichen Staatseigentums auch in der Landwirtschaft als vereinfachende Lösung lagen theoretisch nahe. Die großen Unterschiede in den Erträgen der Betriebe und die Unmöglichkeit, für 20 Mio. Kolchosarbeiter (1964) feste Löhne zu garantieren, stehen der politisch wünschenswert erscheinenden Uniformierung der Entlohnungs- und Abhängigkeitsverhältnisse von Industrie und Landwirtschaft aber entgegen.

Für die weitere Orientierung der sowjetischen Agrarpolitik erhält die Erfahrung in den transuralischen Neulandgebieten ein besonderes Gewicht. Etwa 40 Mio. ha[76] in menschenleeren oder dünn besiedelten Regionen unter den Pflug zu nehmen hieß, dort die Betriebe und die Infrastruktur einer Landwirtschaft überhaupt erst zu errichten. Umbruch und Ernte erfolgten dieser Lage entsprechend in den ersten Jahren nach 1954 durch fliegende Kolonnen von Jugendbrigaden, abgemusterten Heeresangehörigen und „Mechanisatoren" aus westlichen Gebieten mit bereits abgeschlossenen Feldarbeiten, oft mit weit hergeholten Maschinen. Die Konsolidierung dieser extrem einseitigen, in Vegetationsperioden von nur etwa 4 Monaten zu bewältigenden Produktion erfolgte in staatlichen Großbetrieben, die in Kazachstan eine Durchschnittsgröße von 50 000 ha erreichten und von Technikerkolonnen von etwas über 500 Mann bewirtschaftet wurden. Die großen innerbetrieblichen Entfernungen, die Beschäftigungslosigkeit der ständigen Belegschaften außerhalb der „Saison", die größtenteils noch in offenen Feldtennen vorgenommene Lagerung des Getreides und die damit verbundenen Verluste, das Heranschaffen von Arbeitskräften aus weitentlegenen Siedlungsgebieten oder Industriebetrieben waren und blieben Kostenfaktoren, die den Nutzen des ganzen Unternehmens fragwürdig machten. Bald stellten sich auch die zu erwartenden Erosions- und Erschöpfungserscheinungen des Bodens ein, so daß die Durchschnittserträge bei gleichzeitig größer werdenden Ertragsschwankungen absanken. Die Grenzen und Gefahren der extensiven einseitigen Landnutzung in den semiariden Steppen wurden warnend sichtbar.

Die praktischen Maßnahmen, welche die Anpassung der Arbeitsverfassung und Sozialpolitik an die Bedingungen der reifenden Industriewirtschaft zum Ziele hatten, brachten keinen auffälligen Wandel der im industriellen Bereich geschaffenen Institutionen. Was sich änderte, waren die Einstellung zum produzierenden Menschen und die Methoden, eine Übereinstimmung zwischen Staatsgewalt und den Geführten herzustellen. Im Grunde genommen handelt es sich um den selben Einstellungswandel, den auch der erwerbswirtschaftliche Industrialismus beim Übergang von der Ausbeutungspraxis der primären Akkumulationsphase zur Politik der sozialen Fürsorge und Sicherheit, zur Sozialpolitik in des Wortes umfassender Bedeutung erlebt hat. Das Sowjetsystem hatte die entsprechenden Sozialgesetze z.T. in ihrer vollkommensten Gestalt gleich nach der Revolution eingeführt. Aber erst auf der Grundlage der entwickelten Produktion war man imstande, an ihre volle Verwirklichung zu gehen. Zum Teil handelte es sich darum, kriegswirtschaftliche Ordnungen – z.B. die Dienstverpflichtung vom 19.10.1940 – aufzuheben und die Freizügigkeit der Arbeit schon im Interesse der optimalen Lokalisierung und der Bevölkerungspolitik wenigstens prinzipiell herzustellen[77]. Eine tiefgehende Wirkung auf die Humanisierung der Arbeitsverhältnisse hatte die Auflösung der zahlreichen großen Zwangsarbeitslager (bei Fortbestehen der Korrekturhaft), in denen zeitweise erhebliche Teile der Arbeitsbevölkerung gehalten wurden[78]. Angesichts der fortschreitenden Mechanisierung war die Unrationalität von unfreier Arbeit selbst in Grenzbereichen der Produktion offenkundig geworden.

Die planmäßig einzuleitende Wanderung von Arbeitskräften in die transuralischen Erschließungsgebiete oder von Spezialisten in die wenig attraktiven Kolchosen war nur durch verstärkte Anwendung von regionalen Lohndifferenzierungen und sonstigen Vergünstigungen erreichbar. Die Anspannung der jugendlichen Einsatzbereitschaft z.B. für Feldarbeiten im Neuland scheint keine dauerhaften Erfolge zu verbürgen. Überhaupt dominieren mit der Betonung des Prinzips der materiellen Interesssiertheit als des Hauptanreizes für die Produktivitätssteigerung quasi-marktwirtschaftliche Mittel innerhalb der Arbeitsverfassung. Eben deshalb blieb die Lohnbestimmung eine theoretisch ungelöste und praktisch widerspruchsvolle Aufgabe. Seit 1934 hatte der Allunionszentralrat der Gewerkschaften (VSCSPS)[79] vom aufgelösten Volkskommissariat für Arbeit die Sozialversicherung und die Abteilung für Löhne übernommen. Aber Löhne festzusetzen wurde als Aufgabe der Regierung angesehen, die 1956 ein Staatskomitee einsetzte, um die im Laufe der Jahrzehnte durcheinandergeworfene Lohnstruktur zu überprüfen. Die zuletzt 1931 festgelegten Lohnstufen waren wiederholt unter dem Druck der Inflation, infolge der sich ändernden Bewertung der Arbeitsqualitäten geändert worden, wie – unter Einwirkung der Ministerien – auch die Löhne einzelner Sparten. Anders als die leicht zu kontrollierenden festen Gehaltssätze erwiesen sich die Löhne wegen der individuellen Akkordeinkommen einer zentralen Festlegung unzugänglich. Seit der Reform von 1957 haben die Sownarchosen die vom Plan global festgesetzten Lohnfonds innerhalb der ihnen untergeordneten Bereiche und Betriebe zuzuweisen. Zusammen mit der Lohnsummenkontrolle durch die Vorschüsse gewährenden Filialen der Staatsbank gelang es, die von differenzierten Leistungslöhnen allgemein ausgehenden inflationären Tendenzen zurückzudämmen.

Nach 1946 begann man auch, die erheblichen allgemeinen Differenzen zwischen Facharbeitern und Ungelernten, die während des zweiten FJP und in der Kriegszeit etwa das Verhältnis von 3 1/2 : 1 erreicht hatten, einzuebnen. Für den 1959 beginnenden Siebenjahresplan wurde diese Relation bei einer Anhebung der unteren Kategorien auf 2 : 1 festgelegt. Die wiederhergestellte Freizügigkeit der Arbeit, eine hohe Fluktuation der Fachkräfte gerade in neuen Betrieben und Abwerbung von Qualitätskräften haben wettbewerbsähnliche Verhältnisse für den Faktor Arbeit geschaffen, die mit den Erfüllungsnormen der zentral gesetzten Pläne nur schwer zu vereinbaren sind.

Die wachsende Dynamik der Einkommen und ihrer Verwendungsmöglichkeiten kann durch die Preispolitik nur begrenzt aufgefangen werden. Es ist anzunehmen, daß es vor allem die Erschwernisse der zentralen Wirtschaftslenkung waren, die zur Verankerung des Prinzips der „Verteilung nach den Bedürfnissen“ im Parteiprogramm von 1961 geführt haben.

Über die Entwicklung der Reallöhne seit den Reformen ist ein statistisch fundiertes Urteil nicht zu gewinnen. Die mehrfachen, eindrucksvollen Preisherabsetzungen für lebenswichtige Güter nach der Währungsreform[80] haben nach Ansicht westlicher Statistiker das Niveau von 1928 noch nicht wiederhergestellt. Doch weisen die Sowjets mit Recht auf die inzwischen erfolgte Steigerung in der kollektiven Befriedung kultureller, hygienischer und zivilisatorischer Bedürfnisse hin, welche die Umwandlung des kleinbäuerlichen, analphabetischen Volkes in eine leistungsfähige Industriegesellschaft begleitete und zur Folge hatte[81].

Da anzunehmen ist, daß die trotz aller Härte der Lebensumstände immer wieder erwiesene allgemeine Leistungsbereitschaft der Sowjetbevölkerung und viele hervorragende Einzelleistungen in erster Linie den immateriellen Antrieben des erreichten Zivilisationsfortschrittes zuzuschreiben ist, lohnt es sich, einige Zahlen zur Entwicklung des Bildungsstandes mitzuteilen[82]. Im Vergleich der Jahre 1914, 1952, 1962 wuchs die Zahl der Schüler der mittleren speziellen Bildungsanstalten (in Tausenden) von 54 über 1477 auf 2668, der höheren Schulen von 127 über 1441 auf 2944. Die Zahl der Lehrer des Grundschulsystems vermehrte sich (in Millionen) von 1,58 (1952) auf 2,23 (1962); die Zahl der Studenten der höheren (stark spezialisierten) Fachschulen von 1,44 (1952) auf 2,94 (1962); die Zahl der „wissenschaftlichen Arbeiter“ (in Tausenden) von 10,2 (1914) über 98,3 (1940), 179,1 (1952) auf 524,5 (1962, darin eingeschlossen die Wissenschaftler in der Industrie). Die Zahlen geben einen Anhalt für die Dynamik der Bildung, die mit der Entwicklung der Kapitalausstattung nicht nur Schritt hält, sondern sie eher übertrifft. Eine vergleichende Einschätzung der Erfolge der Sowjetwirtschaft ohne Berücksichtigung der Entfaltung des Bildungspotentials wäre in jeder Hinsicht unvollständig und in Ansehung der Frage der Übereinstimmung von Führung und Geführten vielleicht irreführend.

VERÄNDERUNGEN IN DER WIRTSCHAFTSVERWALTUNG („DEZENTRALISIERUNG")

Die Zahlen der in Moskau bestehenden Unions-Ministerien wurde wiederholt verändert. Nach Stalins Tod wurde ihr Bestand von 60 auf 25 reduziert; Diese Reduzierung erwies sich aber als wieder zu groß, so daß es 1954 schon wieder 46, 1956 52 Branchenministerien gab[83]. Ein besserer Maßstab für den Grad der Zentralisierung ist das Unterstellungsverhältnis der Betriebe, von denen 1950 67 v.H. und 1952 70 v.H. den Unionsministerien unterstellt waren. Dann setzt eine rückläufige Bewegung bis auf 53 v.H. (1955) ein, bis schließlich in den grundlegenden Beschlüssen des ZK der KPdSU und des Ministerrates (1957) ganze Industriezweige den Republiken übergeben wurden.

Die radikalen Reformen der Wirtschaftsverwaltung zielten auf die Auflösung der Zusammenballung von Aufgaben und Macht in der Hand der Ministerien, die, wie schon berichtet, aus der Sorge um selbstversorgende Erfüllung der Branchenpläne vor dem Kriege entstanden war. In Friedenszeiten erwies sich aber diese vertikale Organisation von der Moskauer Spitze bis zur letzten LKW-Kolonne oder Sandgrube in der Provinz als schweres Hemmnis der Anpassung an den allgemeinen Fortschritt. Ein besonderer Nachteil der unionsweiten Ministerienautarkie, die durch den Gosplan nicht zu überwinden war, waren das Gegeneinanderlaufen von Gütertransporten über den ganzen Wirtschaftsraum, übermäßige Lagerbildung und unnötige Vervielfachung von Verwaltungsakten. Die vertikale Gliederung verhinderte auch eine vernünftige Zuordnung der Unternehmungen innerhalb einer Wirtschaftsregion, da deren Befugnisse die Macht der Ministerien nicht durchbrechen konnten. Selbst die Verwendung von Nebenprodukten konnte gehemmt werden, wenn ein zufällig zuständiges Ministerium kein Interesse an solchen zeigte.

Unmittelbar ausgelöst wurde die Reorganisation durch die Nichterfüllung der Produktionspläne für 1956, die dazu führte, daß der laufende sechste FJP (1956–1960) ausgesetzt und etwa 100 000 Baustellen wegen der Zersplitterung der Investitionsmittel zunächst stillgelegt wurden. Am 30.3.1957 legte Chruščev mit einem Bericht, der groteske Folgen des organisatorischen Gegenlaufes feststellte, seine These über die notwendige vollständige Abschaffung der Branchenministerien vor. Im Stil des sog. „Neuen Kurses" wurden die Vorschläge auf allen Ebenen der beteiligten Öffentlichkeit diskutiert. Es fehlte nicht an Stimmen, die unter Hinweis auf den hohen Zentralisierungsgrad gewisser Konzerne des Auslandes vor einer radikalen Dezentralisierung warnten. Am 10.5.1957 wurde dennoch vom Obersten Sowjet das diesbezügliche Gesetz „zur weiteren Vervollkommnung der Verwaltung in Industrie und Bauwesen" erlassen. Beibehalten wurden zunächst 8 Unionsministerien für typisch überregionale Branchen (wie Flugzeugbau, Transporte, Kraftwerke). Sämtliche Industriebetriebe wurden unmittelbar regionalen Volkswirtschaftsräten (Sovnarchoz)[84] unterstellt. Den lokalen Sowjets wurden die Industrien von lokaler Versorgungsbedeutung zugeordnet. Damit waren freilich die Kompetenzkonflikte zwischen den regionalen Verwaltungsstellen nicht ausgeräumt, aber die Autorität der in der Dispositionsmacht über Kapital stärkeren Sovnarchosen erwies sich als auf die Dauer überlegen. Befehle der All-Unionsregierung in Moskau gingen nun über die Regierung der Republiken zu den Sovnarchosen und von diesen zu den einzelnen Unternehmungen. Kleinere Republiken (z.B. Georgien, Lettland) sind mit einem Sovnarchosbereich identisch. Andererseits hatte die Russische Bundesrepublik 68, die Ukraine 14, Kazachstan 9 Sovnarchosen. 1958 kontrollierten die Sovnarchosen wenigstens prinzipiell 71 v.H. der staatlichen Industrieproduktion, 6 v.H. unterstanden direkt der Union, der Rest den lokalen Sowjets.

Den Bemühungen um eine Rationalisierung der Planungsorganisation entsprachen die Belebung der Diskussion lange unterdrückter theoretischer Fragen und die Bereitschaft, methodische Fortschritte des Westens im Bereich der formalen Theorie ökonomischer Entscheidungen zu studieren und zu übernehmen. Im Mittelpunkt stand die Debatte um das Verhältnis vom Wert der Güter zu ihren staatlich festgesetzten Preisen. Man kam zu dem Eingeständnis, daß die fixierten Planpreise dem jeweiligen Aufwand und den Knappheitsrelationen der Güter nicht entsprachen und daß somit der rationelle Einsatz der Faktoren nicht gewährleistet sei. Aber Ideen, die zu einem Vorrang der Wertgesetzlichkeit vor der Einschätzung der Prioritäten durch die Zentrale hätten führen können, wurden ebenso zurückgewiesen wie die Vorschläge (Liberman 1962), den Betriebserfolg an der Rentabilität als dem alleinigen Kriterium und nicht an zahlreichen, sich u.U. widersprechenden Mengenindices der Planerfüllung zu messen. Maßgebende Akademiker unterstützten das ZK in der Behauptung des Primats der Planung in physischen, der Vorrangskala der Zentrale entsprechenden Mengen, der durch eine Orientierung an knappheitsbestimmten Preisen und durch wettbewerbsähnliches Verhalten der Direktoren gefährdet wäre. Dahingegen wurde unter dem Eindruck der Steuerbarkeit gewisser Produktionsprozesse durch Elektronik die in den USA entwickelte Kybernetik (Steuerungslehre) nach anfänglicher dogmatischer Ablehnung geradezu emphatisch aufgenommen; eröffnete sie doch die Chance, bisher auf unzureichender statistischer Datenfeststellung beruhende Mängel der laufenden Plandispositionen auszuschalten. Man akzeptierte ebenso die Verfeinerung der volkswirtschaftlichen Mengenbilanzen durch die sogenannte Input/Output-Rechnung. Probleme, die sich aus den vertieften Einkommensunterschieden der Kolchosen ergaben, lenkten neuerdings die Aufmerksamkeit auf die Theorie der Bodenrente. Vielfach waren Ökonomen in den osteuropäischen Ländern (Polen) Schrittmacher dieser Versuche, die Wirtschaftstheorie von Dogmen zu befreien. Unerschüttert aber blieb als institutionelle Grundlage des ganzen Systems das staatliche Eigentum an den Produktionsmitteln.

DIE ÖKONOMIK DES NEUEN PARTEIPROGRAMMS

Der XXII. Parteikongreß der KPdSU nahm am 31.10.1961 ein neues Parteiprogramm an, in dem auch die ökonomischen Aufgaben für die kommenden zwanzig Jahre umrissen wurden[85]. Im Rahmen von allgemein gehaltenen Ausführungen über die Anwendung und die sozialen Auswirkungen der heute bekannten modernen Technologie wurden spezifische Ziele der sowjetischen Wirtschaftspolitik genannt: Das Volumen der Industrieproduktion sollte, um den „Bedarf der Landesverteidigung restlos zu decken" und „die Lebensansprüche der Sowjetmenschen besser und vollständig zu befriedigen" bis 1970 auf das Zweieinhalbfache, bis 1980 auf das Sechsfache gesteigert werden, womit das „gegenwärtige Gesamtvolumen der Industrieproduktion der USA weit übertroffen" werden sollte. Die Arbeitsproduktivität in der Industrie sollte dann doppelt so hoch sein wie gegenwärtig in den USA, die Elektrifizierung des ganzen Landes dann „im wesentlichen vollendet", der berühmte Programmpunkt Lenins nach 60 Jahren also erfüllt sein. Die Stahlindustrie sollte 1980 250 Mio. t jährlich erzeugen können. Wenn u.a. in Aussicht gestellt wurde, daß dann der Bedarf an modernen Maschinen, Werkzeugmaschinen und Geräten sowie Ersatzteilen und Werkzeugen aller Art „restlos gedeckt", der Bedarf der Volkswirtschaft und Bevölkerung an allen Arten von Transporten „völlig befriedigt", der „Kraftwagenverleih stark ausgebaut" sein sollte, so entbehrten solche Zielansprachen der Bestimmtheit wegen der unabsehbaren Größe des wirklichen Bedarfes in einem so fernen Zeitpunkt. Doch waren sie eher als Ausdruck der allgemeinen Erwartungen und der Zielbewußtheit der Regierung in ihrer propagandistischen Bedeutung für die Konsumenten und die Produzenten zu bewerten. Wenn man wie die meisten westlichen Experten annahm, daß die „ehrgeizigen, aber offenbar wohldurchdachten und gut abgestimmten Planungen" (R. Krengel) der Sowjets im industriellen Sektor in Abstimmung auch mit den jeweils hervorgebrachten Proportionen der westlichen Länder ihr Ziel erreichen könnten, so war es umso interessanter zu fragen, welche Bedeutung dem künftigen Verteilungsprinzip als der qualitativen Seite des großen Zukunftsprogramms zugedacht war.

Das Programm spricht wiederholt davon, daß die Verteilung nach dem Grundsatz „jedem nach seinen Bedürfnissen" das eigentliche Kriterium des kommunistischen Endzustandes sein soll, dem die gegenwärtigen Anstrengungen der Sowjetmenschen dienen. Die Abschaffung des Privateigentums an den Produktionsmitteln („Sozialismus") verbürge zwar einen „unbegrenzten Spielraum" für die Entwicklung der Produktivkräfte, „aber immer noch erfolgt die Verteilung des Sozialprodukts nach dem Leistungsprinzip". Die „materiellen Leistungsantriebe" sollen sogar noch verstärkt werden, um jenen Zustand des „Überflusses" zu schaffen, der erst den Übergang zum kommunistischen Verteilungsprinzip gestatten wird. Solange die Verteilung im wesentlichen noch durch den Leistungslohn bestimmt ist, der zum Erwerb von Verbrauchsgütern aus dem gegebenen Angebot verwendet wird, bestehen auch „Ware-Geld-Beziehungen". Auch das Nebeneinander des genossenschaftlichen Eigentums der Kolchosen und des staatlichen Eigentums in der Industrie und in den Sowchosen bringt jene Beziehungen hervor, die innerhalb des Produktionsmittelsektors bereits durch obrigkeitliche Verteilung abgelöst worden sind[86]. Deshalb werden, so heißt es, erst „mit dem Übergang zum einheitlichen kommunistischen Eigentum und zum kommunistischen Verteilungssystem sich die Ware-Geld-Beziehungen ökonomisch erübrigen und absterben".

Es ist leicht einzusehen, warum die sowjetischen Kommunisten an der Zuteilung der Güter als dem wünschenswerten Endziel der sozial-ökonomischen Entwicklung der Gesellschaft festhalten. Es ist begreiflich, daß in den Utopien der vorindustriellen Zeit von Platon bis Bacon und den frühen Sozialisten die Verteilung nach den Bedürfnissen als ein Ideal angesehen werden konnte. Bei statischer, agrarisch-handwerklicher Produktionsweise konnte ja Vermögensanhäufung von unproduktiven Werten über den persönlichen Verbrauch hinaus als ungerechtfertigt und als Quelle von Machtmißbrauch und Korruption angesehen werden. In solchen Zuständen und auch bei einem niedrigen Lebensstandard, wie er noch im frühen Industrialismus gegeben war, erschien die gleichmäßige und naturale Verteilung der laufenden Produktion als wünschenswert und höchster sozialer Gerechtigkeit zu entsprechen[87]. Inzwischen hat aber die Steigerung der industriellen Massenproduktion die Möglichkeit geschaffen, die Güter der modernen Zivilisation reichlich und bis zum „Überfluß" bereitzustellen, und es ist ein vitales Bedürfnis auch der privaten Wirtschaft, die Nachfrage nach ihren Gütern im Interesse des stetigen Wachstums in voller Breite zu entwickeln.

Gleichzeitig hat die Individualisierung der Verbraucherwünsche im Rahmen des Massenkonsums einen nie erlebten Grad erreicht und bildet eigentlich den Nährboden des technisch-zivilisatorischen Fortschrittes. Daß deshalb die Bedürfnisse als praktisch „unbegrenzt" anzusehen sind, ist eine Annahme, die selbst in der neuerdings angelaufenen sowjetischen Konsumforschung Platz gefunden hat. Wenn die Parteidoktrin eine Reihe von Arten kollektiver Bedürfnisbefriedigung, die aus dem „gesellschaftlichen Konsumtionsfonds" bereits oder demnächst unentgeltlich gewährt werden (ärztliche Betreuung, Renten, Schulbildung auf allen Stufen usf.), als Marksteine auf dem Wege zum Kommunismus bezeichnet, so übersieht sie geflissentlich, daß es sich dabei um eine Erscheinung des modernen Wohlfahrtsstaates schlechthin handelt, in dem der Sektor der Darbietung unentgeltlicher oder subventionierter Leistungen ständig im Wachsen ist. Das Parteiprogramm stellt nun in Aussicht, daß in zwanzig Jahren auch Wohnungen, kommunale Verkehrsleistungen und Mittagessen in den Betrieben unentgeltlich abgegeben werden sollen. Es ist möglich, daß auch in sozialen Marktwirtschaften da und dort das gleiche geschieht, ohne jedoch die Prinzipien der Verteilung damit ändern zu wollen, was als das Ziel solcher Maßnahmen in der Sowjetwirtschaft angesehen wird. Im Programm wird z.B. in Aussicht gestellt, die „Betreuung" der Bevölkerung mit Kraftfahrzeugen zu verbessern, und im interpretierenden Schrifttum wird auf die Vorteile kollektiver Verfügung über dauerhafte Gebrauchsgegenstände überhaupt (z.B. Haushaltsmaschinen) systematisch hingewiesen.

Diese Tendenz zur Propagierung der kollektiven Verbrauchsgestaltung sollte im Zusammenhang mit der in der Sowjetpresse gebrandmarkten und von der

Justiz mit drakonischen Strafen (im Jahre 1962 mit 278 bekannt gewordenen Todesurteilen) verfolgten privaten Erwerbstätigkeit gesehen werden, die als Folge gehobener Realeinkommen und des Erwerbs dauerhafter Gebrauchsgüter verstärkt in Erscheinung trat. Man kann beispielsweise illegal Eigenheime vermieten, mittels eines privaten Kraftfahrzeuges Lohnfahrten machen, mit gekauften Altmaschinen im eigenen Keller oder unter Beschäftigung von Insassen einer Heilanstalt Strickwaren herstellen. Das so erworbene Privateinkommen setzt einen instand, in der Leistungsbereitschaft am Arbeitsplatz zurückhaltend zu sein oder fernzubleiben. In demselben Maße wird dann die Verfügungsmacht des Staates über die Arbeitskraft abgeschwächt, ähnlich wie bei den Kolchosen infolge von individueller Erwerbsarbeit auf dem Eigenhofland der Kolchosangehörigen.

Man kann an solchen Erscheinungen ablesen, daß auch in der sowjetischen Gesellschaft bei steigendem Realeinkommen und mehr Freizeit die allgemein bekannten Momente der Individualisierung des Daseins und der Verbraucherwünsche auftreten, die gehäuft das Arbeitsverhalten bestimmen und schwer oder gar nicht berechenbare Richtungsänderungen in der Einkommensverteilung und Einkommensverwendung bewirken. Hier setzt der Kampf der Partei ein „gegen die Überreste der Privateigentümermentalität . . . gegen Überbleibsel der Vergangenheit, gegen Erscheinungen des Individualismus und Egoismus". Da man, von irgendwelchen eschatologischen Erwartungen abgesehen, dem Verteilungsprinzip „Jedem nach seinen Bedürfnissen" keinen vernünftigen, den Möglichkeiten des reifen Industrialismus adäquaten Sinn abgewinnen kann, ist anzunehmen, daß die vom Parteiprogramm aufgestellten und durch die neuerliche Vermehrung von Tatbeständen des „Wirtschaftsverbrechens" auch justiziablen Prinzipien der kollektiven Bedürfnisbefriedigung dazu dienen und verstärkt werden sollen, um dem planwidrigen Verhalten der Sowjetmenschen als Konsumenten und als Produzenten entgegenzuwirken.

Das Parteiprogramm von 1961 dokumentiert somit die parteieigene Einschätzung der bisherigen Wirkung des sowjetischen Wirtschaftssystems auf das Verhalten des „Sowjetmenschen" als Erzeuger und Verbraucher. Die beschleunigte Industrialisierung hat die Voraussetzung für die Herausbildung eines den Anforderungen der Wissenschaft, Technik und Organisation des modernen Industriebetriebes völlig gewachsenen Menschentypus in Leitung und Ausführung geschaffen. Es ist aber nicht wahrzunehmen, daß die Erwartungen eines „neuen Menschen" und von bisher unbekannten sozialistischen Arbeitsantrieben sich erfüllt haben. Der immer stärker werdende Appell an materielle, der vermehrten Produktionsentfaltung entsprechende Leistungsantriebe spricht für das Gegenteil. Die einschlägigen Artikel der neuen Verfassung von 1977 und die ihr voraufgegangene Diskussion werfen einiges Licht auf die Grundsätze, nach denen der „Aufbau einer entwickelten sozialistischen Gesellschaft" sich weiterhin vollziehen soll. Sie umschreiben auch den Spielraum für mögliche Reformen des Systems sowie der Eigentumsordnung und die daraus hervorgehenden Implikationen für den wirtschaftenden Menschen.

Der Primat des Staatsplanes, der „das wirtschaftliche Leben der UdSSR lenkt", wird bestätigt, vermutlich in der Gewißheit, daß die fortschreitende Computerisierung die Gefahr einer das System sprengenden Dezentralisierung gebannt hat. Hinzugetreten ist die Anerkennung einer „sozialen Planung" d.h. die Berücksichtigung „aller gesellschaftlichen Lebensbezüge des Menschen" (Höhmann-Seidenstecher) in Beruf und Freizeit Weitere Artikel verkünden eine Ausdehnung der Mitbestimmung der Arbeitskollektive, deren konkrete Formen bisher aber noch nicht festliegen, und bekräftigen das Recht auf freie Berufs- und Arbeitsplatzwahl.

In der sozialen Zielsetzung wie in der Verankerung von „komplexer Mechanisierung und Automatisierung der Produktion" (Art 21) mit dem Endzweck der Abschaffung schwerer manueller Arbeit sind nichts anderes als allgemeine Gesetzmäßigkeiten in der Entwicklung der industriellen Produktionsweise und der aus ihr hervorgehenden sozialen Beziehungen festgehalten. Man wird darin deshalb kaum eine Besonderheit eines entwickelten Sozialismus erkennen, wohl aber eine gelenkte Anpassung an Produktionsverhältnisse, wie sie der marktwirtschaftliche Industrialismus zuvor entwickelt hat.

Die Zulassung „individueller Arbeit", d.h. privater Handwerks- und Dienstleistungstätigkeit (Art. 17) ändert nichts am bisherigen Zustand, in dem abweichend von einigen anderen sozialistischen Ländern private Betriebsformen eher unterdrückt als gefördert werden. Die geringe praktische Bedeutung dieser Frage in der UdSSR erhellt sich aus der Tatsache, daß 1970 weniger als 0,1 v.H. der Beschäftigten offiziell als „selbständig arbeitend" registriert wurden. Im Gegensatz dazu erfährt die private Nebenwirtschaft der Kolchosniki, die vor einem Jahrzehnt noch als „parasitär" gescholten werden konnte, wegen ihres beträchtlichen Versorgungspotentials durch Art. 13,2 die Gewähr staatlicher Förderung.

Allgemein läßt sich dem neuen Verfassungswerk anmerken, daß der Mensch nicht mehr als den Parteizielen untergeordnete Arbeitskraft erscheint, sondern „ein Prozeß begrenzter Emanzipation gegenüber den kollektivistischen Ansprüchen der Führung" in Gang gekommen ist, der auch die Pflicht zur Verbesserung der Arbeitsbedingungen einschließt. Doch ist erkennbar, daß die Regierung als Monopolist im Angebot von Arbeit als des einzigen Existenzmittels Bestrebungen zu kontrollieren imstande sein wird, die diese Grundordnung abschwächen könnten.

DIE REFORMEN DER WIRTSCHAFTSVERFASSUNG SEIT 1964

Der entschlossene Versuch Chruščevs, das schwerfällige System der zentralen Administration durch die Delegation von Investitionsentscheidungen auf die Wirtschaftsräte von 17 Großregionen (sovnarchozy) zu reformieren, erwies sich bald als ein Fehlschlag. Man hätte voraussehen können, daß die neugeschaffenen regionalen Autoritäten nur zu bereit waren, alle Vorteile auszuschöpfen, die sich aus einer weitergehenden Verfügung über eigene Ressourcen ergaben, aber umso weniger bereit, die Bedürfnisse der weniger gut mit Naturgaben ausgestatteten Nachbarregionen zu berücksichtigen. So wurde die

Gefahr evident, daß sich durch den alsbald heftig kritisierten „Lokalpatriotismus" die reichen und die armen Regionen kumulativ auseinanderentwikkeln würden.

Der Dezentralisierung sollte auch die Auflösung von ca. 30 zentralen Wirtschaftsministerien (mit Ausnahme der Ministerien für Landwirtschaft, Verkehr und Handel) dienen. Die gesamtstaatliche Kontrolle des Wirtschaftsprozesses wurde zunächst dem Gosplan und später einem Obersten Wirtschaftsrat (Sovnarchoz) der UdSSR übertragen. Aber die unzureichende Autorität dieser Stellen und ein unübersehbares Durcheinander von Institutionen und Kompetenzen führte zu einer kritischen Situation, die nach dem Sturz Chruščevs (Oktober 1964) von Kosygin, dem Vorsitzenden des Ministerrates, mit den Worten charakterisiert wurde: „Gegenwärtig ist in der Volkswirtschaft eine Situation zu verzeichnen, in der die Pläne der Produktion und der Investitionen durch Andere und die Fragen der Versorgung durch Dritte geprüft und beschlossen werden. Im Grunde genommen gibt es kein Organ, das die Fragen der Entwicklung eines Wirtschaftszweiges in ihrer großen Vielfalt und Komplexität prüfen und entscheiden könnte".

Im September 1965 wurde das System der Wirtschaftsräte wieder abgeschafft und die Organisation der laufenden Versorgung (Gossnab), das wichtigste und unelastische Instrument der Planausführung, als Staatskomitee dem Ministerrat unterstellt, mit der Aufgabe, die Planerfüllung zu überwachen und Probleme der technologischen Entwicklung, der Materialversorgung, Beschäftigung und der Lohnhöhe zu lösen. Die Ministerräte der Teilrepubliken behielten ihre begrenzten Funktionen bei der Vorbereitung und Durchführung des zentralen Wirtschaftsplanes.

Es ist zu vermuten, daß die Neigung zur Zentralisierung von der Theorie und Technik der elektronischen Informationsverarbeitung und der sie begleitenden Philosophie der Kybernetik unterstützt und verstärkt wurde. Eines der großen Erschwernisse einer zentralen Wirtschaftsverwaltung des riesiegen Staatsgebietes, nämlich zeitraubende und unzuverlässige Informationswege, konnte dadurch wesentlich erleichtert werden. Aber auch die wirksamste Rationalisierung der direkten Lenkung des Wirtschaftsprozesses reichte nicht aus, um die Betriebe zu einer optimalen Ausnutzung ihrer Ressourcen zu stimulieren, d.h. sie zu veranlassen, mit dem vorhandenen Mitteln sparsam zu wirtschaften und gleichzeitig den im internationalen Maßstab sich mächtig beschleunigenden Fortschritt der „zweiten technischen Revolution" möglichst schnell auszunutzen.

Nach der Konsolidierung der zentralen Verwaltung schien es geboten, die Stellung des Betriebes im Gesamtsystem neu zu bestimmen. Die Überlegungen zu einer Betriebsreform gingen davon aus, daß zwar die Direktion dem Prinzip der wirtschaftlichen Rechnungsführung (Chozražcet) unterworfen war, d.h. die Ausgaben aus eigenen (Plan-) Einnahmen zu decken und damit die Rentabilität der Produktion sowie einen (Plan-) Gewinn zu realisieren hatte, daß aber wenig materielle Anreize gegeben waren, in eigener Verantwortung kreative Anstrengungen zu unternehmen.

Nun hatte schon Lenin erkannt, daß man Sozialismus nicht „auf Grund des Enthusiasmus unmittelbar aufbauen" könne, sondern nur unter Beteiligung „des persönlichen Interesses, der persönlichen Interessiertheit und der wirtschaftlichen Rechnungsführung"[88]. Das individuelle Interesse am Betriebserfolg, von Chruščev als „materielle Interessiertheit" nachdrücklich propagiert, sollte durch die Beteiligung der Betriebsleitung an der Verwendung von bis zu 50 v.H. des Überplangewinns stimuliert werden. Obwohl auch diese beschränkte Dispositionsfreiheit durch die vorgeschriebene Verwendung für Investitionen und betriebliche Sozialleistungen noch weiter eingeengt wurde, bot sie Anreiz genug, um den Überplangewinn auch durch betriebsegoistische Manipulierung der auferlegten Plandaten zu maximieren. Vorhandene Kapazitäten wurden verheimlicht, um leichter ausführbare Pläne mit den vorgesetzten Planbehörden auszuhandeln. Die den Planauflagen zugrundeliegenden, willkürlichen, d.h. den volkswirtschaftlichen Knappheiten nicht entsprechenden Preise ließen überdies Gewinne oder Verluste auch unabhängig von den tatsächlichen Leistungen entstehen und machten den Buchhaltungsgewinn zu einem höchst ungeeigneten Erfolgsindikator.

Die in Mengeneinheiten (m^2, t, Stückzahlen u.s.f.) normierten und den Betrieben aufgegebenen Plankennziffern boten ebenfalls genügend Möglichkeiten, um Mengenpläne auf Kosten der Qualität (z.B. zu dicke Walzbleche, zu schwere Maschinen, Schuhe aus minderwertigem Material, u.s.w.) zu erfüllen.

In der Epoche der primären, extensiven Kapitalkumulation hatte sich der Bruttoproduktionswert als Hauptkennziffer der Planerfüllung durch die Ministerien und die Betriebe als ein antreibender und disziplinierender Faktor bewährt. Beim Übergang zu einer intensiven Nutzung von knapper werdenden Ressourcen, vor allem an Arbeitskräften, mußten aber neue Erfolgskriterien gefunden werden, um das Interesse auch an der qualitativen Planerfüllung zu wecken und die Produktivität der Arbeit durch Antriebe der Rationalisierung und Innovation zu steigern.

Die von Chruščev eingeleiteten Reformen der ökonomischen Verwaltung eröffneten auch eine offene Diskussion theoretischer und praktischer Probleme der Wirtschaft. Offene Kritik am bisherigen System, die freilich das institutionelle Fundament, nämlich das Staatseigentum an den Produktionsmitteln, nicht berühren durfte, sowie Vorschläge zu einer teilweisen oder totalen Reform des Planungs- und Lenkungsverfahrens drangen immer stärker an die Öffentlichkeit. Prominente Ökonomen (u.a. Liberman, Menčinov, Kantorovič, Trapeznikov) diskutierten auf mehreren akademischen Kongressen (1958) prinzipielle Fragen, wie das Verhältnis von Wert und Preis oder das Fortbestehen der „Warenform" im Sozialismus, in aller Breite und in bis dahin ungewohnter Offenheit. In zwei offiziell inspirierten Artikeln in der Pravda (vom 20.9.1964 und 21.11.1965) veröffentlichte Liberman seine vor allem im Ausland schnell berühmt gewordenen Thesen, daß die Interessen der „Gesellschaft in Gestalt des Staates" identisch seien mit den materiellen Vorteilen der Betriebe und ihrer Mitarbeiter.

Um das Eigeninteresse der Belegschaften zu stimulieren, sollten Prämien im Verhältnis zur erzielten „Rentabilität", d.h. nach der Relation des erwirtschafteten Gewinns zum eingesetzten festen und umlaufenden Kapital ausgeschüttet werden. Damit wurde erstmalig das eingesetzte Kapital als Kostenfaktor in die sowjetische Politökonomie eingeführt. Es wurde ferner empfohlen, die Durchsetzung neuer Verfahren und Produkte zusätzlich zu honorieren. Diese Prämien sollten jedoch erst bei Erfüllung der für jeden Betrieb weiterhin von oben festgelegten Kennziffern des Umfangs, Sortiments und der Lieferfristen ausgezahlt werden. Schließlich waren sich in der Diskussion einige führende Ökonomen mit Liberman als Wortführer einig, die Rolle des Gewinns als der Hauptkennziffer für den betrieblichen Erfolg aufzuwerten[89]. Freilich, die Stellung der zentralen Planungsinstanzen in der Festsetzung der Preise und des Umfangs und der Richtung der Grundinvestitionen sollte unangetastet bleiben.

Die möglichen Wirkungen einer weitgehend autonomen Selbstbestimmung der Betriebe für Quantität und Qualität, Sortiment, Produktionsverfahren, Lohnhöhe und Input sollten durch offizielle, ökonomisch ziemlich isolierte Experimente in der konsumnahen Textilindustrie eprobt werden. Das der Nachfrage angepaßte Verhalten des Managements der so begünstigten beiden Betriebe führte zu hohen Gewinnen, die teilweise auch der Belegschaft als Prämien zufielen. Es ist leicht einzusehen, daß eine Anwendung dieses Modells auf eine Branche und darüber hinaus auf andere, komplementäre Industrien schon an den mit sehr unterschiedlichen Kosten – zuweilen auch mit geplanten Verlusten – operierenden Betriebe hätte scheitern müssen. Auf jeden Fall wären die unter bevorzugten Bedingungen der Zulieferung und des Absatzes arbeitenden Einheiten in den Genuß von monopolähnlichen Gewinnen gekommen. Es wurde auch schnell evident, daß die beiden Modellbetriebe bei ihrem Bestreben, Gewinne autonom zu Eigeninvestitionen einzusetzen, an die engen Schranken der durch die staatliche Verteilung zentral geplanten Materialversorgung aus anderen Betrieben stießen. Jedenfalls bewiesen diese kurzfristigen Experimente, daß ein marktwirtschaftliches Betriebsverhalten, selbst in eng begrenzten Bereichen, mit einem System zentralgelenkter Investitionen nicht zu vereinbaren war.

Mit dem Beschluß des ZK der KPdSU vom 2. Oktober 1965 über eine umfassende Reform des Planungs- und Kontrollsystems für die Industrie wurde ein vorläufiger Schlußstrich unter die Diskussionen und Experimente der nachstalinistischen Ära gezogen. Die Wiederherstellung der zentralen Ministerialbürokratie wurde mit der „notwendigen Konzentration und Zentralisation der Leistungskräfte . . . nach Zweigen“ (Kosygin) begründet. Kartellähnliche Vereinigungen („firmy“) sollten auch operative Funktionen übernehmen, damit die Ministerien sich „auf die Hauptrichtung der Entwicklung ihres Zweiges“ konzentrieren könnten, die sie aber tunlichst indirekt durch „ökonomische Hebel“, d.h. vornehmlich durch Preisdifferenzierung und durch materielle Anreize lenken sollten.

Als Gegengewicht gegen die Rezentralisierung der Verwaltung wurde den Betrieben eine größere Entscheidungsfreiheit über die von ihnen einzusetzenden Mittel eingeräumt. Eine Reduzierung und auch veränderte Gewichtung der für den Betrieb verbindlichen Kennziffern sollten die Planungs- und Kontrollbehörden von der Detailplanung entlasten und das Eigeninteresse des

Managements an einer besseren Kapazitätsauslastung stimulieren. Zentral geplant blieben: 1. Der Umfang der tatsächlich abzusetzenden (d.h. nicht nur brutto produzierten) Warenmenge; 2. die Produktionsrichtung („Hauptnomenklatur"); 3. die Gesamtgröße des Lohnfonds; 4. die Rentabilität, d.h. der Gewinn je Rubel der eingesetzten Kapitalabführungen an und Zuwendungen aus dem Staatsbudget; 5. der Umfang der zentralisierten Investitionen und 6. die Einführung neuer Technik.

Zum Anreiz des materiellen Selbstinteresses sollten die Betriebe über einen höheren Anteil am Überplan-Gewinn verfügen können, der aber wie bisher zur Selbstfinanzierung von Investitionen, für betriebliche Sozialleistungen und für Zahlungen von Prämien auf Grund besonderer Leistungen zu verwenden war.

Die Entwicklung nach diesen letzten fundamentalen Reformen läßt erkennen, daß sich die Zentralisierung in Richtung auf die Branchenministerien weiter fortsetzte, während auf der betrieblichen Ebene die stimulierenden Wirkungen in dem Maße nachließen, als immer mehr auch technisch rückständige Betriebe auf das neue System der Leistungsbewertung umgestellt wurden.

Wie weit die seither tatsächlich erfolgte Steigerung von Produktion und Produktivität der Sowjetwirtschaft auf dezentralisierende Reformen zurückzuführen ist und nicht auf die Übernahme importierten, arbeitssparenden Fortschritts (insbesondere in der Informationstechnik), ist kaum feststellbar. Doch war aus der laufenden Kritik an einzelnen Maßnahmen zu entnehmen, daß die neu geordneten Kennziffern der betrieblichen Effizienz, vor allem die Kennziffer der Rentabilität, von den Betrieben zum eigenen Vorteil manipuliert werden können, und damit von den Zielen der Reform wieder wegführten. Zu Manipulationen bot die 1967 durchgeführte Preisreform, besonders die Höherbewertung „neuer Produkte", vielfach Gelegenheit.

Durch teilweise Erhöhungen und regionale Differenzierung der Preise vor allem in der extrahierenden Industrie wurde die vordem permanente Verlustsituation vieler Betriebe beseitigt. Erst damit konnte die von der Reform beabsichtigte, gewinnorientierte Stimulierung im Ganzen eintreten.

Das theoretische Konzept der neuen Preispolitik blieb freilich bestritten. Auf dem Umweg über die von K. Marx an der privaten Marktwirtschaft studierten Preisbildungsvorgänge (Durchschnittskosten plus Rentabilitätsaufschlag) entschied man sich für das Modell eines „Produktionspreises", wobei wiederum die Frage offen blieb, ob dieser Gewinnzuschlag hier im Verhältnis zum eingesetzten Kapital oder zum Lohnfonds ermittelt werden sollte; eine Frage, die wegen der unterschiedlichen Orientierung von kapital- und lohnintensiven Betrieben von erheblicher praktischer Bedeutung ist.

Auch mittels des vorgeschlagenen Preisbildungsprinzips gelang es nicht, das Kernproblem der sowjetischen Wirtschaftsentwicklung zu lösen, nämlich die Stimulierung eines autonomen technischen Fortschritts; denn die Betriebe zogen es weiterhin vor, alte Produkte mit geringerem Gewinn zu produzieren als verbesserte oder neue mit zumindest in der Anlaufperiode höheren Kosten. Im Ganzen erwiesen sich Ministerien wie Betriebe an Preisreformen wenig interessiert, sondern strebten weiterhin danach, das erreichte Niveau der Rentabilität zu erhalten, unabhängig davon, wie es erzielt wurde. Solange aber die horizontalen Informationsbeziehungen, d.h. auf Marktbeziehungen beruhenden Preise, im Wirtschaftsprozess unzureichend entwickelt blieben, konnte auf vertikale Information durch die Zentralbehörden nicht verzichtet werden.

Um dem Dilemma zwischen übermäßig steigenden Aufgaben einer zentralistischen Wirtschaftsverwaltung und einer von den Betrieben vorwiegend in Wahrnehmung eigener materieller Interessen ausgenutzten Dezentralisierung zu entgehen, ist im April 1973 eine vielleicht für lange Zeit entscheidende Umorganisation der Industrieverwaltung beschlossen worden[90]. Von 1976 an sollte nicht mehr der Betrieb die Basiseinheit des sowjetischen Industriesystems bilden sondern die Produktionsvereinigung (proizvoditelnoe oddelenie) verwandter, räumlich nicht zu weit auseinanderliegender Unternehmen. Dabei soll der modernste Betrieb jeweils die Leitfunktion, vor allem auch in Forschung und Entwicklung übernehmen.

Diese am Vorbild westlicher Trusts (Konzerne) orientierte Organisationsform ist schon zu Lenins Zeiten angestrebt worden. 1962 waren aber erst 1 100 Vereinigungen mit zusammen 4 500 Fabriken vorhanden. In Zukunft sollen alle kleineren, technisch meist rückständigen Betriebe[91] als Zulieferer von Großbetrieben zusammengeschlossen werden.

Die neuen Vereinigungen sollen die Rolle der insgesamt etwa 1 000 Hauptabteilungen (Glavki) der Ministerien übernehmen. Damit würden die Ministerien für die Hauptaufgabe der langfristigen generellen Planung entlastet werden. Trotz des so scheinbar vereinfachten dreistufigen Leitungsschemas (Ministerien, Vereinigungen, Betriebe) ist eine verwirrende Vielfalt von Informations- und Kontrollinien vorgesehen. Aber auch wenn Kompetenzkonflikte nicht ausbleiben werden, ist dennoch zu erwarten, daß Kontakte zwischen Verwaltung, Produktion und Forschung besser als bisher funktionieren, jedenfalls so, daß das zentralistische System unter der wachsenden Last der Informationsflut des technischen Fortschritts nicht zusammenbricht.

In Zukunft sollen nach der letzten Verordnung nicht nur die Produktionsvereinigungen, sondern auch die Ministerien dem Chozrasčet, d.h. der wirtschaftlichen Rechnungsführung unterliegen, damit für Planungsfehler verantwortlich sein und über einen Zentralfonds zum Ausgleich von daraus entstandenen Schäden verpflichtet sein. Die verwaltungsrechtlichen Schwierigkeiten, die sich aus einer solchen administrativen Verantwortlichkeit und Haftung ergeben, erscheinen freilich als unabsehbar.

Die Reformen nach 1965 haben den zentralistischen Charakter des sowjetischen Systems nicht verändert; die von einigen Theoretikern vertretene, von vermutlich weiten Teilen der Intelligenz auch erwartete Synthese von „Plan und Markt“ ist nur in einigen sich selbst widerlegenden Experimenten versucht worden. Für eine ökonomische Analyse der Systementwicklung ist es aber nutzlos, nach ideologischen Motiven zu suchen und irreführend, die energische Wiedereinsetzung der zentralen Verwaltungswirtschaft als „Restalinisierung“ zu bezeichnen. Es ist vielmehr zu überlegen, ob nicht die fortschreitende Industrialisierung der rohstoffreichen, tansuralischen Raumweiten, die mit wachsenden Kosten für die materielle wie soziale Infrastruktur verbunden ist, noch auf lange Sicht die „monolithische Einheit“ von politischer Macht und staatlicher Verfügung über Umfang und Richtung der Investitionen erfordern wird. Dieser unerläßliche Aufwand für die Sicherung der Rohstoff- und Energiegrundlagen hält die mögliche Steigerung des Lebensstandards in engen Grenzen und schließt Interessenpluralismus weitgehend aus. Deshalb wacht die KPdSU offenbar darüber, daß auch bei an sich für notwendig angesehenen dezentralisierenden Reformen kritische Grenzen, die das Funktionieren des Gesamtsystems in Frage stellen, nicht überschritten werden. Diese politische Wachsamkeit richtete sich auch gegen die sozialistischen Partnerländer. So wurde in der ČSSR 1968 militärisch-politisch interveniert, als dort eine zu weitgehende Auflockerung der zentralen Wirtschaftslenkung – ohne daß gleichzeitig koordinierende Märkte funktionierten – auch das durch die zentrale Verfügung über die Produktionsmittel integrierte politische System wanken ließ.

10. PLÄNE UND ERGEBNISSE 1950–75

Die Jahre des vierten Planjahrfünfts (1945–50) waren von der Arbeit des Wiederaufbaus erfüllt, so daß die Wachstumszahlen wenig Aufschluß geben. Ein herausragendes Unternehmen war Stalins Plan einer „Veränderung der Natur“ (1948). Durch Anpflanzung von tausenden km breiter Waldschutzstreifen sollte die erodierende Kraft der Winde in der Getreidesteppe des Südens gebrochen werden. Das Vorhaben scheiterte aber nicht nur an dem enormen Arbeitsaufwand der Pflanzung und Unterhaltung sondern auch an den ökologischen Bedingungen des Steppenklimas und an der Kleintierwelt. An der Wolga wurde eine „Kaskade“ von gewaltigen Stauwerken errichtet, von denen man sich neben der Energiegewinnung auch eine Klimaverbesserung erhoffte. Doch führte dieser schwere Eingriff in den natürlichen Wasserhaushalt zu einem bedrohlichen Absinken des Spiegels des Kaspischen Meeres.

Während des fünften Planjahrfünfts (im Oktober 1952 verkündet und im Mai 1955 als vorfristig erfüllt gemeldet) erfolgte die entschlossene Wendung zum Ausbau der Atomenergie und Raketentechnik. Der sechste Plan (1956–60) wurde durch einen 7-Jahresplan mit der Laufzeit bis 1965 abgelöst, vermutlich um einer Neuorientierung in der Energiepolitik – Verwendung von mehr Erdöl und Gas anstelle von Kohle – und der Aufschließung neuer Erzlagerstätten zu entsprechen.

Möglicherweise haben auch Verwaltungsreformen in der Industrie und in der Landwirtschaft (1958 wurden die staatlichen Maschinenparks (MTS) an die Kolchosen zur Selbstbewirtschaftung „verkauft“) die Verlängerung der Laufzeit um zwei Jahre veranlaßt. Fortan verlief die Planung wieder im 5-Jahre-Rhythmus in tunlichster Übereinstimmung mit den Planperioden der RGW-Staaten.

Bedeutsam wurde der steigende Aufwand für Forschung und Entwicklung, verbunden mit der Wiederaufnahme wissenschaftlicher Kontakte mit dem Ausland in größerer Breite. Der Start des ersten Weltraumsatelliten (Sputnik 1957) signalisierte aller Welt den Erfolg konzentrierter Nachrichtengewinnung und technologischen Aufwandes, der freilich in nur geringem Maße an die verbrauchsnahen Produktionsstufen weitergegeben wurde. Jedoch war eine stärkere Weitergabe des allgemeinen Produktionsfortschrittes nicht zu verkennen. Die einer reifenden Industriegesellschaft innewohnende Tendenz, immer breitere Einkommensschichten an der Ausweitung und Diversifikation der Massenproduktion teilnehmen zu lassen, machte sich auch in der Sowjetwirtschaft geltend. So verzeichnete die Verbrauchsgüterindustrie 1953 eine relativ stärkere Wachstumsrate.

1953 erklärte Chruščev, daß zwischen 1940 und 1952 die Industrieproduktion um 150, die der Landwirtschaft nur um 10 v.H. gewachsen sei. Da die

Intensivierung in den bisherigen Anbaugebieten wegen der noch unzureichenden Agrochemie nicht möglich war, entschloß man sich, bisher nur zur Weidewirtschaft genutztes Neuland in den halb-trockenen semiariden Steppen Zentralasiens im Umfang von etwa 40 Mill. ha (der Oberfläche Japans gleich) für den Getreideanbau umzubrechen. Wie erwartet, führten die klimatischen Bedingungen zu extremsten Ertragsschwankungen – es gab Jahre, wo nur die Wiederaussaatmenge geerntet wurde – doch waren die gesamtstaatlichen Getreideernten im Durchschnitt der Jahre 1954–58 um 40 v.H. höher als zwischen 1949 und 1953; es ist vorstellbar, daß ohne das Wagnis dieser Anbaustrategie die Ernährung der wachsenden Sowjetbevölkerung nicht mehr hätte gesichert werden können.

Durch erhebliche Preisanhebungen für Agrarprodukte, Zahlung von festen Vorschüssen auf das grundsätzlich ertragsabhängige Einkommen der Kolchosbauern und deren Altersversorgung wurde die Leistungsbereitschaft gestärkt. Damit war der Weg zu einem Einkommensausgleich zwischen Stadt und Dorf beschritten.

Chruščev hatte angekündigt, die USA im landwirtschaftlichen Pro-Kopf-Ertrag demnächst übertreffen zu können. Doch die schwere Mißernte von 1963 auf den riesigen, marginalen Neulandflächen, die auch Rückschläge in der Viehhaltung mit sich brachte, enttäuschte solche Hoffnungen für jede absehbare Zukunft.

Seit 1957 wurde auch die „Lösung des Wohnproblems“ innerhalb einer Dekade angekündigt. Neben dem Übergang zur Fertigbauweise in äußerster Normierung wurde der individuelle Hausbau gefördert, der außerhalb der großstädtischen Wohnsilos, die heute das urbane Bild der Sowjetunion bestimmen, bis zu 40 v.H. des laufenden Wohnraumzuwachses erstellte. Während von 1938 bis 1941 insgesamt 82 Mill. m^2 Wohnfläche erstellt wurde, waren es 1966–1970 ein sechsfaches dieser Zahl, wobei die außerhalb der Kolchosen aus Eigenmitteln oder mit Staatskredit hergestellten Flächen in denselben Zeiträumen von 10 auf 73 Mill. m^2 gestiegen war. Der Zug zur kleinbürgerlichen Wohnkultur anstelle der einst propagierten, auch notgedrungenen Wohngemeinschaft offenbart sich in den illustrierten Massenblättern.

Einen weiteren Produktionsschwerpunkt bildete nach 1957 die bisher im Schatten der Metallurgie gestandene Chemie. Vordringlich war die Mehrproduktion von mineralischem Dünger und Schädlingsbekämpfungsmitteln und der Anschluß an die in aller Welt mächtig expandierende Kunststoffproduktion. Die dazu erforderlichen Fabriken wurden größtenteils als fertige Komplexe aus dem westlichen Ausland bezogen. Der Anschluß an die „zweite industrielle Revolution“ war überhaupt der Leitgedanke der Planung in den 60-er Jahren. Der Schwerindustrie-Rahmen war mittels Automatisierung, Elektronik, Chemisierung auszufüllen, um den großen Rückstand in der Mannigfaltigkeit des Güterangebots aufzuholen. Die Unterrichtung über neue Produkte und Verfahren des Auslandes durch Dokumentationszentren, Ausstellungen, auch für Verbrauchsgüter, und durch Kooperationsvereinbarungen mit ausländischen Firmen wurde verstärkt. In einigen wissenschaftlich-technischen Entwicklungen, vor allem im rüstungsnahen Sektor, in der Kernenergie und in der Metallverhüttung wurden Spitzenleistungen erreicht.

Doch blieb weiterhin die Lücke zwischen dem technischen Fortschritt in bevorzugten Bereichen und seiner Verbreitung über die ganze Breite der Erzeugung und des Verbrauchs. Das lag nicht nur an der weitgehenden Abschottung geheimzuhaltender Informationen, sondern an der begrenzten Dispositionsfreiheit der Unternehmungen und an der Starrheit des staatlichen Zuteilungswirtschaftssystems (Gossnab)[92], Fortschrittshemmnisse, die auch durch die Reformen nach 1958 nicht zu beseitigen waren.

Die mangelnde Flexibilität der Betriebsleitungen erklärt sich aber auch durch unzureichende Zulieferungsbeziehungen mit freien Kontrahenten, die große westliche Werke (bei General Motors sind es etwa 38 000, beim Volkswagenwerk etwa 17 000) von einer detaillierten Eigenproduktion und -entwicklung entlasten. In der Sowjetunion veranlaßt allein schon die durch Transporte über weite Entfernungen bei noch unterentwickeltem LKW-Werksverkehr verursachte Unpünktlichkeit der planmäßig zugeteilten Lieferanten zu unrationeller Eigenproduktion. Mit wachsender Kompliziertheit der Technik ist auch das Ausbleiben von Ersatzteilen, das Produktionsabteilungen oder die rechtzeitige Feldbestellung lähmt, ein die Entwicklung bremsender Faktor.

Am Ende des achten Planjahrfünfts (1966–70) hatte die UdSSR die Phase der „primären Kapitalakkumulation" längst verlassen und näherte sich ausgeglichenen Proportionen der wirtschaftlichen Entwicklung von Produktionsmitteln und Verbrauchsgütern. Das läßt sich an der Entwicklung des Pro Kopf-Verbrauchs ablesen.

Pro Kopf-Verbrauch ausgewählter Erzeugnisse in der UdSSR

	Einheit	1960	1965	1970	1971	DDR 1971	BRD 1971
			Pro Kopf Verbrauch				
Fleisch	kg	40	41	48	50	69	74
Eier	St.	118	124	159	174	246	271
Milch	l	240	251	307	301	160	108
Zucker	kg	28,0	34,2	38,8	39,5	16,5	32
Gemüse	kg	70	72	82	85	60	65
Schuhe	Paar	1,9	2,4	3,0	2,9	1,9	2,6
Wohnraum	m^2	10,2	10,7	11,2	11,5	20,7	23,3
			Bestand je 100 Haushalte				
PKW	St.	1,2	1,6	2,6	3,0	17,3	66
Kühlschränke	St.	2,9	8,3	25,4	30,3	62,3	98
Waschmaschinen	St.	3,7	16,9	42,3	46,0	58,4	94
Fernseher	St.	6,3	19,4	40,9	45,7	71,7	96

Berechnungen des Deutschen Instituts für Wirtschaftsforschung Berlin

Die positive Korrelation zwischen Ernteschwankungen und Wirtschaftswachstum wird aus der folgenden Tabelle ersichtlich.

	Wachstum des Beitrages der Sektoren zum Nettoprodukt zu konstanten und (in Klammern) zu laufenden Preisen (1953–1972				
	1953–60	61–65	66–70	1971	1972
Industrie	11,1 (6,2)	9,0 (5,7)	9,8 (8,2)	6,8 (5,8)	(4,3)
Bauwirtschaft	11,4 (12,1)	4,1 (4,3)	7,6 (10,9)	9,0 (10,0)	(5,1)
Landwirtschaft	4,7 (8,0)	1,2 (8,0)	2,1 (7,7)	–4,0 (–0,3)	(–6,0)
Dienstleistungen	10,8 (8,7)	6,6 (5,0)	7,7 (8,7)	6,4 (7,0)	(7,1)
Ges. Nettoprodukt	9,9 (7,5)	6,5 (5,9)	7,7 (8,4)	5,6 (5,2)	(2,7)

Im Vergleich zu den 50-er Jahren hat sich in den 60-er Jahren das Wachstum etwas verlangsamt und bis 1975 war ein weiteres Nachlassen zu erwarten. Das liegt sowohl am langsameren Zuwachs des Faktorinputs wie am Nachlassen des Produktivitätsfortschrittes[93]. Während die Kapitalproduktion von 1950 bis 1972 ständig anstieg, blieb die Kapitalproduktivität im allgemeinen stabil, jedoch mit einem gewissen Absinken des Niveaus in den Jahren, in denen die Investitionen zugunsten einer erhöhten Konsumgüterproduktion drastisch gesenkt wurden.

Entwicklung einzelner Sektoren.
Industrie.

	Durchschnittliche Wachstumsraten der Bruttoindustrieproduktion zu konstanten Preisen 1961–1973 in v.H.				
Sektor	51–60	61–65	66–70	71–73	1974
Elektroenergie	13,8	12,2	9,0	7,8	6
Brennstoffe	9,3	6,5	5,7	5,7	6
Fe-Metallurgie	10,4	8,0	5,5	5,0	6
Chemie	14,7	14,3	12,3	10,3	11
Maschinenbau und Metallverarbeitung	15,4	12,3	11,8	11,7	12
Holz und Papier	8,0	5,1	5,6	5,2	4
Baumaterial	18,4	8,9	8,4	7,8	7
Leichtindustrie	9,6	2,8	7.2	4,5	4
Nahrungsmittel	8,9	7,3	5,9	4,4	8
Industrie insgesamt	11,7	8,6	8,5	7,2	8

Die Tabelle zeigt, daß Chemie und Maschinenbau sowie die metallverarbeitende Industrie ganz vorwiegend *über*, die Leicht- und Nahrungsmittelindustrie weit *unter* dem Wachstumsdurchschnitt entwickelt wurden.

Aber ein internationaler Vergleich zeigt, daß auch der Anteil von Chemie und Maschinenbau noch nicht den Stand hochentwickelter Industriestaaten erreicht hat.

Im Energiesektor mußte nicht nur der wachsende Eigenverbrauch, sondern auch ein darüber hinauswachsender Export gedeckt werden: in die marktwirtschaftlichen Industrieländer, um Investitionsgüter zu bezahlen; in den RGW-Raum, um die Energieunterbilanz der meisten dieser Länder auszugleichen. Die drastischen Preiserhöhungen auf dem Welterdölmarkt stimulierten die sowjetischen Anstrengungen, neue Felder zu erschließen, doch ist zu erwarten, daß der steigende Inlandsverbrauch die Exportfähigkeit zunehmend einschränken wird.

Mit der steigenden Verknappung der Primärfaktoren gewann das Moment des Produktionsfortschrittes und damit das Streben nach Einholung des technologischen Weltstandards eine immer größere Bedeutung. Trotz großer Anstrengungen in Forschung und Entwicklung und ungeachtet der spektakulären Erfolge in den Schwerpunktprogrammen der Raumfahrt und Rüstung vergrößerte sich der technische Rückstand in der ganzen Breite der Entwicklung gegenüber den führenden Marktwirtschaften. In einzelnen dem Vergleich leicht zugänglichen Bereichen, wie in der Computer-Technologie und selbst in der Schwarzmetallurgie (speziell im Oxygen-Blasstahlverfahren) war um 1970 ein technologischer „gap" von 7–10 Jahren zu ermitteln. Die Ursachen für das relative Zurückbleiben in der Einführung neuer, auch weltweit bekannter Techniken und damit für das unzureichende Wachstum der Produktivität lagen nicht an fehlenden Kenntnissen und Fähigkeiten des sowjetischen Managements, sondern sind im zentralistischen System, in der Schwäche der horizontalen Informationsbeziehungen sowie in unzulänglichen materiellen Leistungsantrieben zu suchen.

VERKEHR, HANDEL UND DIENSTLEISTUNGEN

Unter den schwierigen Bedingungen von Klimaextremen, saisonaler Unwegsamkeit im größten Teil des Staatsgebietes und oft großer Entfernungen zwischen Punkten wirtschaftlicher Aktivität wurde bis in die 60-er Jahre der größte Teil des Güter- und Personentransports auf der Schiene bewältigt. Wegen der Überlastung der Eisenbahn (Netz 1960: 125,8 Tsd.km, 1973: 138,3 Tsd. km; Transportleistung 1,5. bzw. 3,6 Mrd. to) und der Verdichtung industrieller Ballungsräume mußte der Automobilverkehr für Güter, schließlich auch für Personen, durch Straßenbau und Ausbau der Kraftfahrzeugindustrie (Fiat-Werk „Togliatti" a.d. Wolga, LKW-Werk an der Kama) – auch gegen ideologische Bedenken („Individualismus") – energisch gefördert werden. Überproportional wuchs der Bau von Pipelines. Einen internationalen Vergleich gestattet die folgende Übersicht:

Anteil in v.H. der Verkehrsträger am gewerblichen Verkehr

		Gütertransport				Personentransport			
		Bahn	Schiff	Straße	Pipe	Bahn	Schiff	Straße	Luft
SU	1950	84,4	12,0	2,8	0,7	89,5	4,0	5,3	1,2
SU	1972	64,6	20,6	6,0	8,8	45,7	1,2	37,7	15,2
USA	1969	41,1	15,8	21,3	21,7	8,1	2,5	16,4	73,0
BRD	1970	37,8	21,4	34,2	6,6	37.0	–	56,7	6,3

Quellen: Stat. Jahrbücher der UdSSR '72, S. 429; USA '71, S. 525, BRD '73, S. 329

Einer beschleunigten Ausdehnung des Netzes asphaltierter Straßen – um 1970 entsprach dieses etwa dem der USA um 1920 (bei einem um über die Hälfte kleineren Staatsgebiet) – stehen Bodenverhältnisse (Schottermangel, Frostaufbrüche) entgegen. Der zunehmenden Zahl von Personenautos entsprach noch bei weitem nicht der notwendige Service (Tankstellen, Reparaturwerkstätten).

Trotz mancher Vorschläge, die Verteilung der Kapitalgüter und Betriebsmittel von Industrie und Landwirtschaft durch einen staatlichen Großhandel besorgen zu lassen, wurde an dem starren System der Zuteilungswirtschaft (Gossnat) festgehalten.

Beim Einzelhandel drangen der staatliche Handel (1972: 68,8 v.H.) und der kooperative Handel (zur Versorgung des Dorfes mit 28,8 v.H.) weiter vor. Kolchosmärkte für den Absatz bäuerlicher Privatproduktion machten nur noch 2,4 v.H. aus. Die Entwicklung der modernen Verkaufsformen blieb durch das Fehlen einer entsprechenden Verpackungsindustrie gehemmt. Die Versorgung der Dorfbevölkerung mit industriellen Konsumgütern blieb im erheblichen Rückstand. Für einen Versandhandel fehlten noch alle Voraussetzungen.

Über den Versorgungsgrad der Bevölkerung gibt das Wachstum des Einzelhandels in Relation zum Gesamtwachstum der Wirtschaft am besten Auskunft.

Durchschnittliches jährliches Wachstum des Einzelhandelsumsatzes (einschl. Gaststätten) 1950–1973

	zu konstanten Preisen		
Periode	in %	Verhältnis zum Wirtschafts-wachstum	Verhältnis zum Industrie-wachstum
1951–60	10,4	1,016	0,889
1961	5,5	0,954	0,866
1966–70	8,2	1,021	0,986
1971–73	6,0	1,005	0,967

Quellen: s. H. J Wagener a.a.O.

Die Korrelationszahlen zeigen, daß auch das verlangsamte Wirtschaftswachstum (1961–65) die Konsumenten nicht begünstigt hatte und im ganzen die Versorgung im Verhältnis zur allgemeinen Entwicklung unverändert blieb.

Wie weit die Unterversorgung der Bevölkerung (auch mit Dienstleistungen) durch weitverbreitete Schwarzarbeit und illegale Materialbeschaffung kompensiert wurde, bleibt naturgemäß unbekannt.

In den Planzielen und sonstigen Absichtserklärungen lag nunmehr der Nachdruck auf noch intensiverer Nutzung der knapper werdenden Faktoren Arbeit, Boden und Kapital. Der weitere Zuwachs war also zunehmend durch eine Steigerung der Arbeitsproduktivität anzustreben. Das Bruttosozialprodukt, das 1950–58 im Jahresdurchschnitt um 7,1 v.H. zugenommen hatte, wuchs zwischen 1958–64 nur noch um 5,3 v.H. und blieb hinter den gleichzeitig von Japan, Italien und der Bundesrepublik erreichten Raten zurück[94]. Der Zuwachs des privaten Verbrauches verringerte sich in den gleichen Perioden von 7,2 auf 3,8 v.H.; größtenteils eine Folge des gleichzeitigen Absinkens der landwirtschaftlichen Zuwachsrate von 9,2 auf 2,6 v.H. Die nach Chruščevs Abgang nicht mehr auf utopische Zielformeln wie baldiges Überholen der USA in der Pro Kopf-Produktion und Verwirklichung des Kommunismus in 20 Jahren gerichtete Planung des achten Planjahrfünfts (1965–1970) sollte jährlich eine gesamtwirtschaftliche Zuwachsrate von 7 v.H. bringen, die landwirtschaftliche Erzeugung um jährlich 5 (bisher 2) v.H. wachsen. Als jährliche Zuwachsrate der Arbeitsproduktivität wurde 4,8 v.H. geplant.

Die Wirtschaftsentwicklung der UdSSR nach 1945 läßt sich zusammenfassend folgendermaßen beurteilen: Die Disproportionen der früheren Entwicklung zwischen der Produktionsmittel- und Konsumgüterindustrie, die zeitweilig das System zu sprengen schienen, sind auf ein von der Arbeitsbevölkerung toleriertes Maß zurückgeführt worden. Wenn bei einer von westlichen Industriegesellschaften kaum mehr abweichenden Investitionsquote der Lebensstandard dennoch erheblich zurückbleibt, so ist dies auf Ursachen zurückzuführen, die in der Wechselwirkung zwischen den natürlichen Bedingungen des Wirtschaftsraumes und dem System liegen.

Ein schwer meßbarer, aber im Vergleich zu Regionen, die mit Grundinvestitionen gesättigt erscheinen – wie Japan oder Westeuropa – bedeutend größerer Teil des Sozialprodukts muß noch in konsumferne Produktionsumwege investiert werden. Aktuelle Beispiele hierfür sind der Bau der zweiten Sibirischen Magistrale vom Baikal bis Wladiwostok, der Ausbau der neuen Erzbasis auf den hochwertigen Vorkommen von Kursk, die 1980 so viel Eisenerz fördern soll wie heute die USA, die der Verwirklichung nahegerückten Projekte der Umleitung von Strömen aus dem Norden in die wasserarmen Gebiete des Südens und schließlich die mit steigenden Kosten verbundene weitere Erschließung der transuralischen Gebiete, in denen gut zwei Drittel der Rohstoff- und Energievorräte ruhen.

Auch in der Landwirtschaft wächst der für erforderlich gehaltene Kapitaleinsatz überproportional zu der Zunahme an Nettoproduktion und Arbeitsproduktivität. Der enorme Aufwand für die Rüstung zu Land und zu See, dessen Bedeutung in programmatischen Äußerungen an erster Stelle hervorgehoben wird, drückt ebenfalls auf die Zuwachsraten des privaten Verbrauchs.

Der technologische Rückstand gegenüber dem Westen (und Japan) bleibt auf der jeweils höheren Ebene des möglichen Fortschritts bestehen, auf manchen Gebieten, z.B. im Einsatz der auch revolutionierenden Elektronik, nimmt er eher zu.

Dieses ungewollt konservative Verhalten läßt freilich gewisse soziale Probleme der Freisetzung von Arbeitskräften nicht entstehen, die heute die fortgeschritteneren Staaten bedrücken. Wie weit die damit einhergehende Einbuße an Arbeitsproduktivität die weltwirtschaftliche Stellung der Sowjetunion beeinträchtigt, läßt sich nicht abschätzen. Die Abhängigkeit vom Import westlicher Technologie, auch von fertigen Großanlagen wird aber unter solchen

Umständen eher zu- als abnehmen.

Die folgende Tabelle eines Vergleiches UdSSR-USA in Pro-Kopf-Zahlen der gegenwärtigen Leistungsfähigkeit kann hier nicht weiter kommentiert werden. Der Leser wird selbst in der Lage sein, das bisher Vorgetragene in das immer noch allzu grobe Raster der vergleichenden Zahlen zu projizieren.

Vergleich SU–USA: Pro-Kopf-Zahlen 1973 bzw. 1974

	SU in % von USA = 100		SU in % von USA = 100
Investitionen	84	Pkw	13
Militärrüstung	100[1])	Lkw	20
Volkseinkommen	48[2])	Traktoren	99
Industrieproduktion	63	Mineraldünger	84
Landwirtschaftliche Produktion	79	Schwefelsäure	48
		Rundholz	75
davon: Getreide	68	Zement	119
Fleisch	51	Baumwolle	77
		Textilstoffe (ohne Synthetik)	60
Arbeitsproduktivität			
Industrie	54		
Landwirtschaft	20– 25	*Gütertransport*	98
		davon: Eisenbahn	204
Güterproduktion		Andere	50
Elektrischer Strom	37		
–, Industrieverbrauch	60	*Außenhandel*	22,3
Erdöl	89	davon: Import	21,7
Erdgas	33	Export	22,9
Kohle	98		
Eisenerz (Fe-Gehalt)	201	*Export in % vom Volkseinkommen*	
Roheisen	93	SU 4,2; USA 6,6; BRD 24,5[3])	
Rohstahl	85	SU 5,1; USA 9,7; BRD 33,3[4])	

[1]) geschätzt; alle anderen Zahlen: Stat. Jb. d. UdSSR 1974

[2]) westliche Methode der Volkseinkommensberechnung (im Stat. Jb. d. UdSSR wird für die materielle Produktion, d.h. ohne Dienstleistungsbereich, ein Index von 56 % (USA = 100) angegeben)

[3]) für alle drei Länder nach der westlichen Methode der Volkseinkommensberechnung (einschließlich Dienstleistungsbereich)

[4]) für alle drei Länder nach der sowjetischen Methode der Berechnung des Nationaleinkommens (ohne Dienstleistungsbereich)

Zusammenstellung: Th. Zotschew, Sowjetunion, Land, Staat, Wirtschaft, in: Erdkunde in Stichworten, Teil III. 1976

AUSSENWIRTSCHAFT

Der Ausgang des zweiten Weltkrieges hat die außenwirtschaftliche Position der Sowjetunion völlig und für diese vorteilhaft verändert. Die Einbeziehung Ost-Südeuropas, eines zwar ungleichmäßig, in einigen Regionen aber hochentwickelten Wirtschaftsraumes mit etwa 100 Mill. Einwohnern, in die Sphäre der von Moskau her gesteuerten Planung erweiterte den geschlossenen Außenhandelsbereich – genannt Rat für gegenseitige Wirtschaftshilfe (RGW) – und die Möglichkeit, sich bei wichtigen industriellen Importgütern von den Einflüssen des Weltmarktes unabhängiger zu machen.

Die Sowjetmacht hat in den ersten Jahren nach 1945 die Möglichkeiten einer direkten Beeinflussung der Tauschbedingungen zu ihren Gunsten sowie der unmittelbaren Entnahme von Gütern in Form von Reparationen, Direktbeteiligungen usf. erheblich ausgenutzt. Gleichzeitig wurden den osteuropäischen Staaten hochgesteckte Industrialisierungsziele vorgeschrieben, die entsprechend harte zwangswirtschaftliche Maßnahmen vom sowjetischen Typus zur Folge hatten. Ob nach dem Zusammenbruch Deutschlands als industrieller Vormacht Ost-Mitteleuropas die Industrialisierung durch staatliche Autorität auch in diesem Raum ein unvermeidliches Gebot war, ist hier nicht zu untersuchen[95].

RGW und SU in der Welt

Anteile an:	RGW	darin: SU
Erdoberfläche	18,5 %	16,5 %
Weltbevölkerung	9,5 %	6,5 %
Weltindustrieproduktion	33,0 %	20,0 %
Welthandel	8,0 %	3,5 %

Die Aufstände von 1953–1956 in Mitteldeutschland, Polen und Ungarn zeigten aber, daß der Bogen dieser Politik offenbar überspannt worden ist. Die Reformen in der UdSSR nach 1953 ermutigten einzelne Volksdemokratien zu größerer Autonomie in Planung und Lenkung und führten zu einer Umorientierung des sowjetischen Konzeptes der wirtschaftlichen Zusammenarbeit mit den Staaten Osteuropas. Abgesehen von außenpolitischen Erwägungen lag es nahe, die überlieferten, auf Verarbeitung und Export eingestellten Industriezweige der hochentwickelten Regionen sich weiterentfalten zu lassen und arbeitsteilig aufeinander abzustimmen. Der 1949 gegründete Rat für gegenseitige Wirtschaftshilfe (RGW, westlicher Sprachgebrauch COMECON) sollte diesen Gedanken einer planwirtschaftlichen „Kooperation und Spezialisierung" verwirklichen. Im Vergleich zu der integrierenden Wirkung freier großer Märkte mit konvertiblen Währungen erwies sich die zentralwirtschaftliche Methode bilateraler Tauschregelungen und langfristiger Planbindung als schwerfällig. Die Neigung der einzelnen Nationalwirtschaften, sich durch möglichst vollständige Ausrüstung gegenüber unvorhergesehenen Ausfällen beim Nachbarn „störfrei" zu machen, ließ sich nicht ganz verdrängen. Die Sowjetunion selbst mußte nach dem Ende der Reparationspolitik große Anstrengungen unternehmen, um den RGW-Ländern den Verbleib im planwirtschaftlichen Verbandssystem attraktiv zu machen. Dieser Politik dienten Aufbauanleihen, die Anlage weitgespannter Leitungssysteme für elektrische Energie, Erdgas und Erdöl, die neben landwirtschaftlichen Erzeugnissen, Kohle und Erzen die Gegenleistungen für die unentbehrlichen Lieferungen von Maschinen, Feinmechanik, Optik und Chemieprodukten aus den RGW-Ländern bringen sollen.

Export der SU nach Regionen 1974

	Insgesamt in Mill. Rubel	%	Davon: Maschinen und Ausrüstungen in Mill. Rubel	%
COMECON-Länder	9917	47,8	2775	28,0
Andere sozialistische Länder	1175	5,7	345	29,4
Industrieländer	6257	30,2	171	2,7
Entwicklungsländer	3389	16,3	683	20,2
Insgesamt	20738	100,0	3974	19,2

Als Ergebnis dieser Politik wurden diese Volkswirtschaften, die vor dem Kriege nur mit geringen Bruchteilen ihres Außenhandels nach dem Osten orientiert waren, außenwirtschaftlich eng mit der Sowjetunion verbunden; so betrug der Anteil Mitteldeutschlands, der Tschechoslowakei und Rotchinas in den Jahren 1955–1956 stets über 60 v.H. am gesamten Außenhandelsumsatz der sowjetischen Hegemonialmacht, deren eigener Außenhandel, quantitativ betrachtet und verglichen sowohl mit der sowjetischen Produktion wie mit der Größe des Welthandels, unbedeutend geblieben ist[96]. In Anbetracht der einzuführenden Güter wie der politischen Effekte gezielter Austauschverträge blieb er aber ein wichtiges Instrument der wirtschaftspolitischen Strategie. Das letztere gilt auch hinsichtlich der Handelsbeziehungen mit den aus der Kolonialherrschaft entlassenen Ländern Afrikas und Asiens.

Länderstruktur des sowjetischen Außenhandels (Anteile in v.H.)

	1970	1971	1972	1973	1974	1975	1976
Außenhandelsumsatz	100	100	100	100	100	100	100
Export	52,17	52,52	48,90	50,42	52,41	47,40	49,35
Import	47,83	47,48	51,10	49,58	47,59	52,60	50,65
darunter mit							
sozialistischen Ländern	65,23	65,41	64,53	58,49	54,07	56,32	55,67
davon RGW	60,37	59,92	59,61	54,00	48,90	51,77	50,76
westliche Industriestaaten	21,26	21,49	22,59	26,61	31,35	31,24	32,86
Entwicklungsländer	13,50	13,08	12,87	14,91	15,59	12,43	11,56

Quellen: Vnešnaja torgovlja SSSR. Beilage zur Zeitschrift Außenhandel UdSSR, 3, 1977.

Die Sowjetkommunisten haben seit der Revolution den ungelösten politischen und sozialen Problemen der Kolonialländer und Chinas ihre besondere Aufmerksamkeit zugewandt, weil sie hofften, von dort her die weltbeherrschende Position der westlichen Industrie- und Finanzmächte revolutionär zum Einsturz bringen zu können. Als nach dem Zweiten Weltkrieg die koloniale Herrschaft unerwartet durch die Partnerschaft der Entwicklungshilfe abgelöst wurde, konnte sich die Sowjetmacht nicht mit der bisherigen Unterstützung subversiver und nunmehr gegen die neuen nationalen Regierungen gewandter Aktivität begnügen; sie war vielmehr vor die Aufgabe gestellt, sich ebenfalls an der ökonomischen Entwicklung zu beteiligen und zu versuchen, dabei die eigene Erfahrung als wirtschaftspolitisches Modell anzubieten. Die Länder der nachholenden Industrialisierung erkannten andererseits die Chance, unter der Parole der Neutralität – des „Non-Commitments“ – ein Höchstmaß von materieller Hilfe und Beratungen von beiden Seiten anzunehmen, sofern sie ohne politische Bedingungen angeboten wurden. Somit erwiesen sich die sogenannten Entwicklungsländer als ein Spielfeld höchst komplizierter und – sofern billige Kredite auf lange und praktisch ungewisse Fristen einzusetzen waren – auch kostspieliger Strategie. China war ein Sonderfall, indem es anfänglich ausschließlich auf die Hilfe der Sowjetunion baute und als potent erscheinender Nahrungsmittellieferant für den sowjetischen Osten von besonderem Interesse war.

Im Zuge dieser Neuorientierung stieg der Handel der Sowjetunion mit den Entwicklungsländern Asiens und Afrikas von 1955 bis 1958 im Jahresdurchschnitt um 16 v.H., während die entsprechenden Zuwachsraten seines gesamten Außenhandels 8 v.H., diejenigen des Welthandels 3 1/4 v.H. betrugen[97]. Hauptpartner wurden in Asien Afghanistan, Indien und Indonesien, in Afrika, Ägypten, in Ländern, die für die Sowjetunion von besonderem geopolitischen Interesse, oder wie im Falle Ägyptens auch als Lieferanten bestimmter Rohstoffe wichtig waren.

Im Laufe der folgenden Jahre wurden aber die Grenzen sichtbar, die der Kapitalkraft der Sowjetunion, aber auch der gegenseitigen Aufnahmefähigkeit für die spezifischen, in zweiseitigen Abkommen mengenmäßig festgesetzten Austauschgüter gesetzt waren. Ein drastisches Beispiel bot die Entwicklung der Außenhandelsbeziehungen zu China. Durch Gewährung von Krediten und personelle Mithilfe am Aufbau von 170 großen Industriebetrieben nahm die UdSSR bis 1959 eine Spitzenstellung ein. Die folgende Reduktion der sowjetischen Exporte nach China bis auf weniger als ein Viertel (1962) des Höchststandes von 859,1 Mio. Rubel im Jahr 1959 zeigte aber die Unsicherheit in der Außenhandelsplanung selbst zwischen den dogmatisch anscheinend so verwandten Systemen. Man kann vermuten, daß die Rückschläge im Wachstumsprozeß Chinas, seine geringe Bereitschaft oder Fähigkeit, vitalen Bedürfnissen der Sowjetunion in Sibirien entgegenzukommen, vielleicht auch das starke Engagement der Sowjets im Industrieaufbau Indiens den macht- und ideenpolitischen Gegensatz zwischen den beiden Staaten erst ausgelöst haben.

Die bisherige Entwicklung des Außenhandels der Sowjetunion nach 1945 brachte der industriellen Vormacht des Ostblocks den Vorteil des gleichmäßigen gesicherten Austausches von Rohstoffen gegen hochwertige Produktions- und Verbrauchsgüter, vor allem mit dem östlichen Mitteleuropa zu kontrollierbaren Preisen und im Rahmen einer zumindest für eine Reihe wichtiger Güter festzulegenden Arbeitsteilung. Die außenwirtschaftliche Isolierung der UdSSR der Vorkriegszeit ist damit weitgehend aufgehoben worden.

Gleichzeitig aber wuchsen die Anforderungen an das sowjetische Planungssystem hinsichtlich einer flexiblen Anpassung an unvoraussehbare „Disproportionen" in der Entwicklung der RGW-Partner. Andererseits können diese zunehmend die außenwirtschaftlichen Chancen wahrnehmen, die sich aus ihrer früheren engen Produktionsverflechtung mit Mittel- und Westeuropa – bei der DDR überdies aus deren bevorzugter Behandlung im EG-Rahmen – ergeben. Diese Bezugsmöglichkeiten, vor allem an hochwertigen Produktionsmitteln und Verfahren aus dem Westen, kommen dann indirekt auch der Sowjetwirtschaft zu gute. In den unterschiedlichen Anteilen der UdSSR am Außenhandel einzelner RGW-Staaten läßt sich deren außenwirtschaftliche Verflechtung mit der übrigen Welt und damit auch der Freiheitsgrad eigener Planung in etwa ermessen.

Anteil der UdSSR am Außenhandel (1974)

von Bulgarien	46,5 v.H.	von CSSR	28,5
von DDR	31,4 v.H.	von Polen	25,1
von Ungarn	30,4 v.H.	von Rumänien	15,8

Die dominierende Stellung der Sowjetunion als osteuropäische Integrationsmacht erweist sich aus der Größe ihres Produktionspotentials und ihrem Anteil an der Lieferung wichtigster Grundstoffe im Rahmen des RGW.

Anteil der UdSSR am RGW

Am Gesamtpotential		Am Außenhandel	
Territorium	90 v.H.	Gesamtexport	42 v.H.
Bevölkerung	68 v.H.	Rohstoffexport	63 v.H.
Rohstoffproduktion	75 v.H.	Getreide, u.a. Nahrungsmittel	55 v.H.
Industrieproduktion	70 v.H.	Maschinenexport	26 v.H.
Agrarproduktion	75 v.H.	Verbrauchsgüterexport	12 v.H.

Die Tabelle zeigt, daß das wirtschaftliche Übergewicht der Sowjetunion vornehmlich in den Liefermöglichkeiten von Grundstoffen beruht, worunter die Energie immer bedeutender wird, deren Bezug aus anderen Ländern für die osteuropäischen Staaten aus Devisenmangel nur in Grenzen möglich ist. Am Maschinenexport mögen Ausrüstungs- und Rüstungsgüter einen erheblichen Anteil haben. Die unterschiedliche Qualität der Tauschbeziehungen innerhalb des Ostblocks und mit der Außenwelt ist evident, ebenso aber auch die integrierende Macht der Sowjetunion als Hauptrohstofflieferant Osteuropas. Das ist der ökonomische Stützpfeiler, ohne den die Sowjetunion ihren Rang als zweite Weltmacht nicht behaupten könnte.

Die Trends im Außenhandel der UdSSR in den Jahren nach 1970 zeigen eine zunehmende weltwirtschaftliche Verflechtung an. Mit wachsenden Exporten traditioneller sowjetischer Güter (Erdöl, Holz, Erze) konnte der steigende Bedarf an Importen hochqualifizierter Produktionsmittel – darunter vor allem komplexer Industrieanlagen – bezahlt werden.

	Außenhandelsumsatz der UdSSR (in Mrd. Transferrubel)					Veränderung gegenüber dem Vorjahr in %			
	1970	1971	1972	1973	1974	1971	1972	1973	1974
Außenhandelsumsatz insgesamt	22,1	23,7	26,1	31,3	39,6	7,1	10,1	20,3	26,5
davon: Ausfuhr	11,5	12,5	12,7	15,8	20,8	7,9	2,5	24,1	31,2
Einfuhr	10,6	11,2	13,3	15,5	18,8	6,4	18,4	16,8	21,3
Saldo	+ 0,9	+ 1,3	– 0,6	+ 0,3	+ 2,0	–	–	–	–
darunter mit									
a) Kommunistisch regierten Ländern Außenhandelsumsatz insgesamt	14,4	15,5	16,8	18,3	21,4	7,4	8,6	9,1	16,9
b) marktwirtschaftlichen Industrieländern Außenhandelsumsatz insgesamt	4,7	5,1	5,9	8,3	12,4	8,3	15,7	41,8	49,4
c) Entwicklungsländern Außenhandelsumsatz insgesamt	3,0	3,1	3,4	4,6	5,8	3,8	8,5	39,1	26,1

Quellen: Vnesnajaja torgovlja SSSR za 1970 god, Moskau 1971, und folgende Jahre.

Das sprunghafte Ansteigen des Außenhandelsumsatzes in den Jahren nach 1972 erklärt sich einerseits mit den großen Getreideimporten infolge der schlechten Ernteergebnisse dieses Jahres, dann aber auch aus den gestiegenen Erlösen aus dem Erdölgeschäft in Anpassung an die OPEC-Preise. Ebenso konnte die UdSSR von Preissteigerungen des Goldes profitieren.

Die weitaus höchste Steigerungsrate weist der Handel mit den marktwirtschaftlichen Industrieländern auf, deren Anteil gegenüber dem Handel mit den RGW Ländern entsprechend wächst; diese haben ihrerseits ihren Handel mit dem Westen, wenn auch bei wachsender Verschuldung, verstärkt. Das bedeutet, daß der ganze Osten immer mehr hochqualifizierte Industriegüter einführen muß, um den Rückstand im technologischen Fortschritt und damit in der Produktivität nicht zu groß werden zu lassen.

Wie in der Zeit der großen Wirtschaftskrise nach 1928 geht insofern von der Sowjetwirtschaft eine gewisse stabilisierende Wirkung aus. Doch blieben auch in den letzten Jahren die Möglichkeiten einer Erweiterung des Ost-West-Handels begrenzt, da die Sowjetunion immer noch zu wenig qualifizierte Fertigwaren anzubieten hatte und im Import von Verbrauchsgütern die RGW-Partner bevorzugen mußte.

Auch geplante große Vorhaben der Erschließung von Rohstofflagern in Sibirien mit Krediten – z.B. Kupfer und Erdöl durch Japan, Erdgas durch Westeuropa – konnten deshalb bisher nicht in dem von den Sowjets gewünschten Maße kontrahiert werden.

11. DIE JÜNGSTE ENTWICKLUNG

Aussagen über den Stand und die Aussichten der Sowjetwirtschaft beruhen auf den erreichbaren aktuellen Statistiken und der Fortschreibung von daraus erkennbaren Trends, doch sind zu ihrer Interpretation die Erfahrungen ihrer bisherigen, auch der weiter zurückliegenden Geschichte nützlich, für eine Prognose auf weitere Sicht unentbehrlich. Ein anschaulicher Ansatz zur Beurteilung der weiteren Entwicklungsaussichten ist aus der Vorstellung von bisher erreichten Wirtschaftsstufen zu gewinnen[98].

Die erste Stufe ist zu kennzeichnen als die Periode des expansiven Einsatzes von ungenügend ausgenutzten oder brachliegenden Ressourcen an Arbeitskraft und Naturvorkommen mittels der zentral gelenkten Anwendung jedes zugänglichen technischen Wissens der weiter fortgeschrittenen Industriestaaten. Dieses Vorgehen ist kein Novum in der modernen Wirtschaftsgeschichte. So folgte in der ersten Hälfte des 19. Jahrhunderts Mitteleuropa dem industriellen Schrittmacher England und, vor der Jahrhundertwende, Japan in vollendeter Imitation dem ganzen Westen. Jedesmal konnte der Neuankömmling Entwicklungskosten sparen und auch Fehler des Vorgängers vermeiden. Mitteleuropa und Japan hatten aber gegenüber der Sowjetunion, neben der maritimen Verkehrslage und ausgeglichenem Klima, den Vorteil einer seit altersher hochentwickelten Kleinindustrie sowie einer bäuerlichen Landwirtschaft, die in enger Produktionsverflechtung mit der Chemie (mineralische Dünger, Thomasschlacke) und Maschinenindustrie den technischen Fortschritt simultan übernahmen. Daß sich die expansive Industrialisierung der Sowjetunion ohne einen solchen Unterbau, ganz überwiegend in Großbetrieben zu vollziehen hatte, war ein bis heute fortwirkender struktureller Nachteil[99].

Die zweite, als Periode des intensivierten industriellen Wachstums zu bezeichnende Stufe stand im Zeichen der zunehmenden Knappheit transferierbarer Arbeitskraft und der notwendigerweise stärkeren Berücksichtigung wachsender Konsumentenbedürfnisse. Damit ist freilich nur eine Tendenz angedeutet, denn die unabweisliche Aufgabe der wirtschaftlichen Erschließung des ganzen Landes erforderte auch weiterhin extensive Anstrengungen, so z.B. die Erschließung des mittelasiatischen Neulandes, die Prospektierung von Erdöl- und Gasfundstätten in schwer zugänglichen Gebieten jenseits des Ural, den Bau der zweiten sibirischen Magistrale. Ferner war im internationalen Rüstungswettlauf mindestens ein Gleichgewicht zu behaupten. Alle Faktoren wirkten zusammen in Richtung auf eine ziemlich stetig abnehmende Wachstumsrate der industriellen Produktion, d.h. die Sowjetunion schwenkte auf den (bisher) als „normal“ angesehenen Wachstumspfad höher entwickelter Industriegesellschaften ein und wurde in den letzten Jahren von solchen gelegentlich übertroffen.

Die nächste, in die Gegenwart hineinreichende Entwicklungsstufe wird zunehmend von den Erscheinungen der sogenannten zweiten industriellen Revolution vor allem in den Bereichen der Chemisierung und der elektronischen Datenverarbeitung bestimmt. Auf ihr gewinnen qualitative Momente, vor allem ein wachsender Input von Forschung und Entwicklung auf allen Ebenen zunehmend an Gewicht. Hand in Hand damit geht eine immer lebhaftere Nachfrage der Konsumenten nach neuen und besseren Verbrauchs- und Gebrauchsgütern. Sie zu befriedigen ist ein unabweisbares Erfordernis leistungssteigernder Motivation. Dazu gehört auch ein angemessener Ausbau materieller und immaterieller Dienstleistungen, d.h. des in sowjetischer Ökonomiesprache „nicht-produzierenden" Sektors. Wachsen müssen auch die dem Verbrauch und der Produktion nicht unmittelbar zuzurechnenden Aufwendungen für die Beseitigung unerwünschter und schädlicher Wirkungen der industriellen Fertigung.

Aus der Gesamtheit dieser Tendenzen läßt sich erkennen, daß die sowjetische Industrieproduktion und das sie begleitende Verhalten der Produzenten Eigengesetzlichkeiten des modernen Industrialismus an sich unterworfen sind, die den einst beanspruchten Besonderheiten von „Gesetzen des Sozialismus" keinen erkennbaren Spielraum mehr lassen. Die auf dem ausschließlich staatlichen Eigentum an den Produktionsmitteln beruhende sozialistische Einkommensverteilung ist institutionell und nicht ökonomisch bedingt, aber Macht setzt ökonomische Gesetze nicht außer Kraft[100]. Doch ist nicht zu bestreiten, daß in einem vollsozialisierten System ohne Streikrecht und ohne die Chance einer individuellen Rücknahme der Leistungsbereitschaft – noch dazu in einem autarkiebegabten Wirtschaftsraum – die der Zentralmacht gegebenen Möglichkeiten, unerwünschten spontanen Vorgängen im Wirtschaftsablauf entgegenzuwirken, ungleich größer sind, als in einer offenen Wettbewerbswirtschaft. Aber eine Umkehr in der Politik steigender Wohlfahrt erscheint ausgeschlossen, sofern nicht außergewöhnliche exogene Umstände dazu zwingen sollten. Das bedeutet, daß dem Vorrang der Kapitalgütererzeugung enger werdende Grenzen gesetzt sind.

Bei Analysen der gegenwärtigen Entwicklung der Sowjetwirtschaft kann man demzufolge auch von der Annahme ausgehen, daß die erkennbaren Restriktionen des binnen- und außenwirtschaftlichen Wachstums einen wirtschaftspolitischen Voluntarismus und große Versprechungen, wie sie noch der Chruščev-Ära eigen waren, nicht mehr zulassen. Ebensowenig sind nach dem Durchmessen des Experimentierfeldes der Reformen von 1958–1965 grundsätzliche Veränderungen der Wirtschaftsverfassung zu erwarten[101]. Alle diese Umstände verleihen den westlichen Prognosen absehbarer Entwicklungen der Sowjetwirtschaft größere Sicherheit[102].

Als wichtigster Indikator für das wirtschaftliche Wachstum und die Proportionen des Kapitaleinsatzes werden die Investitionsquoten angesehen.

Durchschnittliches Jahreswachstum der Produktion und der Investitionen

	1929–1949	1966–1975	1976–1980
Kapitalinvestitionen in die Volkswirtschaft	17,9	7,4	4,6
Industrieproduktion (insg.)	15,8	7,9	6,5
Investitionsgüterindustrie	21,2	8,2	7,1
Konsumgüterindustrie	12,6	7,5	5,5
Landwirtschaft	1,1	3,2	2,9

Quelle: Voprosy ekonomiki, Nr. 5/1976, S. 8

Der nach der obigen Tabelle so augenfällige Abfall der Zuwachsraten von Investition und Produktion zwischen dem ersten und den letzten Jahrzehnten der sowjetischen Planwirtschaft ist leicht erklärbar. Anfangs ließ der konzentrierte Einsatz der durch das Zwangssparen freigesetzten Mittel die Produktion gleichsam vom Nullpunkt an stetig ansteigen; auf der Höhe der so erreichten Produktion bedeutet dann jeder weitere prozentuale Zuwachs ein Vielfaches der im ersten Aufschwung erzeugten Mengen und enthält einen unvergleichlich höheren Grad von Produktdifferenzierung. Auch geringfügig erscheinende Veränderung der Größe oder Zusammensetzung des Wirtschaftswachstums sind deshalb für den Planer wie für den Beobachter wirtschaftspolitisch bedeutsame Größen.

Als besonders aufschlußreich für die jeweilige Tendenz der sowjetischen Wirtschaftsplanung gilt die Verteilung der verfügbaren Investitionen auf die Herstellung von Produktionsmitteln („Abteilung A") und von Verbrauchsgütern („Abteilung B"). Die wirtschaftspolitische Präferenz der Abt. A wurde auch im Parteiprogramm (1961) erneut bekräftigt: „Die Hauptaufgabe der Schwerindustrie besteht darin, restlos den Bedarf der Landesverteidigung zu decken, die Entwicklung der konsumgütererzeugenden Wirtschaftszweige zu gewährleisten . . . und die Entwicklung der Produktivkräfte des Landes zu sichern"

Nun herrscht die Schwerindustrie auch in hochentwickelten Industriestaaten vor, wie der Vergleich mit der Bundesrepublik Deutschland zeigt[103].

Struktur der industriellen Brutto- bzw. Nettoproduktion in der SU und der BRD, in v.H.

	SU (1975)	BRD (1972)
Schwerindustrie	65,1	81,2
davon u.a.:		
Maschinenbau, Elektrotechnik, Metallwaren	28,6	37,5
Chemie	7,1	18,8
Baustoffe, Holz, Papier	9,0	11,4
Leichtindustrie	15,3	7,8
Nahrungsmittelindustrie	19,5	11,0

Quellen: Nar. Choz. 1975, S. 197; J. Boguszewski, H. J. Wagener in Jahrbuch der Wirtschaft Osteuropas (1977) S. 18 ff.

Die Probleme, die sich daraus ergeben, daß Aggregate von politisch gesetzten Planpreisen und Marktpreisen nur bedingt verglichen werden können, sind hier nicht zu erörtern. Ein Vergleich der Beschäftigungsstruktur kommt den tatsächlichen Verhältnissen näher.

Struktur der Industriebeschäftigten in der SU und der BRD in v.H.

	SU (1975)	BRD (1972)
Schwerindustrie	75,7	81,8
davon u.a.		
Maschinenbau, Elektrotechnik, Metallwaren	41,4	49,2
Chemie	5,2	11,3
Baustoffe, Holz Papier	14,8	11,3
Leichtindustrie	15,3	11,9
Nahrungsmittelindustrie	9,0	6,3

Quellen wie vorangehende Tabelle.

Eine weitere Aufgliederung der Globalzahlen würde zeigen, daß der Kapitaleinsatz in den verbrauchsfernen Grundstoffindustrien der Sowjetunion, die auch den größten Anteil der Exporte ausmachen, höher ist, während in der Bundesrepublik Deutschland der höhere Anteil des Maschinenbaues der Endstufe des Verbrauchs näher liegt und vorwiegend seine Produkte einen hohen Import von Rohstoffen und Nahrungsgütern ermöglichen. Demgegenüber ist die Sowjetunion ungleich mehr auf die zunehmend kapitalaufwendige Nutzung der eigenen Ressourcen auch zur besseren Versorgung mit Verbrauchsgütern angewiesen, wobei dieser Investitionsaufwand mit den Anforderungen der Schwerindustrie konkurrieren muß, deren intensivere Kapitalausstattung aber wiederum die Voraussetzung einer Steigerung der Konsumgüterproduktion ist.

Ein verstärkter Kapitaleinsatz in allen Industriezweigen ist schon deshalb unerläßlich, weil im nächsten Jahrzehnt die Arbeitskraft aus demographischen Gründen noch knapper sein wird. Wenn aber gleichzeitig das Angebot an Konsumgütern angehoben werden soll, so kann dies nur durch weitere Zurücknahme der Wachstumsraten beider Abteilungen geschehen. Diesem Trend kann mit verstärkten Importen von Konsumgütern und produktivitätssteigernder Technologie entgegengewirkt werden, was wiederum entsprechende Anstrengungen im Export kapitalintensiver Grundstoffe und Ausrüstungsgüter erfordert.

Aber der Ausweitung des Außenhandels sind trotz der enormen Naturschätze Grenzen gesetzt. Die steigenden Förderkosten und langen Transportwege (s.o. S. 17) verteuern die Schwergewichtsgüter, die vor allem in Frage kommenden. Die Verschuldung des gesamten RGW – der außenwirtschaftlich als ein kommunizierendes System anzusehen ist – betrug 1978 mindestens 50 Mrd. Dollar. Der Abbau dieses Saldos ist im Gange, da gewisse Grenzen der

Verschuldung offenbar nicht überschritten werden können. Ausgleichszahlungen in Gold, zu denen die Sowjetunion wohl fähig wäre, werden aus mehreren, auch preispolitischen Gründen nur bei lebenswichtigen Importen getätigt.

Die Landwirtschaft wird auf absehbar lange Zeit ein die Wirtschaftsentwicklung verlangsamender Faktor bleiben. Noch immer erbringt sie 20 v.H. des Nationaleinkommens. Die großen Ertragsschwankungen, die in solchen Ausschlägen nicht als system- sondern wetterbedingt zu erklären sind, können deshalb die Wachstumsraten des Sozialprodukts noch nachhaltig beeinflussen. Langjährige Verträge über Getreide- und Futtermittellieferungen aus Nordamerika (gegen Bezahlung in Gold) dienen dazu, allzugroße Rückwirkungen auf die volkswirtschaftliche Planung auch im Rahmen der RGW-Beziehungen aufzufangen[104].

Die agrarwirtschaftlichen Anstrengungen der letzten zwei Jahrzehnte brachten im langfristigen Trend einen stetigen Anstieg in der Produktion von Getreide, tierischen Nahrungsmitteln und Industriepflanzen, doch deckte das nicht oder nicht gleichmäßig die wachsenden Bedürfnisse der Industriebevölkerung. Bei der mangelhaften, auf absehbare Zeit nicht nachhaltig zu verbessernden Infrastruktur und dem Mangel an qualifizierten Arbeitskräften wird auch verstärkter Kapitaleinsatz in der sowjetischen Landwirtschaft nur unterproportional wachsende Erträge bringen können[105].

TEIL II. DIE GESELLSCHAFT

12. DIE SOWJET-SOZIALISTISCHE INDUSTRIEGESELLSCHAFT

Die Vorgänge der sozialökonomischen Entwicklung der UdSSR lassen sich als allgemeine Erscheinungen der Industrialisierung in einer besonderen Umwelt erklären. Die sowjetische Doktrin lehnt diese Auffassung ab, weil sie der behaupteten Einzigartigkeit der sozialistischen Gesellschaftsformation nicht entspräche. Doch genügen die aus der frühindustriellen Erfahrung hergeleiteten Begriffe und Methoden des klassischen Marxismus nicht, um die heutige Industriegesellschaft hinreichend zu erklären.

In der Stalin-Ära, im Vollzug des rücksichtslos durchgesetzten Industrialisierungsprozesses, wurde die Gesellschaft als eine von „Ingenieuren der Seele" manipulierbare Masse angesehen. Als aber die Struktur der reifenden Industriegesellschaft sich differenzierte und die militarisierten Weisen der Produktionslenkung und Motivation unwirksam wurden, war erfahrungswissenschaftliche Sozialforschung nicht länger auszuschließen[106]. Infolgedessen wurden westliche empirische Methoden übernomen, in der Anwendung freilich streng kontrolliert, weil „im Sozialismus die entscheidenden Antriebskräfte der gesellschaftlichen Bewegungen im Bereich jenseits des empirisch beobachtbaren Denkens und Handelns des Menschen angesiedelt werden"[107].

Die zunehmende Kompliziertheit der sozialen Entwicklung und der entsprechende Bedarf an sozialer Planung hält jedoch die Diskussion um das Verhältnis zwischen der Doktrin des historischen Materialismus und der Soziologie weiterhin offen.

Als vorrangige Forschungsbereiche gelten die Probleme, die sich aus dem jeweiligen Stand der materiell-technischen Produktionsgrundlagen ergeben (Soziologie der Arbeit), Probleme der sich verändernden Sozialstruktur (Klassenunterschiede, Einfluß von Bildung und Mobilität) und Probleme des Verhältnisses zwischen Individuum und Gesellschaft (Sozialisation, Familie, Betriebskollektiv), wobei Fragen der Zeitverwendung (das „Zeitbudget") besonders wichtig genommen werden.

Zu diesen Untersuchungen, die für die „Sozialplanung", d.h. die mögliche Lenkung der Berufs-, Sozial- und Siedlungsverhältnisse bedeutsam sind, treten weitere, die die allgemeinen Lebensbedingungen der wissenschaftlich-technologischen Welt und der daraus hervorgehenden Lebensweise betreffen.

Diese Politik und ihre ideologische Begründung stehen weiterhin vor der Herausforderung durch die sich materiell schneller entwickelnden Gesellschaften. Es ist aber nicht mehr der Wohlstand allein, den es einzuholen gilt, sondern es ist auch den Problemen zu begegnen, die als bedrohliche Folgen der fortschreitenden Industrialisierung, zuerst im Westen, mit dem Schlagwort „ökologische Krise" signalisiert wurden. Deshalb werden in jüngster Zeit die Vorzüge einer „sozialistischen Lebensweise" mit ihren ideellen Motivierungen und immateriellen Leistungen oder Vorzügen propagiert. Umweltbelastung und Raubbau an der Natur können aber wegen der Erfahrungen im eigenen Lande nicht mehr dem Kapitalismus allein angelastet werden. Die von sowjetischen Gelehrten schon lange registrierten Schäden durch Wasser- und Luftverunreinigung sowie Bodenerosion und andere Schädigungen der Landschaft zwingen vielmehr dazu, Planung, Rechtsprechung und gesamtwirtschaftliche Zielsetzung auf integrale Maßnahmen des Umweltschutzes auszurichten[108]. Ferner ist voraussehbar, daß auch unter dem Zwang der produktivitätssteigernden Rationalisierung vorwiegend durch elektronische Automation auch auf die Sowjetwirtschaft jene Fragen der Frei- und Umsetzung von Arbeitskräften zukommen werden, die heute die westlichen Industriegesellschaften bedrängen.

Spezifische Formen, in denen sich die sowjetische Anpassung an den universalen technischen Fortschritt und den davon ausgelösten sozialen Wandel zu vollziehen hätte, sind mit Sätzen einer normativen Ideologie nicht konkret festzulegen. Wie zu Lenins Zeiten werden deshalb Modelle der Organisation und Rationalisierung westlichen Vorbildern (z.B. der Praxis großer Firmenverbände) entnommen. Nur vorübergehend vermochte die Dogmatik das zweckmäßig Erscheinende zu verdrängen. Z.B. konnte noch anfangs der 50er Jahre die Kybernetik, die Lehre von der Selbststeuerung von Systemen, als bourgeoise Irrlehre verfemt werden, um schließlich als zusammenhängende Idee elektronischer Datenverarbeitung anerkannt zu werden, ohne deren Anwendung die Planwirtschaft nicht überlebt hätte. Der im freien Wettbewerb westlicher Märkte ausgelesene Erfolg von Erzeugnissen und Verfahren wird weiterhin über ihre Rezeption durch die sowjetische Wirtschaft entscheiden.

Nicht weniger bedeutsam für eine gleichsam normale Entwicklung der sowjetischen Industriegesellschaft ist die Übernahme westlicher Verbrauchs- und Gebrauchsgüter vom Kugelschreiber und Kassettenrecorder bis zum Fertighaus und Personenauto. Die Anerkennung der materiellen, aus der Teilhabe an industriellen Gebrauchsgütern herrührenden Leistungsantriebe hat schließlich die puritanischen Ausleger des Parteiprogramms von 1961 zurückgedrängt, die der individualisierenden Wirkung des Besitzes solcher Produkte das Ideal des kollektiven Gebrauches an Wohnungen, Waschmaschinen und Autos entgegensetzten. Die Eigendynamik der Konsumgesellschaft wird ferner durch die Einsicht verstärkt, daß nur gestützt auf die Massenkaufkraft für technisch hochentwickelte Verbrauchsgüter eine volle Entfaltung des industriellen Potentials – nicht zuletzt für eine eventuelle Umstellung auf Kriegsproduktion – gewährleistet ist.

Die Führung des sozialistischen Wirtschaftsstaates steht vor der Aufgabe, diese technologisch bedingte Eigendynamik des wirtschaftlichen und sozialen Lebens sowohl zu nützen als auch im Zaum zu halten. Wieweit das im Bereich der Wirtschaftsverfassung tunlich ist, lehrt der Verlauf der permanenten Reform. Die Zentralmacht behält die Autorität, sie dann zu stoppen, wenn ihr die systemerhaltenden Lenkungsmittel (Preisfixierung, Zuteilungswirtschaft u.s.f.) zu entgleiten drohen. Schwieriger ist es jedoch, dem Druck des individuellen Verbrauchs administrativ zu begegnen. Ist das Warenangebot zu knapp, so kann die Leistungsbereitschaft sinken, wird der Schwarzmarkt blühen; wenn die Waren qualitativ höheren Ansprüchen nicht genügen, so verstopfen unabsetzbare Lager die Absatzwege. Deshalb gewinnt die Kunst der Überredung an Gewicht, die den materiellen Rückstand durch die Propaganda einer als überlegen geschilderten Wertordnung auszugleichen sucht. So heißt es im Rechenschaftsbericht an den XXV. Parteitag (Februar 1977): „Es ist notwendig, daß mit dem Wachstum der materiellen Möglichkeiten stets eine Steigerung des ideell-sittlichen und kulturellen Niveaus der Menschen einhergeht. Sonst können Rückfälle in ein spießerisches, kleinbürgerliches Verhalten eintreten".

Die sowjetischen Sozialphilosophen dürfen darüber streiten, wie dem vom Westen eindringenden Primat des Individuellen über das Gesellschaftliche zu begegnen sei. Für die Wirtschaftspolitiker stellt sich die praktische Aufgabe, das Ideal einer der klassenlosen kommunistischen Verteilung „allein nach den Bedürfnissen" angeblich zueilenden Gesellschaft zu vereinbaren mit der faktisch fortschreitenden Arbeitsteilung sowie der Differenzierung industrieller Leistungen und privater Ansprüche.

Die Aussichten des sowjetischen Systems, mit diesem schwerlich aufhebbaren Widerspruch weiterzuleben, sind nicht anders einzuschätzen wie seine Stabilität überhaupt, nämlich durch Bezugnahme auf die dauernden Daseinsbedingungen der in diesem Raum lebenden Menschen. Diese Bedingungen rufen Lebensgewohnheiten und Bedürfnisse hervor, die verschieden sein können von denjenigen der von der Natur besonders begünstigten nordatlantischen Gesellschaften, die dennoch mit der sowjetischen vorzugsweise verglichen werden. Aber dieser Vergleich erscheint methodisch noch fragwürdiger, wenn man Lebensbedingungen, Ansprüche und Lebensqualität selbst der in der gleichen Wirtschaftsordnung lebenden Bewohner von Nord und Süd, z.B. von Nordschweden und Süditalien, Labrador und Texas auf die gleiche Vergleichsbasis stellte. In unserem Zusammenhange interessieren auch nicht meßbare Unterschiede der Lebensstandards, sondern die Überlegung, wieweit die besonderen Lebensumstände Eurasiens die Bevölkerung zu einem weitgehenden Konsens mit der Verteilungspolitik der Regierung nötigen, womit wiederum das System gefestigt wird, das nach meiner Ansicht durch eben jene Umstände determiniert ist.

Die naturgegebenen Lebensbedingungen kontrastieren auch innerhalb der Sowjetunion noch weit stärker als zwischen dem Norden und Süden Europas, weisen aber in den Wald- und Getreidesteppengebieten der staatsbildenden Bevölkerungsmehrheit Gemeinsamkeiten auf, die ein ziemlich konformes wirtschaftliches Verhalten hervorrufen. Abhärtung durch das Klima, Bereitschaft, sich mit widrigen Umständen abzufinden, Sinn für gemeinschaftliches Handeln und willige Unterordnung sind angemessene Vorstellungen von diesem Verhalten.

In den Großstädten mit ausreichender Infrastruktur dringen naturgemäß industriewirtschaftliche Verbrauchsgewohnheiten und Wünsche vor. Dementsprechend wurden sie stets vor dem flachen Land bevorzugt versorgt. Entbehrungen und Vergünstigungen sind dort schon durch die reglementierende Wohnungspolitik ziemlich gleichmäßig verteilt, und die Erwartungen auf ein besseres Leben mögen aussichtsreicher sein als z.B. in den Slums einiger nordamerikanischer Großstädte.

Das Dorf bleibt auch wegen des völlig unzureichenden Handelsnetzes und sonstiger Verteilungsschwierigkeiten (z.B. schlechte Wege, große Entfernungen von zentralen Orten) in der materiellen Kultur zurück. Jedoch eben diese Umstände halten Wünsche nach städtischem Komfort in Grenzen. So ist die Neigung zum abwartenden Geldhorten bei der Landbevölkerung verständlich. Wie weit angesichts des Mangels an begehrenswerten und auch gerade verwendbaren Gütern die überraschend hohe Sparquote der Sowjetbevölkerung überhaupt der Zukunftsvorsorge oder dem Warten auf höhere Qualität des Güterangebots zuzuschreiben ist, wird kaum zu ermitteln sein.

Die Privilegierung der leitenden Kader (Dienstwagen und -wohnung, bevorzugte Einkaufsmöglichkeiten und Erholungsplätze) ist bekannt, zeigt sich aber in der Öffentlichkeit nicht als aufwendige Lebensführung. In einer grundsätzlich egalitären Gesellschaft verbietet es sich, nach Ansehen durch Sachbesitz zu streben. Auch das Prestigeobjekt Auto, auf dem flachen Lande schon wegen der Straßen- und Serviceverhältnisse praktisch kaum verwendbar, wird in Großstädten in der Anonymität der Besitzer aufgehen. Die geschilderten Umstände verstärken insgesamt die Bereitschaft der Bevölkerung, die unentgeltlich oder zu niedrigen Taxen angebotenen staatlichen Leistungen als wesentlichen Beitrag zur Anhebung des Einkommens anzunehmen. Das mindert den Druck der Nachfrage nach offiziell angebotenen Waren. Das trotz des geplanten Gleichgewichts von volkswirtschaftlicher Lohnsumme und Warenangebot aufgestaute Inflationsgeld fließt zum Schwarzen Markt und entlastet die Konsumplanung ebenso wie der hohe Selbstversorgungsgrad aus den Kleingärten der ländlichen und Stadtrandbevölkerung[109]. Die Fiskalpolitik ist auch bemüht, Spargelder durch Zwecksparen (Wohnungseigentum, Anwartschaft auf Autokauf u.s.f. und private Lebenversicherung[110]) in plangerechte Kanäle zu lenken.

Die Schichtung und Dynamik der sowjetischen Gesellschaft folgte in ihren Grundzügen dem allgemeinen Entwicklungsmuster des Industriezeitalters: Beschleunigte Wanderung vom Dorf zur Stadt, Übergang von manueller zu maschineller Arbeit, abnehmender Anteil der Urproduktion zugunsten der verarbeitenden Sektoren und eine sich beschleunigende Zunahme der Dienstleistungen[111], Verkürzung der Arbeitszeit, abnehmender Bevölkerungszuwachs und verlängerte Lebenserwartung und – in Wechselwirkung mit den genannten Faktoren – eine wachsende Tätigkeit des Staates auch bei der Umverteilung der Einkommen durch sozialen Transfer, an die noch nicht oder nicht mehr Berufstätigen sowie durch die zunehmenden Dienstleistungen und Finanzierung des gesellschaftlichen Konsums, auch durch Subventionen.

Der Komplex der sozialen Begleitumstände, Voraussetzungen und Folgen der Industrialisierung ist an sich von so viel ihm innewohnender Eigengesetzlichkeit bestimmt, daß es immer schwieriger wird, die Besonderheiten in der sowjetischen Entwicklung zu erkennen. Aus der Sicht der verdichteten alteuropäischen Siedlungsgebiete erscheinen diese Eigenarten deutlicher erkennbar als aus der Sicht des nordamerikanischen Großraumes mit seinen von der Industriezivilisation vorgeprägten Stadt- und Farmlandschaften. Seit Beginn der Planwirtschaft haben diese und nicht Westeuropa das Vorbild für die sowjetische Entwicklungspolitik abgegeben.

Wenn man in dieser und nur in dieser Hinsicht – wie überall in der modernen Welt – von einer „Konvergenz" der sozialökonomischen Entwicklung sprechen kann, so ergeben sich doch aus den gegensätzlichen Eigentumsordnungen und den daraus hervorgehenden institutionellen Regelungen und sozialen Verhaltensweisen Eigentümlichkeiten der sowjetrussischen Gesellschaft, die nicht nur aus Tradition und den natürlichen Lebensumständen hervorgehen. Ein schwerwiegender Unterschied zur privatkapitalistischen Gesellschaft rührt her aus der Abschaffung des Renteneinkommens durch die Sozialisierung des Kapitals und der damit gegebenen vollständigen Abhängigkeit des Individuums vom Staat als dem im industriellen Bereich alleinigen Arbeitgeber. Das bedeutete das Ende einer Einkommensschicht, die sich abseits vom produktiven Tun einen aufwendigen Lebensstil leisten konnte und das Aufkommen des „Arbeiters", so wie er von Ernst Jünger (1931) als Prototyp der Neuen Gesellschaft des vollendeten Industrialismus vorgestellt wurde. Man kann darin auch die praktische Annäherung an gesellschaftliche Ideale der klassischen Utopien (Morus, Campanella) oder calvinistischer und puritanischer Religionsstifter erblicken[112]. Auch abgesehen von der Einbuße an allgemeiner Freiheit, die mit einer solchen radikalen Operation am Sozialkörper einhergeht, verschwindet damit eine Einkommenskategorie, deren „Luxus"-Konsum von zunächst noch kostspieligen Verbrauchsgütern den Weg zu deren Verallgemeinerung bereitet, was die Geschichte des Fahrrades, des Autos, der Unterhaltungselektronik und unzähliger anderer Artikel zeigt. Der Ausfall der Vorrenner gehobenen Konsums kann der Grund dafür sein, daß bisher in den sozialistischen Gesellschaften auch nicht eines der bedeutendsten oder auch geringsten Verbrauchsgüter des modernen Lebens erfunden oder weiterentwickelt worden ist. Daß ideologische Gründe ihrer Zulassung nicht im Wege stünden, beweist die sowjetische Verbrauchspolitik.

Nicht anders als in Marktwirtschaften wirken auch innerhalb der sowjetischen Eigentums- und Verteilungsordnung die gegenläufigen Tendenzen zur Ausfächerung und zum Ausgleich der leistungs- und funktionsbestimmten Arbeitseinkommen. Eigengesetzlichkeiten der industriellen Lohngestaltung, die selbst die stärkste staatliche Tarifkontrolle nicht auszuschalten vermag, macht auch in der sozialistischen Wirtschaft die Lohnhöhe zu einer nach ökonomisch-rationalen Maßstäben, z.B. materiellen Aufwands/Ertragsnormen, allein nicht bestimmbaren Größe. Übrigens wird die plangerechte Anwendung der ideologiekonformen sog. marxistischen Arbeitswertlehre auf die Bildung der Güterpreise damit illusorisch.

Von dem utopischen Endziel einer kommunistischen Gesellschaft („Jeder nach seinen Fähigkeiten, jedem nach seinen Bedürfnissen") trotz der Abschaffung von Renteneinkommen weit entfernt, läßt sich die Struktur und Dynamik der sowjetischen Gesellschaft weithin aus der Einkommensschichtung ableiten. Doch geben die offiziellen Zahlen dazu nur ein sehr unvollständiges Bild der faktischen Verteilung von Geld, Prestige und Machteinfluß. Die höchsten Einkommen der Elite in Politik, Wirtschaft und Wissenschaft sind nicht bekannt, und das numerische Einkommen wird vielfach überlagert durch privilegierende Zuteilungen von Wohnung, Erholung, Bezug von Luxuswaren, die Schichten hoher Verantwortung und Risikoübernahme weit über den Einkommensdurchschnitt heben und Annehmlichkeiten verschaffen, die freilich nirgends zur Schau getragen werden können[113].

Völlig im Dunkeln bleiben natürlich Einkommen, die aus Außermarktoperationen auf grauen oder schwarzen Märkten, genährt von der zurückgestauten Inflation herrühren.

Die Höhe, Quellen und Verwendung des persönlichen Einkommens sind in einer zentral gelenkten Wirtschaft ein wesentliches Element der kurz- und langfristigen Planung der Volkswirtschaft, in einer sowjetkommunistischen Ordnung darüber hinaus ein Faktor des erstrebten Wandels zu einer Überflußgesellschaft, in der die Verbrauchsgüter nicht mehr nach der arbeitsteiligen Leistung sondern nach den Bedürfnissen verteilt werden sollen. Ob die sowjetische Führung oder das Volk sich von solchen Prophetien noch leiten lassen, kann dahingestellt bleiben. Erkennbar und systemkonform ist dahingegen eine Politik, die bestrebt ist, die Ströme der privaten Einnahmen und Ausgaben so zu steuern, daß von ihnen nur möglichst geringe unkontrollierbare Einflüsse auf den geplanten Einsatz der Ressourcen ausgehen.

Eine wichtige Voraussetzung dafür ist durch die Abschaffung des „arbeitslosen", d.h. Kapitaleinkommens gegeben. Da es bei steigendem Lohneinkommen immer schwieriger wird, die Konsumentennachfrage mit dem geplanten Verbrauchsgüterangebot im Gleichgewicht zu halten, gewinnt die in makroökonomischen Größen planbare staatliche Zuteilung unentgeltlicher oder subventionierter Güter und Dienstleistungen an Umfang und wirtschaftspolitischem Gewicht. Die Parteiideologen erklären als Weg zum Vollkommunismus nur einen Vorgang, der in liberalen Marktwirtschaften schon seit langem als „Gesetz zunehmender Staatstätigkeit" (Adolph Wagner) erkannt und beschritten wurde und zu einem wachsenden Anteil des Staats an der sozialpolitischen Umverteilung des Nationalprodukts führt.

Doch steht auch eine sozialistische Regierung vor dem Problem, leistungssteigernde Wirkungen des direkten Lohneinkommens – die vielberufene „materielle Interessiertheit" – nicht durch die weniger deutlich empfundenen und leicht als selbstverständlich hingenommenen Wohltaten der öffentlichen Hand abzuschwächen[114]. Der wachsende Anteil aus den sog. „Gesellschaftlichen Konsumfonds" geht u.a. aus den folgenden Tabellen hervor.

Bei Kolchosfamilien (in v.H.)

	1940	1965	1974
Gesamteinahmen der Familie	100	100	100
darunter			
Einnahmen aus dem Kolchos	39,7	40,0	44,2
Arbeitslohn der Familienmitglieder	5,8	7,4	7,8
Zahlungen und Leistungen aus dem gesellschaftlichen Konsumtionsfonds	4,9	14,2	19,9
Einnahmen aus der privaten Nebenwirtschaft	48,3	36,5	26,5
Einnahmen aus anderen Quellen	1,3	1,9	1,5
Gesamtausgaben			
darunter für			
Ernährung	67,3	45,2	37,2
Kleidung	10,9	13,7	15,3
Gebrauchsgüter	1,2	4,2	5,7
Brennstoff	3,0	2,0	1,7
Kultur und Dienstleistungen	3,4	10,0	12,1
Bargeld, Sparen	6,9	12,1	11,2
Steuern	1,4	1,4	1,2
andere Ausgaben	4,1	8,9	12,5

Veränderungen im Budget von Arbeiter- und Kolchosfamilien.

Bei Arbeiterfamilien (in v.H.)[115]

	1922	1940	1974
Gesamteinnahmen	100	100	100
darunter			
Arbeitslohn von Familienmitgliedern	87,8	71,3	74,7
Zahlungen und Leistungen aus den gesellschaftlichen Konsumfonds (Renten, Stipendien, medizinische Hilfe, Benutzung von Bildungseinrichtungen u.a.)	2,0	14,5	22,0
Einnahmen aus Familientätigkeit, Verkäufe auf Märkten	10,3	14,2	3,3
Gesamtausgaben			
darunter für			
Nahrungsmittel und Getränke	45,6	53,8	33,5
Kleidung	26,1	11,1	6,6
Brennstoff, Beleuchtung	12,5	1,2	0,2
Gebrauchsgüter	1,1	1,7	6,6
Kultur und Dienstleistungen	7,4	17,5	23,0
darunter Leistungen aus gesellschaftlichen Konsumtionsfonds	0,9	9,0	13,7
Wohnungsmiete, Unterhalt des eigenen Hauses	2,3	2,7	2,6
Sparen, Bargeld	–2,2	4,8	6,3
Steuern	0,3	4,1	8,4

13. DIE BEVÖLKERUNGSENTWICKLUNG

Das russische Imperium ist durch erobernde und kolonisierende Ausdehnung entstanden und – trotz nationaler Abfallbewegungen an der Peripherie – in der bolschewistischen Revolution als ein konsolidierter Nationalitätenstaat unter großrussischer Führung wiederhergestellt worden. In diesem behaupten die Großrussen mit 53,3 v.H. (1970) nur eine knappe Mehrheit, aber da sie den Norden in kompakten Siedlungen im Zuge der west-östlichen Magistrale beherrschen und zusammen mit den sprach- und kulturverwandten Ukrainern (16,8 v.H.) und Belo-(Weiß)russen (3,7 v.H.) seit altersher mit dem westlichen Europa in kultureller Wechselbeziehung stehen, sind sie in der Lage, die politisch-zivilisatorische Hegemonie gegenüber der großen Vielfalt der übrigen 88 Nationalitäten und 43 kleineren Volksgruppen zu behaupten.

Nationale Selbstbestimmung gehörte zu den Grundsätzen der Oktoberrevolution. Allein schon die Notwendigkeit der allgemeinen Bildung als Begleitumstand der wirtschaftlichen Modernisierung beförderte die Entstehung auch kleinster nationaler Kulturgemeinschaften und natürlich auch die Entfaltung der Nationalkultur großer Einheiten, wie der ukrainischen, die im Zarismus unterdrückt wurde. Aber diese gleichsam natürlichen ethnologischen Vorgänge wurden nach der Formel „national in der Form, sozialistisch im Inhalt" überlagert von Integrationsvorgängen, die von der zentralisierten polit-ökonomischen Organisation der KPdSU wie von der dominierenden Rolle der russischen Sprache als der allgemeinen Verkehrssprache ausgingen. „Viele Millionen Menschen der verschiedenen Nationen bezeichnen die russische Kultur als ihre eigene Kultur und die große russische Sprache als ihre Muttersprache"[116].

Vorgänge der nationalen Integration oder Desintegration sind ein bedeutendes soziologisches Phänomen, und das Nationalitätenproblem wird für die sowjetische Politik gewichtig bleiben. Hier seien nur einige seiner sozialökonomisch beziehungsvollen Aspekte hervorgehoben.

Da die Teilrepubliken der Union national konstituiert sind und übergreifende Wirtschaftsregionen (sovnarchozy) tunlichst deren Grenzen wahren, können sich regionale Entwicklungsbedürfnisse mit nationalen Sonderbestrebungen decken. Dem zentralgelenkten regionalen Wohlstandsausgleich ist somit auch eine das nationale Sonderdasein induzierende Kraft eigen.

Das Zahlenverhältnis der Sowjetvölker verändert sich durch vorwiegend unterschiedliche Fruchtbarkeitsverhältnisse. Entfielen 1959 auf ein Tsd. Einwohner in der RSFSR 22,9, in der Ukraine 20,3, in Estland-Lettland ca. 17, in Georgien 35 Geburten, so waren es in Armenien fast 40, in den vorwiegend mohammedanischen zentralasiatischen Republiken zwischen 35 und 41[117]. Die unterschiedliche Gebürtigkeit und traditionelles Verhalten beeinflußt auch den Beschäftigungsstand. Während im europäischen Teil zwischen 41 und 48,8 v.H. der erwerbsfähigen Frauen im Beruf stehen, sind es bei den zentralasiatischen Völkern nur 30,4–33,9 v.H. Dieser der beschleunigten Industrialisierung entgegenstehende Effekt wird teilweise durch den Zuzug aus dem europäischen Teil kompensiert, wodurch die Russen, städtische Siedlungen bevorzugend, ihre politisch-industrielle Stellung im Gesamtstaat verstärken.

Die Dynamik und Schichtung der sowjetischen Bevölkerung sind wichtige natürliche Daten der sozialökonomischen Entwicklung. Die UdSSR nimmt nach der Größe ihres Territoriums den ersten, nach der Bevölkerungszahl den dritten Platz in der Welt ein. Von 1917 bis 1976 wuchs die Bevölkerung von 159 Mill. auf 258,9 Mill. an[118]. Der hohe Zuwachs war ein bedeutender Faktor des Wirtschaftswachstums, aber auch des Druckes, der davon auf die Politik der industriellen und agrarischen Expansion ausging.

Ein für die Wirtschaftspolitik schwerwiegender Umstand ist die Verteilung der Bevölkerung über ein Staatsgebiet von 22,4 Mill. qkm. Während auf dem Territorium der RSFSR in ihrer Ausdehnung vom Baltikum bis zum Pazifik auf 17 Mill. qkm 1967 127 Mill. Menschen leben,waren es auf nur 0,6 Mill. qkm der Ukraine 45 Mill. Etwa zwei Drittel der Bevölkerung leben im europäischen Teil, verdichtet im Gebiet der Schwarzerde und der südlichen Zentralregion. Nördlich davon erreicht der Moskauer Bezirk mit 240 Ew/qkm die höchsten Werte. Ähnlich ragt Leningrads Agglomeration aus dem dünn besiedelten Umland heraus. Im außereuropäischen Teil erreichen nur der südliche Kaukasus und die Bewässerungsoasen Zentralasiens Werte nahe an 200 Ew/qkm. Im übrigen Transuralien liegen selbst größere Gebiete der Bevölkerungskonzentration z.B. Kusbas und Kemerovo wie Inseln in einem äußerst dünn besiedelten Raum. Die Masse der Bevölkerung siedelt in einem Streifen entlang der sibirischen Bahn. Der nationale Bezirk der Evenki mit einer Flächengröße von Frankreich, den Niederlanden und Westdeutschland zusammengenommen hat zehntausend Einwohner, die Jakutische Autonome Sowjetrepublik, flächengleich mit Indien, etwa eine halbe Million.

Die Besiedlung der siedlungsabweisenden, aber große Naturschätze bergenden Regionen bleibt eine vordringliche Aufgabe. Nachdem die Möglichkeiten eines unfreiwilligen Transfers von Millionen Insassen der Strafarbeitslager (Gulag), zwangsumgesiedelter Volksgruppen (Wolgadeutsche, Krimtataren) und der Kriegsgefangenen ausgelaufen sind, werden als Anreiz zur Niederlassung vorwiegend finanzielle Vergünstigungen und der Appell an die Jugend eingesetzt. So wurden in der Kampagne für die Neulandgewinnung in Kasachstan 1954 etwa 330 Tsd. Jugendliche mobilisiert.

Die Bereitschaft, auf klimatisch und zivilisatorisch unwirtlichen Plätzen ohne beträchtliche materielle Entschädigung auszuharren, ist bei Nicht-Autochthonen, wie auch sonst in der Welt, begrenzt: die Härte der Natur, fehlende kulturelle Einrichtungen und Abwechslung im täglichen Einerlei führen auch zu schweren seelischen Belastungen[119]. Lohnerhöhungen (1967 20–100 v.H.) reichen nicht aus, um die vielfach höheren Lebenshaltungskosten auszugleichen. Eine hohe Fluktuation ist die Folge. In den Jahren 1959–1964 kehrten von 1 000 in die nördlichen Erschließungsgebiete Entstandten 969 wieder in ihre Heimat zurück. Für ganz Sibirien wurde für die gleiche Zeitspanne ein Wanderungsverlust von 24 v.H. des Bevölkerungszuwachses, vor allem an jungen Menschen, festgestellt.

Die Binnenwanderung zu den besser ausgestatteten zentralen Orten entzieht dem flachen Land unentbehrliche Arbeitskräfte. Die Binnenwanderung und Großstadtwachstum, Begleitumstände jeder Industrialisierung, beschleunigten sich in der UdSSR in einem ungewöhnlichen Maße. Gab es vor der Revolution 800 Städte und stadtähnliche Siedlungen, in denen 18 v.H. der Bevölkerung lebten, so waren es 1967 1847, davon 14 Millionenstädte, mit einer um das 4 1/2 fache angewachsenen Einwohnerzahl (= 55 v.H. d. Bevölkerung). Der Bau von Wohnungen und die Infrastruktur konnten nicht überall mit diesem Zuwachs Schritt halten. Der Ballung entgegenwirkende Verwaltungsmaßnahmen kollidieren mit betrieblichen Standortvorteilen. Die Flucht aus der ländlichen Arbeit, die lange Zeit durch Fesselung der Bauern an das Kollektiv (auch Entzug des Personalausweises) aufgehalten wurde, ließe sich auf die Dauer nur durch Parität der Einkommensverhältnisse und industriellen Nebenerwerb normalisieren. Beides ist unter den gegebenen geographischen Bedingungen z.Zt. kaum realisierbar. Der erwünschten Dislozierung von Arbeitskräften an Orte der Schwerindustrie steht unter Umständen das Fehlen von Arbeitsplätzen für Frauen entgegen. So nachteilig die als übermäßig bezeichnete betriebliche Fluktuation ist, so schwierig ist es andererseits wegen oft unzulänglicher Wohnungsverhältnisse, Arbeitskräfte optimal einzusetzen.

Der seit Einführung der freien Wahl des Arbeitsplatzes ungesteuerten Wanderungsbewegung steht die Arbeitskräfteplanung, ein wesentliches Instrument der Volkswirtschaftsplanung überhaupt, ziemlich hilflos gegenüber. Die innere Migration wird auf 10–16 Mill. jährlich geschätzt. Aus dem dafür besonders empfindlichen Sibirien wanderten 1959–1972 1,1 Mill. ab. Ein besonderes Problem ist die Abwanderung aus der Landwirtschaft; die Zahl der 20–29-jährigen verringerte sich in den Getreidegebieten von 1954–1970 um 45–60 v.H.[120] In diesem Zusammenhange ist die relativ geringe Arbeitsproduktivität als das vielleicht schwächste Kettenglied des sowjetischen Wirtschaftsprozesses zu vermerken: in der UdSSR ernährt ein Landwirt etwa 7,5 Personen, in den USA etwa 50.

Ein für die weitere Wirtschaftsentwicklung bedeutsamer Faktor ist der von Ausbildungsdauer und Pensionierungsalter vornehmlich bestimmte Anteil der Beschäftigten an der Gesamtbevölkerung. 1970 kamen auf 241,7 Millionen Einwohner 130,5 Millionen = 54,1 v.H. im arbeitsfähigen Alter, bezogen auf das 16te bis 54te Lebensjahr (als Pensionsalter) bei den Frauen, das 59te bei den Männern. Durch Umstände wie Ausbildungszeit, faktisches Ausscheiden aus dem Arbeitsprozess, Einbeziehung der Kolchosniki in die Altersrente betrug die Zahl der tatsächlich Beschäftigten 115,2 Millionen, davon 2,6 Millionen jenseits des Pensionsalters, so daß man mit 17,9 Millionen Arbeitsfähiger außerhalb der Produktion (Studierende, – vorübergehend – nicht beschäftigte Frauen, Soldaten und Polizisten, Invaliden u.s.f.) rechnete[121].

44 v.H. der weiblichen Bevölkerung standen in Arbeit und stellten mehr als die Hälfte der Beschäftigten, nämlich 53,5 v.H. gegenüber 35 v.H. in der Bun-

desrepublik Deutschland, 50 v.H. in Japan, 44,7 v.H. in der Tschechoslovakei. Das Übermaß des Anteils der sowjetischen Frauen erklärt sich aus den hohen Verlusten an Männern in der Zeit der politischen Verfolgungen und im Kriege. B. Kerblay berechnet, daß auf 5,5 beschäftigte Frauen eine allein in der Hauswirtschaft beschäftigte kam, und im Ausgleich dafür rund vier Millionen noch nach der Pensionierung außerhalb arbeiteten. Im Ganzen ist aber das einst große beschäftigungspolitische Reservoir an weiblicher Arbeitskraft ausgeschöpft, ihr Anteil an der Zunahme der Beschäftigtenzahl nimmt ab.

Die zunehmende, in allen reifenden Industriegesellschaften zu beobachtende, „Überalterung" der Bevölkerung trifft nun auch die Sowjetunion. Unter Zugrundelegung der laufenden Geburtenrate könnte die Bevölkerung von 1960–1985 um 21 v.H. im Jahresdurchschnitt um 1,5 v.H. wachsen, gegenüber einer Rate von 3 v.H. in den 15 Jahren davor. „In den achtziger Jahren ist eine abrupte Verlangsamung des Zuwachses, danach ein Rückgang der Bevölkerung zu erwarten"[122]. Daß man den Rückgang in der Zahl der Arbeitskräfte durch erhöhte Produktivität auszugleichen vermag, ist bekannt. Mit welchen einheimischen oder zu importierenden Faktoren die für erforderlich gehaltene Produktivitätssteigerung zu bewerkstelligen sein wird, ist eine von der künftigen Wirtschaftspolitik zu lösende Aufgabe.

In der aktuellen sowjetischen Diskussion demographischer Probleme im Zusammenhang mit der bedrängenden Knappheit der Arbeitskräfte am erwünschten Ort (Religion) sind Vorschläge zu einer differenzierenden, d.h. die unterschiedliche Gebürtigkeit der einzelnen Nationen berücksichtigenden Familienpolitik gemacht, aber aus naheliegenden politischen Gründen abgelehnt worden. Es wird auch bedacht, daß Kinderbeihilfen ihren eigentlichen Zweck verfehlen, z.B. dem Ehemann allein zufließen und überhaupt die materiellen Leistungsantriebe abschwächen könnten.

So wird als wirksamster Hebel zum Ausgleich der Arbeitskräftebilanz die Steigerung der Arbeitsproduktivität und nicht eine nur langfristig wirksame und im Ergebnis ungewisse Bevölkerungspolitik angesehen. Die Notwendigkeit einer beschleunigten Mechanisierung, Automatisierung und Rationalisierung, ihr Rückstand gegenüber entwickelten Industriestaaten, wird durch die Tatsache erhärtet, daß 1974 bei einer Gesamtarbeiter- und Angestelltenzahl von 108,5 Millionen noch 45 Millionen in unqualifizierter Handarbeit eingesetzt waren, der Anteil der maschinell ausgestatteten Arbeitsplätze von 40,1 v.H. 1965 auf nur 44,3 v.H. 1972 angestiegen war und noch 13,6 Millionen der industriell Beschäftigten in Hebetransport und Lagerarbeit, davon noch 80 v.H. von Hand tätig waren[123].

Letztlich münden alle Überlegungen zur Steigerung der Arbeitsproduktivität in Vorschlägen, durch Reformen der Gewinnverteilung das Selbstinteresse der Betriebe an einer arbeitssparenden Mechanisierung zu stärken. Inwiefern solche dezentralisierenden Maßnahmen mit dem System der zentralen Verteilung der Investitionsmittel in Konflikt geraten müssen, ist oben bereits erörtert worden.

14. DIE SOZIALSTRUKTUR IM WANDEL

Die quantitativen Veränderungen der sowjetischen Sozialstruktur werden als wichtige Daten der Wirtschaftspolitik und der ideologischen Orientierung angesehen. Die letztere steht vor der Frage, inwieweit in der Sowjetgesellschaft noch Klassenunterschiede bestehen. Nach der sozialistischen Sozialphilosophie müßten sie ex definitione durch die Sozialisierung der Produktionsmittel an sich verschwinden. Doch werden sowohl das weiterbestehende Nebeneinander des staatlichen Eigentums an der Industrie (und an den Sowchosen) und des genossenschaftlichen Nutzungseigentums der Kolchosen wie die „mit der Teilung und Bezahlung der Arbeit zusammenhängenden Unterschiede" als Kriterien für das Fortbestehen („nicht antagonistischer") Klassen angesehen. Ein besonderes Problem der sozialen Klassifizierung ist das Verhältnis manueller und geistiger Arbeit, das durch die Zunahme der nichtmateriellen Produktion auch an sozialpolitischer Bedeutung zunimmt.

Von 1960–1970 veränderte sich die sowjetische Sozialstruktur (nach Tukievič, 1972) folgendermaßen: Zunahme der Arbeiter von 52,7 auf 56,8 v.H., der Intelligenz von 10,2 auf 15,8, der Angestellten von 11 auf 11,3 v.H. Der Anteil der Kolchosbauern ging von 26,0 auf 16,1 zurück[124]. Aus propagandistischen Gründen wird die Intelligenz nicht immer getrennt ausgewiesen, sondern (so im kurz gefaßten statistischen Überblick „SSSR v cifrach 1973") den Angestellten zugerechnet. Angemerkt wird ebenda: In unserem Lande gibt es zwei befreundete Klassen – die Arbeiterklasse und die Kolchosbauern. Einen beachtlichen Teil der Bevölkerung bilden die Intelligenzarbeiter der geistigen Arbeit. 1926 zählte man weniger als 3 Mill. Arbeiter, die vorwiegend mit geistiger Arbeit[125] beschäftigt waren, während heute ihre Zahl ca. 43 Mill. (bei einer Gesamtbevölkerung von 250 Mill.) beträgt.

Die Auswirkung des technischen Fortschrittes, der wie überall in der Welt die unqualifizierte Schwerarbeit zurückdrängt und zu einer Verbindung verschiedenartiger Verrichtungen führen kann, wird in der Sowjetunion als verheißungsvoller „Vorgang der Annäherung der Arbeiterklasse und Intelligenz", als „Entstehung eines neuen, nämlich des kommunistischen Typs von Arbeitern" (Glazerman) gedeutet. Die Propagandaformel trifft nur oberflächlich soziale Veränderungen, die Probleme der Ausbildung, Einkommensverteilung und Leistungsmotivation hervorrufen, wie es sie vergleichbar auch in anderen Industriestaaten gibt. Sie offenbaren sich erst bei weiterer Aufgliederung der Berufsstruktur, deren Gliederungsmerkmale bei den Sowjets im Zusammenhang mit der als wünschenswert angesehenen kommunistischen Sozialstruktur erörtert werden. Da das Nutzungseigentum der Kolchosen heute nur noch als graduell verschieden vom Staatseigentum angesehen wird, gelten die von der noch fortbestehenden Arbeitsteilung herrührenden sog. Interklassenunterschiede als Kategorien der sozialen Differenzierung, vor allem die Berufs- und Qualifikationsstruktur.

Die sowjetische Statistik gruppiert (1970) die Berufsbezeichnungen nach der sozialen Stellung (Arbeiter, Angestellte, Kolchosniki und „andere", d.h. Freiberufliche, in privaten Haushalten Beschäftigte u.s.f.), nach Wirtschaftsbereichen der Industrie, nach der Art der Arbeit (manuell oder geistig). Die wenig aussagefähige, aus der klassischen Ökonomie (A. Smith, K. Marx) herrührende Unterteilung in zwei volkswirtschaftliche Hauptbereiche, nämlich in materielle (oder „produktive", eigentlich produzierende) und „nichtproduktive" Tätigkeit (dazu gehören alle Dienstleistungen, die unmittelbar dem Verbrauch dienen) implizierte ursprünglich ein Urteil über „Nützlichkeit". Doch neigt man jetzt dazu, auch wegen der Anerkennung der Wissenschaft als Produktivkraft, die immateriellen Leistungen ideologisch aufzuwerten.

Verteilung der berufstätigen Bevölkerung nach Wirtschaftsbereichen (in v.H.)

	1928	1950	1965	1970
Berufstätige Bevölkerung insgesamt	100	100	100	100
in der materiellen Produktion Beschäftigte	–	86,2	80,0	77,4
in der nicht materiellen Produktion Beschäftigte	–	13,8	20,0	22,6
Industrie- und Bausektor	8	27	35	37
Land- und Forstwirtschaft	80	48	32	27
Transport und Nachrichtenwesen	2	5	8	8
Handel, Gaststätten u.s.f.	3	5	6	7
Gesundheitswesen, Wissenschaft	–	8	14	15
Kultur und Kunst	2	3	2	2
öffentlicher Dienst, Kreditwesen Kommunal- und andere Dienstleistungen	5	4	3	4

Zusammenstellung bei H. Wiegmann, a.a.O. S. 62

Bemerkenswert sind der seit 1965 abnehmende, nach 1970 stagnierende Anteil der industriellen Beschäftigung und die bei jetzt langsamem Absinken der Agrarbevölkerung dementsprechend nur geringen Veränderungen bei den übrigen Beschäftigungsgruppen.

Gemessen an dem immer noch hohen Anteil der in der Landwirtschaft Beschäftigten und der sich nur langsam entwickelnden Dienstleistungen erscheint die Sowjetunion noch auf halbem Wege zu einer Beschäftigungsstruktur hochentwickelter Industrieländer.

Zum sozialgeschichtlichen Ursprung der sowjetischen Arbeitsverfassung meinte W. Hofmann: „Die sowjetische Erfahrung zeigt nun, daß gewisse Probleme des Frühkapitalismus, die mit dem gleichen Grundvorgang der Industrialisierung zusammenhängen, sich unter veränderten Bedingungen und veränderter Form wiederholen. Den allgemeinen Widerspruch zwischen der lohnsteigernden Wirkung eines sprunghaft wachsenden dauernden Arbeitskräftebedarfs einerseits und dem Erfordernis einer permanenten hohen Rate der volkswirtschaftlichen Akkumulation andererseits teilt die sowjetische mit der frühindustriellen Welt. Es drängt zum unfreien Arbeitsverhältnis hin"[126].

Bezieht sich diese Aussage zwar primär auf die Zeit der rigorosen Bindung der Arbeitskräfte an Betrieb und Kolchos, um regelloser Arbeitswanderung zu steuern, so hat doch bereits die Vollsozialisierung und die damit einhergehende vollständige Abhängigkeit vom Arbeitgeber Staat die Arbeitsverpflichtung für jedermann normiert und – mit geringfügigen Ausnahmen – die Alternativen freier Tätigkeit ausgeschlossen. Durch die Fiktion, die sozialisierten Betriebe stünden insgesamt im Eigentum der Arbeitergesamtheit, ist legaler Leistungswiderstand, auch Streik, rechtlich und faktisch ausgeschlossen. Die Gestaltung der Arbeitsverhältnisse, einschließlich der Löhne, obliegt dem Staat.

Vergleichbar dem patriarchalischen Unternehmer ist der sozialistische Staat schon im Interesse der Selbsterhaltung als organisierte Gemeinschaft gehalten, das konsumierbare Lohneinkommen mit der jeweils erreichbaren Kapitalbildung auf dem Pfade gleichgewichtigen Wachstums zu erhalten, Vollbeschäftigung zu sichern und die Qualifikation der Werktätigen ständig zu verbessern. Als ein Oikos im ursprünglichen Sinn der geschlossenen Hauswirtschaft hat die Sowjetunion diese Aufgabe – mit welcher Willkür auch immer – gelöst und damit die geschlossene Gesellschaft als Gegentypus einer offenen geschaffen[127]. In dieser wird die industrielle Arbeitskraft ein im zentralen Staatsplan einzusetzender Faktor. Folgerichtig ist Tarifautonomie ausgeschlossen, weil unkoordinierbare Lohnforderungen den Rahmen der staatlichen Finanzplanung und die Mechanismen der zentralgelenkten Allokation der Ressourcen sprengen würden[128]. Alle Maßnahmen der Berufslenkung, der Betriebsverfassungs- und Lohnpolitik sowie der sozialen Sicherheit in der Sowjetunion sind aus dieser Grundverfassung zu erklären.

Da die Eigentumsform als unterscheidendes Klassenmerkmal, – auch im Verhältnis zum Nutzungseigentum der Kolchose – bedeutungsarm geworden ist und die Angestellten sowie die Intelligenz eine in vieler Hinsicht inhomogene Schicht sind, behandeln auch sowjetische Soziologen die Arbeiter als gesonderte Kategorie. Interessen der Bildungs-, Schulungs- und Lohnpolitik erfordern deren weitere Aufgliederung.

Man unterscheidet im allgemeinen folgende Haupttypen von Arbeitsverrichtungen: 1. Manuelle Arbeit (unqualifizierte oder qualifizierte, beide ohne maschinelle Unterstützung) 2. Mechanisierte Arbeit (am Fließband mit mittlerer Qualifikation und mechanisierte Arbeit ohne reguliertes Tempo) 3. Automatisierte Arbeit (an Voll- bzw. Halbautomaten und hochqualifizierte Überwachungs- oder Einrichtungstätigkeit an solchen)[129].

Um 1960 gehörten noch etwa die Hälfte aller Arbeiter zu den beiden ersten Gruppen. Ihr relativ hoher Anteil erklärt sich aus der noch unvollkommenen Mechanisierung der Betriebe, dabei auch aus dem Fehlen ausreichender innerbetrieblicher Transportmechanismen wie Bänder, Hebevorrichtungen, Gebläse, die sich für die Serienfertigung wenig eignen[130]. Wegen dieses weiter bestehenden Nachholbedarfs in der Grundausstattung wird der Anteil der automatisierten Arbeit, deren Bedeutung in sowjetischen Visionen künftiger Berufsstrukturen noch als Voraussetzung einer kommunistischen Überflußgesellschaft hoch eingeschätzt wird, nur langsam wachsen können. Selbst in technisch hochentwickelten Industrien wie Chemie oder Maschinenbau betrug der Anteil der Arbeiter an Automaten (1968) nur 3 bzw. 0,6 v.H. (O.I. Škaratan, zit. bei H. Wiegmann). Die Wandlung der Arbeit als eines noch „physischen Teils des Produktionsprozesses" zu überwiegend überwachenden und steuernden Funktionen liegt daher in unabsehbarer Ferne. Ausbildung und Weiterbildung der Arbeiter durch berufstechnische Schulen und die Betriebe werden nach wie vor als wichtigste Voraussetzung der sozialökonomischen Entwicklung angesehen. Nicht nur praktisches Lernen, sondern Allgemeinbildung und Aneignung wissenschaftlich-technischer Kenntnisse sollen dem sich beschleunigenden technischen Fortschritt entsprechen.

Die Zahl der berufstechnischen Schulen hat sich 1951–1967 verdoppelt, ebenso die Weiterbildung von Arbeitern in Betrieben. Doch sind sowjetische Bildungsforscher wegen des wirklichen Bildungsstandes und des Qualifikationsniveaus der gehobenen Arbeiterkategorien skeptisch, wenn von einer neuen Gruppe von „Arbeiterintelligenzlern" gesprochen wird. Eher ist man wegen Überqualifizierung junger Arbeiter und auch des ingenieurtechnischen Personals besorgt. Diese Widersprüchlichkeit wird erklärt u.a. aus dem Fehlen einer behördlichen Arbeitskräftevermittlung, aus unrationeller – weil unflexibler – Verwendung vorhandener Kräfte durch vorgegebene Planzahlen für die Heranbildung einzelner Berufsgruppen, aus mangelnder Berufsberatung und dem Streben der Absolventen der zehnklassigen Schulen zu Akademikerberufen.

Fragen der beruflichen Qualifikation und Mobilität hängen weitgehend vom Grad der Beschäftigung und der Organisation von Angebot und Nachfrage nach Arbeitskräften zusammen. Die sowjetische Statistik weist seit 1931 keine Arbeitslosigkeit aus und aus ideologischen Gründen vermeidet man den Ausdruck Arbeitsmarkt. Folgerichtig gibt es auch keine Arbeitslosenunterstützung. Aber es gibt Arbeitslose und das Nichtvorhandensein von Arbeitsämtern erschwert den Ausgleich von Bedarf und Arbeitsbereitschaft. Unausbleiblich ist die Freisetzung von Arbeitern durch Rationalisierung, durch die Unterbeschäftigung einer Millionenmasse von Kolchosniki in den langen Wintermonaten und lange Umsetzungszeiten (durchschnittlich 26 Tage) fluktuierender Arbeitskräfte.

Eine Art verborgener Arbeitslosigkeit liegt in der Überbesetzung der Betriebe, die nur zum Teil mit der unzureichenden Infrastruktur zu erklären ist[131], denn aus dem Westen importierte Betriebseinheiten hatten nach einiger Zeit ein Mehrfaches der dazugehörigen Belegschaftsstärke. Die Überbelebung erklärt sich aus der Neigung der Direktion, Arbeitskräfte zu horten, um Planerfüllungsdruck aufzufangen, aber auch aus der betrieblichen Sozialpolitik bzw. aus der Arbeitsgesetzgebung. Aber Freisetzung von Arbeitskräften unter dem Zwang arbeitssparender Rationalisierung und der allgemeinen Knappheit an Arbeitskräften ist unausbleiblich und erwünscht. Deshalb laufen Experimente, vor allem in der kapitalintensiven chemischen Industrie, um Betriebe mit der Chance einer Erhöhung des Lohnfonds zu solcher Rationalisierung zu bewegen. Die „Grundlagen der Arbeitsgesetzgebung" (1970) lassen Kündigungen bei Stillegung des Betriebes und „Kürzungen der Zahl oder des Etats der Arbeitenden" zu. Seit der Wirtschaftsreform von 1965 nahmen die Entlassungen zu, und es wurden deshalb „Staatliche Komitees für die Nutzung der Arbeitsressourcen" gebildet, die Arbeitskräfte auch interregional verteilen sollen.

Bei Fehlen von Arbeitslosenunterstützung wäre eine statistische Erfassung der Arbeitslosigkeit ziemlich nutzlos, denn es ist anzunehmen, daß für den Staatshaushalt die Nachteile einer Zahlung von Unterstützungen schwerer ins Gewicht fielen, als die Vorteile einer verbesserten Arbeitsvermittlung, die doch nur in den großen Zentren funktionieren könnte[132]. Schon die strenge polizeiliche Meldepflicht und das Fehlen legaler Erwerbsmöglichkeiten außerhalb der Staatsbetriebe reichen aus, um jedermann irgendeiner Arbeit zuzuführen. Das verfassungsmäßig garantierte Recht auf Arbeit wird so mit der Pflicht zur Arbeit wesensgleich.

Die „Grundlagen des Arbeitsrechts" regeln die Stellung des Arbeiters gegenüber dem Eigentümer Staat. „Die Entlohnung der Arbeiter wird aufgrund der im zentralisierten Verfahren festgelegten Tarifsätze . . . die Arbeitsvergütung der Angestellten aufgrund der im zentralisierten Verfahren bestätigten Gehaltstabellen vorgenommen". Gewisse Modifikationen, vor allem die Verteilung der allein dem Management zustehenden Erfolgsprämien und die Lohneinstufungen werden im Einvernehmen mit der betrieblichen Gewerkschaftsorganisation verabschiedet[133]. Für die innere Arbeitsordnung gelten den Besonderheiten des jeweiligen Wirtschaftszweiges entsprechende Mustervorschriften.

Einzelheiten des sowjetischen Arbeitsrechts, des Arbeits- und Kündigungsschutzes entsprechen weitgehend den Vorschriften in anderen entwickelten Industriestaaten. Besonderheiten in der sozial- und wirtschaftspolitischen Stellung der Arbeiterschaft ergeben sich aus der Funktion der sowjetischen Gewerkschaften. Sie sind vor allem Erfüllungsgehilfen des Staatsplanes und kein Interessenverband, auch nicht bei Konflikten in Schadensfällen. Bei Kündigungen darf die betriebliche Gewerkschaft nicht übergangen werden. Sie steht dann aber vor dem gleichen Dilemma zwischen der auch die Belegschaft interessierenden Effizienzsteigerung und der sozialen Fürsorge wie ihre westlichen Kollegen im Rahmen eines Betriebsverfassungsgesetzes.

Bei Arbeitskonflikten befindet sich der Betriebsdirektor gleichzeitig in der Stellung des Leiters eines Produktionskollektivs wie des Betriebes als juristischer Person. Die betriebliche Gewerkschaftsorganisation hat vor allem der Betriebsleitung „in brüderlicher Zusammenarbeit" behilflich zu sein. Bei Konflikten erscheint dann die Planerfüllung auch im materiellen Interesse der Belegschaft als vorrangig. Der Arbeiter ist dann auf den Weg zum Volksgericht angewiesen. Aber dort hat er nicht nur die Direktion sondern auch seine Gewerkschaftsorganisation gegen sich.

Die Entwicklung des sowjetischen Arbeitsrechts der Zeit nach Stalin ist durch das Bemühen charakterisiert, das in der Verfassung festgelegte Recht auf Arbeit und die Abhängigkeit vom Staat als Arbeitgeber so zu normieren, daß an Stelle der Unterwerfung unter den staatlichen Wirtschaftsplan die Motivierung zur freiwilligen Leistungssteigerung und Disziplin tritt. Aber die von Chruščev als Leitmotiv herausgehobene „materielle Interessiertheit" allein hätte die sozialrechtliche Stellung des Arbeiters nicht hinreichend begründen können. Das Arbeitsrecht und noch mehr die wissenschaftliche Diskussion seiner Grundsätze bezeugen das Bemühen, die Rechte und Pflichten der Betriebsverwaltung wie der Arbeiter und Angestellten im Rahmen der existentiellen Bindung an den sozialistischen Arbeitsvertrag abwägend zu normieren[134]. Das Recht auf Arbeit, d.h. Beschäftigung, wird deshalb auch als Schutz vor willkürlicher Entlassung oder Zuweisung nicht kontrahierter Arbeit verstanden.

Es scheint, als ob das gemeinsame Interesse an der Ausnutzung der nie ganz eindeutigen und kohärenten Erfolgsindikatoren der Betriebe sowie die Taktik, einen möglichst „leichten Plan" auferlegt zu bekommen, Verwaltung und Produktionskollektiv zur solidarischen Vermeidung interner Konflikte veranlassen. Westliche Analysen betrieblicher Auseinandersetzungen in der Sowjetunion heben auch hervor, daß dem russischen Arbeiter die Tradition des gewerkschaftlichen Lohnkampfes unbekannt ist und daß die Parteikontrolle über die Gewerkschaften – allein schon durch die Besetzung der leitenden Gremien – jedes nicht plankonforme Verhalten der Betriebszellen ebenso ausschließt wie eine finanzplanwidrige Verfügung des Managements über den zugewiesenen Lohnfonds[135]

Auf größere Finanzierungsautonomie zielende Reformvorschläge der 60er Jahre stießen auch auf diese starre Linie der Planungshoheit; denn obwohl die Regierung „über die sinkende Wachstumsrate, die geringe Effizienz und Ausschußproduktion besorgt ist, ist sie ebenso besorgt um die Kontrolle über mögliche Störungen des Lohngefüges" (Mc Auley). Ein größerer Verhandlungsspielraum der Betriebe würde die Widersprüche zwischen den Interessen des Managements und der Arbeiter evident machen. Deshalb ist das Mitspracherecht der Belegschaften auf Fragen beschränkt, wie sie auch im westdeutschen Betriebsverfassungsgesetz normiert sind.

Die Bemühungen sowjetischer Theoretiker um eine Soziologie der Arbeit, die pflichtgemäß auch die Erfüllungen marxistischer Erwartungen eines Endes der lohnbestimmten Arbeitsteilung und der von ihr verursachten „Entfremdung" vorausschauend erörtert, sind für die Erkenntnis der sozialen sowjetischen Wirklichkeit belanglos. Dahingegen werden praktisch relevante Probleme der Berufswahl, Gleichbehandlung der Geschlechter, Betriebssoziologie, der Freizeit u.s.f. mit empirischen Methoden nicht anders als in westlichen Gesellschaften, wenn auch innerhalb der offiziellen Sprachregelung, gestellt und untersucht. Die Stilisierung von möglichen Problemlösungen auf das kommunistische Gesellschaftsziel („Arbeit als erstes Lebensbedürfnis“, Schaffung der ganzheitlichen Persönlichkeit u.s.f.) lassen sich in ihrer Abstraktheit und ihrer optimistischen industriellen Arbeitsethik unschwer in normale Sprache übersetzen[136].

DIE KOLCHOSNIKI[137]

Seit den unter Chruščev eingeleiteten Reformen hat sich die soziale Stellung der landwirtschaftlichen Produzenten merklich und zu ihren Gunsten gewandelt. Sie sind nicht mehr das schwächste Ausbeutungsobjekt der primären Kapitalanhäufung, sondern ein in der Besonderheit ihrer Produktionsbedingungen anerkannter Stand. Die Weitergewährung der privat bewirtschafteten Hofgärten, ursprünglich letzter Rückhalt der Lebensfristung, dann Quelle einträglicher Nebenverdienste, gilt nicht mehr als zu beseitigendes, ideologisch störendes Relikt, sondern als unentbehrliche Stütze der Versorgung auch der städtischen Bevölkerung mit Veredelungsprodukten. Das sozialpolitische Ziel für das Landvolk ist nicht mehr die völlige Angleichung an den Typus des Landarbeiters, wie es noch Chruščev mit der beabsichtigten Umsiedlung der Dörfer in zentrale „Agrostädte“ vorschwebte, vielmehr die Angleichung an das Einkommen und die soziale Versorgung der Industriearbeiter.

Offensichtlich bemühen sich die Sowjets, die Agrarproduktion auch durch planmäßige Erhöhung der Wohlfahrt der Kolchosniki zu steigern. Vom Erfolg dieser Bemühungen hängt nicht nur der Grad der auf absehbare Zeit ungesichert erscheinenden Selbstversorgung und Anhebung des allgemeinen Lebensstandards ab. Nur durch Steigerung der Produktivität der Landarbeit sind auch Reserven zur Überführung in andere Beschäftigungen noch zu erschließen. Doch ist die bisherige Verweigerung eines Passes an die Kolchosniki ein untrüglicher Beweis dafür, daß die an sich wünschenswerte Abwanderung aus der ländlichen Arbeit, wenn unkontrolliert, in eine ungehemmte Landflucht ausufern würde. Das Fortbestehen der behördlichen Bindung an den Boden ist also ein Indiz dafür, daß die Sowjetwirtschaft noch weit entfernt ist von einem Gleichgewicht der freiwilligen Beschäftigung im Landbau und in der Industrie, wie es sich in den höchst industrialisierten Ländern z.Zt. mit um die 5 v.H. aller Beschäftigten eingependelt hat.

Gründe für ein Festhalten an der bäuerlichen Existenz in diesen Ländern sind vor allem die Höhe des erreichbaren Einkommens, die fortschreitende Arbeitserleichterung durch die Landtechnik, die Nähe zu Annehmlichkeiten des städtischen Lebens, die soziale Sicherung im vererblichen Grundbesitz und nicht zuletzt die Befriedigung durch unternehmerische Tätigkeit, auch im Rahmen genossenschaftlicher Bindungen. Dort, wo in westlichen Ländern diese Vorteile unter marginalen Anbaubedingungen nicht vorhanden sind, werden erhebliche Subventionen eingesetzt – bei Bergbauern, im italienischen

Mezzogiorno u.s.f. – um aus übergreifenden regionalpolitischen Erwägungen einer Landflucht tunlichst zu begegnen.

Im Vergleich ist die sowjetische Agrarpolitik weit eher aus solchen marginalen Ertrags- und Lebensbedingungen als aus den besonders begünstigten Gegebenheiten der zentralen Landbaugebiete der atlantischen Volkswirtschaften zu begreifen. Die Herstellung der oben aufgezählten Bedingungen einer fortbestehenden Anziehungskraft der westlichen Landwirtschaft ist in der Sowjetunion aus volkswirtschaftlichen Gründen nur in einer schwachen Annäherung möglich, aus agroklimatischen und naturgegebenen Lebensverhältnissen in weiten Gebieten des Staates noch undenkbar. Allein schon die durch den langen Winter auf das bißchen private Viehhaltung reduzierte produktive Arbeit steht der Anhebung des ländlichen Wohlstandes entgegen. War in zaristischen Zeiten im Norden der winterliche Leerlauf durch Hausgewerbe und Schlittenfuhren einigermaßen zu überwinden, so stehen einer Durchdringung des flachen Landes mit moderner Kleinindustrie auf den großen, dünnbesiedelten, verkehrsfernen Flächen unüberwindliche Hindernisse entgegen.

In Anbetracht aller dieser Umstände erscheint der Bauer der staatstragenden Mehrheit der slawischen Völker der Sowjetunion als benachteiligt gegenüber seinen Berufsgenossen in den Bewässerungs- und Baumwollkulturen der zentralasiatischen oder den mediterranen Anbaukulturen südlich des Kaukasus. Sein Rückhalt liegt weiterhin in der arbeitsintensiven Bewirtschaftung des privaten Hoflandes[138]. Er verharrt damit in der Agrarverfassung des historischen gutswirtschaftlichen Osteuropa, in der Symbiose zwischen Guts-(Kolchos)wirtschaft und gutsabhängiger Landarbeiterschaft; in dem Dualismus von Makro- und Mikrofundium, allerdings mit verändertem sozialrechtlichen Inhalt. Diese Art betriebswirtschaftlicher Kontinuität in der rußländischen Agrarverfassung bestärkt mich in der Ansicht, daß die Kolchosverfassung ein den Daseinsbedingungen adäquates Betriebssystem ist und der Übergang in eine individualwirtschaftliche bäuerliche Ordnung nicht zu vollziehen wäre[139], ohne die gesamte Wirtschaftsstruktur zu erschüttern.

Die Uniformität der sowjetischen Agrarverfassung, die Formen und Verfahren der zentralen Planung im Widerspiel von dezentralisierten Zuständigkeiten der am lokalen Entscheidungsprozeß beteiligten Partei- und Verwaltungsstellen sind unverzichtbare Elemente der auf Selbstversorgung, regionalen Ertragsausgleich, langfristige Vorratshaltung, soziale Gleichbehandlung und auf Bewirtschaftung auch marginaler und submarginaler Böden ausgerichteten Agrarpolitik.

Bei etwas Einsicht in die geoökonomischen Bedingungen der sowjetischen Landwirtschaft wird dieses Zielbündel als vernünftig konzipiert erscheinen und als begreiflich die Probleme, die sich bei gleichzeitiger Verfolgung dieser Ziele einstellen. Sie rühren auch daher, daß das System der zentralen Investitionslenkung in der Landwirtschaft nicht der Dynamik sozioökonomischer Umstrukturierungsprozesse und Ausbreitungsvorgänge von Investitionen folgen kann, mit der sich das räumliche Ordnungsgefüge der nordamerikanischen Agrarwirtschaft schnell verändert[140]. Um an das oben Gesagte zu erinnern: Bei Anwendung marktwirtschaftlicher Rentabilitätsgesetzte würden – von der

Entstehung von systemwidrigen Renteneinkommen abgesehen – ganze landwirtschaftliche Großregionen aus der Produktion ausfallen.

Der gesellschaftliche Wandel des sowjetrussischen Dorfes vollzieht sich unter solchen Hemmnissen einer freien Entfaltung nur langsam und folgt in weitem Abstand dem industriellen Zivilisationsfortschritt der Stadt. Die sowjetische Sozialforschung gibt darüber wenig Auskunft, so als ob das Landvolk in seiner sozialen Entwicklung nur als Nachhut der fortschreitenden Industriegesellschaft anzusehen wäre[141].

Die vordringende Chemisierung, Mechanisierung, Kommerzialisierung und die Übernahme städtischer Lebensformen hat weltweit das Dorf „urbanisiert" und im Lebensstandard angeglichen. In der Sowjetunion könnte in stadtnahen Bereichen sich ähnliches vollziehen, wenn das egalisierende Kolchos-Muster-Statut einer derartigen Entwicklung nicht entgegenstände. Aber eben dieses bewirkt auch eine einigermaßen gleichmäßige Verteilung des allmählich steigenden ländlichen Wohlstandes. Vergleicht man mit der sozialen Entwicklung der Landbevölkerung z.B. in großen Teilen der waldlosen Kalkwüsteneien der europäischen Mittelmeergebiete und sieht man dabei ab von den Wohltaten von Sonnenschein und mildem Klima als systemneutralen Faktoren, so dürfte der durchschnittliche Wohlstand des Kolchosnik höher liegen als dort.

Da bei Kritikern des im Verhältnis zu einigen günstigen Bedingungen (wie Schwarzerde, Maschinenausstattung) immer noch großen Produktivitätsrückstandes der sowjetischen Landwirtschaft auch diesmal mein Hinweis auf die schlechten Wegeverhältnisse nicht ankommen dürfte, zitiere ich dazu einen Korrespondentenbericht (Juli 1978)[142]: „Von 100 sowjetischen Dörfern sind ganze neun auf einer befestigten Straße zu erreichen. In jedem Herbst, bevor der Frost einsetzt, in jedem Frühling, bevor das Schmelzwasser geflossen ist, werden die Wege zu Schlammpisten, die oft sogar für Lastwagen unpassierbar sind. Konsumgüter und landwirtschaftliche Ausrüstung gelangen nicht aufs Dorf. . . Sowjetische Fachleute haben geschätzt, daß bis zu 40 Prozent der gesamten ländlichen Arbeitskraft für den Transport von Gütern vergeudet werden müssen. Aber Wegebau ist teuer, Rußland ist groß und von der Westgrenze bis zum Ural hat die Natur keinen einzigen Steinbruch vorgesehen. Auf den Dörfern der RSFR allein gibt es aus diesen Gründen noch 1,7 Millionen Arbeitspferde. Zur Erntezeit werden außer Arbeitskräften in Millionenstärke bis zu einer Million LKW aufs Land geschickt, um das Fehlen an Transportraum auszugleichen. Wegen der schlechten Zulieferungsmöglichkeiten für Ersatzteile werden alljährlich ein beträchtlicher Teil der vorhandenen Maschinen nach solchen ausgeschlachtet".

Zu dem Mißverhältnis zwischen der Produktionsmenge am Halm sowie im Stall und der Versorgung der Bevölkerung mit Landprodukten trägt ein weiterer wenig beachteter Umstand bei: die ungenügende Ausstattung der verarbeitenden Stufen. Nach A. M. Emeljanov waren (1969) in der UdSSR 30 Millionen, in den USA 6 Millionen in der direkten landwirtschaftlichen Produktion, in der verarbeitenden Industrie 2 Millionen in der UdSSR, dagegen 7 Millionen in den USA tätig. Aus Prozentzahlen berechnet ergibt das in der Direktproduktion in der SU 72,7 in den USA 29,1; in der landwirtschaftlichen Produktionsmittelindustrie 4,5 in der SU, 27,6 in den USA; in Transport und Vermarktung 22,8 in der SU, 43,3 in den USA[143].

Diese unzulängliche Infrastruktur bringt es mit sich, daß beträchtliche Teile der landwirtschaftlichen Erzeugung nicht nur durch hohe Verluste bei der Einbringung und teilweise offenen Lagerung, sondern auch durch Verderb für den Verbrauch verloren gehen.

In diesem Zusammenhang ist noch einmal auf die Bedeutung des privaten Hoflands einzugehen, das in der Sowjetunion und in allen kommunistisch regierten Ländern wie ein Zugeständnis an den gesetzwidrigen verlangsamten Gang der Sozialgeschichte behandelt wird, in Wirklichkeit aber als der soziale Stabilisator des Agrarsystems und der kollektivistischen Ordnung überhaupt angesehen werden kann. Der durch das Musterstatut gewährleistete Besitz des Hofgartenlandes, seine freie Bewirtschaftung und der Absatz auf örtlichen Märkten mit freier Preisbildung, nicht zuletzt die Existenzsicherung im auf und ab meteorologischer wie agrarpolitischer Wechsellagen, erhält für nahezu ein Drittel der Bevölkerung einen Rest bäuerlicher Lebenshaltung, ohne den die großbetriebliche staatliche Landwirtschaft vermutlich der sozialen Erosion ausgeliefert wäre.

Ökonomisch besteht zwischen dem genossenschaftlichen und dem privaten Sektor der sowjetischen Landwirtschaft eine gegenseitige Abhängigkeit, die K. Wädekin als Zusammenhang in Lohnsystem und Arbeitskräfteeinsatz, Arbeitsteilung in der pflanzlichen Produktion, in Lieferungen und indirekten Leistungen auch für den Staat eindrucksvoll nachgewiesen hat.

1976 produzierten die privaten „Nebenwirtschaften“ auf 1,25 v.H. der landwirtschaftlichen Nutzflächen[144] 64 v.H. aller Kartoffeln, 53 v.H. des Gemüses, 41 v.H. der Eier, 22 v.H. der Fleisch- und Milchprodukte von einer den staatlichen Handel übertreffenden Qualität. Die auffällig höhere Produktivität der individuellen Wirtschaften weckt im Westen häufig die Vorstellung, daß eine entsprechende Vergrößerung dieser Anteile auch zu einer proportionalen Steigerung der Erträge führen müßte. Dieser wohlmeinende Vorschlag übersieht jedoch folgendes: 1. Der Arbeitsaufwand in den Hofgärten wird auf 20 v.H. des landwirtschaftlichen Arbeitspotentials geschätzt; würde er vermehrt, fiele mindestens der gleiche Zeiteinsatz im Feldfruchtanbau der Kolchosen aus. 2. Steigende Einkommen aus der Individualwirtschaft würden die Leistungsbereitschaft im Kolchos mindern. 3. Die Vermarktung höherer Individualerträge würde angesichts der Marktentfernung der meisten Dörfer nur in Stadtnähe lohnen und zu noch stärkerer Einkommensdifferenzierung auf dem Lande führen. 4. Letzten Endes würde die Getreidewirtschaft, die schon jetzt den Bedarf des Landes nicht deckt, noch weiter zurückbleiben, wenn nicht zusammenbrechen.

Immer wieder werden Anläufe unternommen, um Sowchosen und Kolchosen anzuregen, im Verbund mit eigenen weiterverarbeitenden Betrieben ihre Produkte zu verarbeiten und damit auch die saisonale Unterbeschäftigung aufzufangen. Ebenso wurde versucht, die Eigeninitiative auch im genossenschaftlichen Sektor durch Bildung von selbstverantwortlichen Brigaden zu wecken, die nach Arbeitsergebnissen und nicht nach Arbeitstagsnormen bezahlt werden. Konzeptionen dieser Art bleiben zumeist stecken, weil die untergeordneten Verwaltungsstellen mit den Widersprüchen nicht fertig werden, die sich aus einzelbetrieblicher Kapitalakkumulation oder wachsenden Einkommensunterschieden für die bestehende Ordnung ergeben. 1975 wurden 100 Millionen, d.i. 40 v.H. der Gesamtbevölkerung der „Landbevölkerung" zugerechnet, 1970 wurden in der Landwirtschaft insgesamt 26,8 Millionen Beschäftigte gezählt. Von diesen wiederum waren 9,8 Millionen Sowchosenarbeiter und 17 Millionen Kolchosniki. Ein beträchtlicher Teil des Sowjetvolkes lebt in Verhältnissen, die von der gegebenen Agrarverfassung zumindest mittelbar geprägt sind. Die sozialen Veränderungen in diesem Milieu haben deshalb für die sowjetische Gesellschaft immer noch ein großes Gewicht.

Die Erwartungen hinsichtlich eines Ausgleiches der Lebensbedingungen von Stadt und Land setzen auf fortschreitende Mechanisierung, Qualifizierung der Arbeitskräfte, nachdrückliche Verbesserung der – vor allem auch innerbetrieblichen Wegeverhältnisse – und damit auf Erhöhung der Produktivität[145].

Nun wird der Anteil der Kolchosniki mit spezieller beruflicher Ausbildung mit nur etwa 20 v.H. angegeben und diese sind außerdem Führungspersonal, vorwiegend „Mechanisatoren". Entsprechend niedrig ist das ländliche Bildungsniveau: Von den 30–45jährigen hatten 1970 zwischen 22 bis 60 v.H. weniger als vier Schuljahre. Das Bildungsniveau der im Alter darunterliegenden steigt zwar, aber dafür sinkt ihr Anteil am Altersaufbau der Kolchosniki (Berechnungen v. H. Wiegmann nach Ergebnissen der Volkszählung). Ein „kolossaler" Aufwand sei erforderlich, meint Perevercev, um die materiellen Voraussetzungen des Ausgleiches herbeizuführen, und in der Literatur herrsche die Ansicht vor, daß wegen der begrenzten Ressourcen der Kolchosen nur der Staat imstande sei, Unternehmen der „agrar-industriellen Integration" zu schaffen.

Doch nur etwa 10 v.H. der gesamten Agrarwirtschaftsproduktion und der Arbeitskraft sind bisher an diesem Sektor beteiligt; der Schwerpunkt der Aktivitäten müsse deshalb in der Aktivierung der Kolchosen liegen. Aber „es kommt vor, daß ein Kolchos für einige Millionen Rubel Produkte liefert, die Kolchosniki aber gezwungen sind, solche für ihre eigenen Bedarf in der Stadt oder auf Kolchosmärkten einzukaufen. Diese Lage entstand dadurch, daß die Sozialplanung nicht zum organischen Bestandteil der landwirtschaftlichen Planung gemacht worden ist"[145].

ANGESTELLTE UND INTELLIGENCIJA

Werktätige mit vorwiegend nichtmanueller Arbeit werden in der sowjetischen Statistik unter der Kategorie „Angestellte" erfaßt. Die Untergliederung nach dem Grad der Vorbildung und damit höherer und niedriger Qualifikation ist zu formal und umständlich, um in der Alltagssprache und in der Sozialforschung den quantitativen wie qualitativen Anteil der höher Gebildeten an der kulturellen Entwicklung der Nation anschaulich zu machen. Die Statistik der Zulassungskomitees unterschied nicht die Intelligencija von der gesamten Masse der „Angestellten" im allgemeinen Sinn, d.h. der mit geistiger Arbeit befaßten Individuen, die im öffentlichen Dienst und in Unternehmen beschäftigt sind. Jedoch für den Zweck der Untersuchung der Rolle der „Selbstreproduktion" in der Rekrutierung der Intelligencija ist es außerordentlich wichtig, diese soziale Kategorie genau zu erfassen, um den Anteil der in Spezialistenfamilien Aufgewachsenen an der Studentenschaft zu bestimmen, d.h. die hochqualifizierten Spezialisten der Zukunft"[146].

Der Rückgriff auf den traditionellen, im Russischen mit elitären Vorstellungen befrachteten Begriff schafft in einer grundsätzlich egalitär angelegten Gesellschaftspolitik einige Verlegenheit. Beide Bildungskategorien der „Angestellten" werden offiziell als „besondere Schicht von vorübergehendem Charakter" den Klassen der Arbeiter und Kolchosniki gegenübergestellt, um auch ihr Aufgehen im kommunistischen Einheitstypus des Arbeiters anzuzeigen. Der in der Statistik auch gebrauchte Ausdruck „specialisty" für Absolventen von mittleren Fachschulen und Hochschulen, eine gleichsam nur durch fachliche Bildung herausgehobene Schicht der Arbeiterschaft bezeichnend, entspräche dieser Tendenz und dem bolschewistischen Sprachgebrauch nach der Revolution noch am ehesten. Aber: „Die studierten Personen, und vor allem solche, die durch die Universität hindurchgegangen sind, können ohne Zweifel einen leichteren Zugang zur höchsten Kultur haben. Deshalb erscheint die Intelligencija vor allem aus Individuen mit höherer und manchmal mit spezieller Fachschulbildung zusammengesetzt. Das sind die Bedingungen, die eine Assimilation des Intelligenzlers an den Spezialisten zulassen, selbst wenn man nicht alle Spezialisten unter die Intelligencija einbeziehen kann"[147].

Die soziale Differenzierung der Schicht höherer Bildung ist durch statistische Aufgliederung allein nicht erkennbar und erweist sich erst im Prestige, in der Machtstellung und in der Entlohnung, die dem Einzelnen eingeräumt wird. Bezeichnend für diese Hierarchie der Wertschätzung ist die privilegierte Stellung, die den Mitgliedern der sowjetischen Akademien innerhalb der gelehrten Welt eingeräumt wird.

Eine Aufgliederung der nicht manuell Tätigen ergibt folgendes Bild:

Verteilung der Spezialisten nach Tätigkeitsbereichen (in Tausend)

Beschäftigungsart / Jahr	1926	1939	1959	1967	1970
Gesamtheit der nicht manuell Arbeitenden	2 888	13 821	20 495	27 360	31 445
davon					
Leitend in Staat, Partei, Industrie	266	1 214	1 372	1 805	1 976
Ingenieure, Techniker	249	1 951	4 683	7 070	8 450
Gesundheitswesen	182	680	1 702	2 590	2 744
Kultur und Bildung	463	2 039	3 503	5 050	6 180
Juristen	26	62	79	83	109
Nachrichtenwesen	64	265	496	565	598
Handel	313	1 626	2 268	2 715	2 626
Planung und Rechnungswesen	577	3 102	3 502	3 715	5 074

Quellen: Strana Sovetov. Moskva 1967; Narodnoe chozjajstvo SSSR, S. 45
Eine fachlich weiter detaillierte Aufgliederung bei H. Wiegmann a.a.O. S. 74 ff.

Nach dem Stand der Vorbildung ergibt sich folgendes Bild der Entwicklung der beiden Kategorien.

Zahl der in der Volkswirtschaft beschäftigten Spezialisten nach ihrem Bildungsgrad (in Tausend)[148]

	1913	1928	1941	1950	1960	1970	1974
Insgesamt	190	521	2 401	3 254	8 784	16 841	21 400
Mit Hochschulbildung	136	233	909	1 443	3 545	6 853	8 800
Mit mittlerer Fachbildung	54	288	1 492	1 811	5 239	9 988	12 600

Quelle: Strana sovetov, S. 230. – Jahrbuch des RWG M. 1975, S. 404

Diese Zahlenreihen manifestieren die nach dem Sturz des feudal-bürokratischen Staates durch bildungspolitische Maßnahmen und Freisetzen von Bildungsenergien herbeigeführte Entstehung einer vorwiegend industrietechnologisch geschulten Schicht, die nicht nur in der Wirtschaft, sondern auch in den oberen Rängen der Partei und der Staatsverwaltung durchaus vorherrscht. Die planmäßige Bildung einer der forcierten Industrialisierung entsprechenden funktionsfähigen Elite, einer Technokratie in des Wortes eigentlicher Bedeutung, kann als die eigentliche soziale Errungenschaft der russischen Revolution gelten.

In Bezug auf die Entwicklung der gesamten Beschäftigungsstruktur ist das Zahlenverhältnis der Angestellten zu den Arbeitern von 1940–1970 konstant geblieben, der Anteil der Spezialisten gegenüber den Angestellten bis auf 70 v.H. in 1970 gestiegen. Wie in allen Industriestaaten werden bei fortschreitender Mechanisierung von technischer Verwaltungsarbeit gewisse Angestelltenberufe verschwinden, während hochqualifizierte Angestelltenschichten vermutlich zunehmen werden.

Die Qualifikationsstruktur der Angestellten läßt sich ebensowenig exakt bestimmen, wie die der Intelligencija, „da letztere eine große Zahl sog. Praktiker, also Personen mit nicht ihrer Qualifikation entsprechenden Diplomen umfaßt“ (H. Wiegmann), was sicher keine sowjetische Besonderheit sein dürfte[149].

Über die Anteile (in v.H.) von „Praktikern“ in einigen Spezialistenstellungen liegen für 1966 Angaben vor. So gehörten beispielsweise von den Direktoren in der Industrie 32, von leitenden Ingenieuren 13, Technikern 43, Ökonomen und Planern 35 v.H. zu dieser Kategorie. Nach sowjetischen Untersuchungen steigt dieser Anteil leicht an. Es ist interessant, daß die Frage, ob diese Praktiker insgesamt noch zur Intelligencija in „Bildungsgrad, Funktionen und Kreativität“ zu rechnen seien, in der sowjetischen Berufssoziologie gestellt wird.

Die Einstufung der studierten Oberschicht ist für die Sozialplanung auch politisch bedeutsam. Prestige, Machtstellung und Belohnungen wirken insgesamt als höchster sozialer Standard, der, anders als beim politischen

Funktionär, auch einen höheren Grad persönlicher Freiheit verheißt. Untersuchungen unter dem Motto „Berufswahl als Indikator für Tendenzen der sozialen Integration der sowjetischen Gesellschaft" brachten eindeutige Ergebnisse[150]. Befragt wurden (1966) anonym 2 200 Schulabgänger nach der Motivierung ihrer Berufswünsche, wobei die Wertskala von Persönlichkeitswerten über Nutzen für die Gesellschaft, Ansehen im Freundeskreis, gutem Verdienst bis zum gesellschaftlichen Prestige reichte. In anderen Befragungen wurden die Bewertungen von 80 Berufen eingeholt.

Allgemein wurden die Berufe geistiger Arbeit erheblich höher bewertet als die Arbeiterberufe, die Arbeit in der Landwirtschaft und in Dienstleistungen kamen an letzter Stelle. Die ersten 10 Plätze gehörten den Naturwissenschaften. Unter dem Eindruck dieser Ergebnisse wurde die Position, daß es im Sozialismus soziales Prestige nicht geben könne, aufgehoben. Die Gleichwertigkeit aller Berufe solle aber der Bevölkerung über entsprechende Propaganda nahegebracht werden. Doch wird auch festgestellt, daß Kinder der Intelligencija ihre Berufspläne weitaus häufiger verwirklichen können als Arbeiter- und Landkinder. „Die höchste positive Korrelation zum Realisationsgrad der Berufswünsche zeigte die soziale Herkunft, die niedrigste die materielle Lage der Familie" (H. Wiegmann).

Über die wirkliche Einkommensverteilung in der Sowjetunion ist außer statistischen Mitteilungen von Grundlöhnen nur bruchstückweise etwas bekannt. Es gibt gelegentliche Hinweise, daß der Durchschnittslohn der Arbeiter über dem der Angestellten liegt oder im Maschinenbau nahe an den des leitenden Ingenieurs herankäme und den des Betriebsökonomen überschreite. Die Löhne der Lehrer und des medizinischen Personals liegen darunter. Für Personen in gehobener Stellung und Verantwortung gibt es sicherlich, wie in allen sozialistischen Staaten, Vergünstigungen, die im Verhältnis zu den durchschnittlichen Einkommen als Privileg erscheinen. Dazu gehören Dienstwohnungen, Wagen, Kuraufenthalt, Sonderläden für sonst unerreichbare Waren. Angesichts der zunehmenden Ausstattung auch der breiten Einkommensschichten mit den üblichen industriellen Gebrauchsgütern könnten die genannten Bevorzugungen als geringfügig erscheinen. Ihr Wert liegt aber auch in der Ersparnis von Aufwand an Wartezeiten, Beschaffungsmühe, in einem gewissen Komfort, der ein solches Dasein aus dem beschwerlichen Alltag des Sowjetmenschen heraushebt.

Der hohe Anteil der Intelligenzberufe in leitenden politischen Gremien stärkt die Autorität dieser Schicht in einem Staat, der im Durchsetzen der „wissenschaftlich-technischen Revolution" den Hebel der gesellschaftlichen Entwicklung schlechthin erblickt. Aus einer Analyse von 181 Biographien der Mitglieder des Zentralkomitees der Partei der jüngsten Zeit geht hervor, daß sich darunter 22 Universitätsprofessoren, 61 Ingenieure, 14 Diplomaten aber nur vier Arbeiter und ein Kolchosvorsitzender befanden. Im Jahre 1966 hatten 52,2 v.H. der Mitglieder des Obersten Sowjet der UdSSR Hochschulbildung, 21,2 Fachschulbildung. Ähnliche Verhältnisse finden sich bei den Sowjets der Bundesrepubliken[151]. Die Verbindung von Intelligencija und Staatsmacht offenbart sich auch in der Parteizugehörigkeit von 35,5 v.H. der

Hochschuldiplomierten gegenüber 16 v.H. der Fachschulabsolventen, 12 v.H. der Landwirte und nur 8 v.H. der Arbeiter.

Die weitgehende Übereinstimmung der sowjetischen Intelligencija mit der Staatsmacht ergibt sich auch aus einer vom Skeptizismus westlicher Gelehrsamkeit wenig berührten Zuversicht in den wissenschaftlich-technischen Fortschritt, die von den noch immer unabsehbar erscheinenden Rohstoff- und Energiereserven des Landes beflügelt wird. Auch hierin wird man an eine entsprechende Entwicklungsphase der nordamerikanischen Gesellschaft erinnert. Das Vorwiegen der Naturwissenschaftler, die zusammen mit den technischen Fachrichtungen den weitaus größten Block der heute rund eine Million zählenden Wissenschaftler ausmachen, während der Anteil der Humanwissenschaften nur etwa 18 v.H. beträgt, verstärkt das Element der Fortschrittsgläubigkeit in der politischen Orientierung. Doch wird darauf hingewiesen, daß der hohe Grad an internationaler Informiertheit und Selbstgefühl der Naturwissenschaftler, insbesondere auch im Rahmen des streng hierarchisch gegliederten „politisch nahezu unangreifbaren" (A. Buchholz) Akademiensystems diese Sparte der Intelligenz auch zu kritischem Einfluß auf die Gesellschaftspolitik befähigt[152].

MOBILITÄT

Westliche Methoden der Erforschung des Zusammenhanges zwischen dem Status der Eltern und der Nachwuchserziehung übernehmend, sind sowjetische Empiriker seit Beginn der 70er Jahre Fragen der vertikalen Mobilität, d.h. dem Grad der Offenheit der eigenen Gesellschaft nachgegangen. Sie kamen zu der Einsicht, daß bei einem als gleich angenommenen „Niveau der Entwicklung der Produktivkräfte gemeinsame Züge" in beiden Formationen wahrzunehmen seien. Die sowjetische Gesellschaft unterscheide sich vorteilhaft dadurch, daß alle Klassenschranken für diese Mobilität gefallen seien. Es gäbe trotzdem Gemeinsamkeiten, die sich aus der Abwanderung vom Dorf, der relativen Zunahme der geistigen und spezialisierten Arbeit an der Beschäftigung, aus der abnehmenden Geburtenrate der werktätigen Frauen, der zunehmenden Lebenserwartung, aus den verlängerten Ausbildungszeiten usw. ergeben. Der im Westen gelegentlich daraus abgeleiteten Theorie einer industriegesellschaftlichen „Konvergenz" der Entwicklungslinien ließe sich aber entgegenhalten, daß in der sowjetischen Gesellschaft vertikale Mobilität nur den Aufstieg in eine höher qualifizierte Arbeit ohne Rücksicht auf die soziale Herkunft bedeute[153].

Doch lehren die Ergebnisse sowjetischer empirischer Forschung, daß auch dort das „Auslesesystem für die Aufnahme in die höheren Schulen . . . einen der wichtigsten Widersprüche in der sozialistischen Gesellschaft hervorbringt, nämlich den zwischen völliger rechtlicher Gleichheit der Bürger und der unvollkommenen tatsächlichen Gleichheit"[154]. Das folgende Zitat erinnert an den entsprechenden Befund im Westen: „Die sozialistische Gesellschaft ist daran interessiert, die Individuen auszulesen, die künftig ein Nutzenmaximum als geschulte Spezialisten erbringen. Der Prüfungswettbewerb beim Zugang zu Einrichtungen der höheren Bildung befähigt uns, diejenigen auszuwählen, die am besten für die Beherrschung der gegebenen Spezialität vorbereitet sind". Es sei bekannt, daß der Bildungsgrad eines Bewerbers nicht von seiner Veranlagung, sondern von Elternhaus und Schule abhänge. Bei sonst gleichen Voraussetzungen haben deshalb bei der Zulassung zu höheren Schulen die besseren Chancen Kinder aus gut gestellten Familien mit höherem Bildungsniveau, aus größeren Städten, wo die Qualität der Lehrer höher ist u.s.f.

Die Vision einer egalitären Gesellschaft des künftigen Überflusses wird nicht aufgegeben, aber der dazu unerläßliche Produktionsfortschritt erfordere „dringend die Zulassung nach dem Hauptkriterium – der Fähigkeit, die erstrebte Spezialisierung zu beherrschen". Deshalb überwiegen bildungsökonomische Argumente, neuerdings auch bei der Gewährung von Stipendien, die vorrangig nach der Leistung und nicht nach der Bedürftigkeit vergeben werden. „Der Anteil der Stipendien für Studenten, die hervorragende Noten erreicht und sich in gesellschaftlicher, wissenschaftlicher oder technischer Arbeit hervorgetan haben, ist um 25 v.H. gestiegen". In einzelnen Fällen sei bei nur „Ausreichend" die wirtschaftliche Lage des Studenten berücksichtigt worden[155].

Der Drang zur Hochschulbildung, eine allgemeine zivilisatorische Erscheinung, in der Sowjetunion aber noch verstärkt durch traditionell gesellschaftliche Hochachtung des Akademischen überhaupt, läßt das Problem der volkswirtschaftlich wünschenswerten Proportionierung der Zahlen von Hochschul- und Fachschulabsolventen entstehen[156]. Der Anteil der Ingenieure wird gelegentlich zu hoch eingeschätzt und es finden sich Hinweise, daß höher Ausgebildete an Arbeitsplätzen niedrigerer Qualifikation eingesetzt würden. Es wird erwogen, das bestehende Verhältnis von 1,5:1 (Fachschule/Hochschule) im Gesamtdurchschnitt zugunsten der Fachschulen anzuheben. Doch läßt sich durch die letzten Jahrzehnte keine wesentliche Änderung dieser Proportion erkennen, wenn auch in einzelnen bisher vernachlässigten Zweigen, vor allem im Bereich der Dienstleistungen, sich der Anteil der Fachspezialisten im letzten Jahrzehnt um ein Vielfaches erhöht hat. Im Ganzen scheint sich das Ausbildungswesen der Sowjetunion in „einem Prozeß der Annäherung und Ausgleichung" (D. Glowka) zu befinden. Offenbar entziehen sich diese Vorgänge, nicht anders wie in anderen Industrieländern, Versuchen struktureller oder bildungsökonomischer Planungen und entbehren einer den wirtschaftlichen Planungskonzepten adäquaten Theorie. Sie erweisen sich als ebenso unberechenbar, wie der technische Fortschritt in seinen Auswirkungen auf die Beschäftigungs- und Qualifikationsstruktur. Voraussehbar ist die auch in anderen Industriestaaten wirkende Tendenz zu einer fortschreitenden Angleichung auf der Stufe der praxisnahen Ausbildung unter Einbeziehung der enger fachbezogenen Zweige des Hochschulwesens. Ebenso läßt sich aber voraussehen, daß durch egalisierende Wirkungen zunehmender Verschulung die auf Machtausübung, hohes Spezialwissen und Sozialprestige gegründete gesellschaftliche Differenzierung auch in einem sozialistischen Staatswesen nicht berührt wird.

DIE STELLUNG DER FRAU

Die russische Revolution verkündete die Befreiung der Frau von der „offenen und verborgenen Haussklaverei“ (Fr. Engels) und ihre Gleichberechtigung im Zugang zu allen Berufen und Studien. Die Übernahme pädagogischer Reformideen des Westens (Dewey, Dalton, Montessori, Kerschensteiner) sollte auch dazu dienen, die Familie als Erziehungsstätte möglichst abzulösen und so die Mütter für die Produktion außerhalb des Hauses freizusetzen. So verbanden sich auch in der Sache der Frauenemanzipation in der bolschewistischen Propaganda sozialistische Prognosen einer Gesellschaft freier, gleichberechtigter Produzenten, Gedanken sozialer und erzieherischer Reformen mit den praktischen Bedürfnissen der nachholenden Industrialisierung[157].

Im ersten Jahrzehnt der Revolution traf dieses Programm auf eine noch ganz überwiegend agrarische Gesellschaft, in der die Frau seit jeher auch außerhalb des Hauses arbeitete; noch 1926 waren nur 9,2 v.H. der berufstätigen Frauen nicht in der Landwirtschaft tätig[158]. In der Ernüchterung der Neuen Ökonomischen Politik verging auch das reformpädagogische Pathos.

Es fehlten nicht nur die sozialen Voraussetzungen, sondern auch die Mittel, um mit Hilfe von Schulen eine sozialistische Generation heranzubilden. Es war schon schwierig genug, eine Millionenzahl von durch den Bürgerkrieg entwurzelten Jugendlichen (bezprizornyje) in die Ordnung zurückzuführen. In den großen Wirren bewahrte die russische Frau die Familie auch als Erziehungsgemeinschaft. Damit stellte sich das Problem ein, wie berufliche Aktivierung der Mütter mit ihren verbleibenden Aufgaben im Haushalt der Familie zu vereinbaren sei. Es mag den Großmüttern (babuški) zu verdanken sein, daß solches gelungen ist.

Die industrielle Revolution der Fünfjahrespläne belebte die Programme der Frauenemanzipation und der Massenerziehung wieder, um sie in zweckentsprechender Form in ihren Dienst zu stellen[159]. Voraussetzung dafür war die mit der Kollektivierung des Dorfes einhergehende Überführung der überschüssigen Landbevölkerung in die Stadt und dadurch die Freisetzung auch ihres weiblichen Teils für Industriearbeit und Berufsbildung. Dieser Absicht diente die rechtliche Gleichstellung der Frau als Arbeitskraft, die aber – von den Bestimmungen des Mutterschutzes, anfänglich auch des Arbeitsschutzes, abgesehen – zu einer Mehrbelastung der arbeitenden Frau führte, deren Nachteile bis jetzt nur unzureichend gemildert worden sind.

Das wirksamste Mittel der industriellen Einordnung der Frau war das Prinzip des Leistungslohnes. „Der Leistungslohn ist seiner Natur nach Individuallohn, nicht Familienlohn. Ohne die gleichzeitige Mitarbeit der Frau wäre das Leistungsprinzip des sowjetischen Arbeitslohnes infolgedessen nicht rein zu verwirklichen“. (W. Hofmann) Trafen auf einen Beschäftigten 1924 noch 3,34 Familienangehörige, so waren es 1935 nur noch 1,59. Da der Anteil der Frauenarbeit besonders rasch in der Schwerindustrie anstieg und die Frauen dort jede Arbeit verrichteten, war ihre Einbeziehung auch ein vorbereitender Akt der totalen Mobilmachung im Kriege. Den hohen Anteil der Frauenarbeit an der Schwerindustrie zeigt folgende Tabelle:

Frauenanteil ausgewählter Industrien (in v.H.)

	Sowjetunion 1929	1939	Bundesrepublik 13.9.1950
Steinkohlenbergbau	9,4	24,5	1,8[a]
Eisenschaffende Industrie	9,3	26,3	6,4
Chemie, Kautschukindustrie, Produktion chem. Maschinen	15,6	37,2	28,1
Mineralölverarbeitung	–	30,2	9,4
Holzindustrie	–	43,9	9,1

a Nur Chemie

Nach sowjetischen Quellen bei W. Hofmann, S. 61

Anfänglich war die Beschäftigung von Frauen in Betrieben mit gesundheitsgefährdender oder schwerer Arbeit verboten. Unter dem Druck der Arbeitsmobilisierung wurden die natürlichen Schranken aber abgebaut. Ebenso wirkte der zeitweilige Übergang zur ununterbrochenen Arbeitswoche und der Dreischichtenbetrieb am Abbau der Schutzbestimmungen für weibliche Arbeiter mit. Familienrechtliche Bestimmungen sicherten die volle Freizügigkeit der Ehefrau in der Wahl des Arbeitsplatzes. Manche Bestimmungen des Unterhaltsrechts (1947), die die allgemeine Berufsarbeit der Frau zu gleichen Bedingungen wie die des Mannes voraussetzten, nahmen gewisse Tendenzen voraus, die gegenwärtig bei zunehmender Berufstätigkeit der Frau auch die Familiengesetzgebung westlicher Länder bestimmen. Abgesehen von der Frage, wieweit die sowjetischen Schutzbestimmungen aus Mangel an Kontrollorganen durchgesetzt werden, stellt der rechtlich festgelegte Katalog eher ein Minimum als ein Maximum dar. Wenn aber eine traditionell benachteiligte Gruppe nicht gezielt gefördert wird, kann ihre faktische Gleichberechtigung durch eine rechtliche Gleichstellung gefährdet werden[160].

Anteil der Frauen an den Berufstätigen nach Wirtschaftsbereichen (in v.H.)

	1928	1950	1970
In der Industrie	26	46	48
in der Landwirtschaft (ohne Kolchosen)	24	42	44
in der Kolchoswirtschaft	–	64	*
im Transportwesen	7	28	24
im Nachrichtenwesen	28	59	68
im Bausektor	6	32	29
im Handel, Gaststätten	19	57	75
in der Kommunalwirtschaft	–	54	51
im Gesundheitswesen	63	84	85
in Bildung und Kultur	55	68	72
in der Kunst	–	89	44
in wiss. Institutionen	40	43	47
im Kredit- u. Versicherungswesen	38	58	78
in staatlichen Organisationen	19	43	65

Nach sowjetischen Quellen bei H. Wiegmann, Die Entwicklung . . . S. 86

* ohne Angaben

Die Beschäftigungsrate in der Kolchoswirtschaft für das Jahr 1928 fehlt, weil um diese Zeit die Frauen in den noch bestehenden Privatwirtschaften beschäftigt waren. Der Anteil der Frauen an den Kolchosniki – 1970 nicht besonders ausgewiesen – dürfte höher liegen als der Anteil (mit 54 v.H.) der Frauen an der Gesamtbeschäftigung.

Im Ganzen gesehen ist der Grad der Frauenbeschäftigung im Vergleich zu anderen Industrieländern, und zwar auch bei Frauen im gebärfähigen Alter, sehr hoch. Dabei ist der zeitweise hohe Ausfall an männlicher Arbeitskraft als Folge von Kriegen und Bürgerkriegen zu bedenken, der auch über Generationen hinweg fühlbar bleibt. 1946 betrug das männliche Defizit für die Altersgruppe von 16 bis 59 Jahren 20,7 Millionen, 1959 immer noch 15,4 Millionen. Gleichzeitig waren 24 Millionen Frauen zwischen 20 bis 59 Jahren unverheiratet, mehr als zwei Fünftel der weiblichen Beschäftigten.

Man schätzt (N. T. Dodge), daß etwa 30 v.H. der beschäftigten Frauen noch Kinder zu versorgen haben, woraus auf die Spannung zwischen Mutter- und Berufspflichten geschlossen werden kann. Dieser Anteil liegt im europäischen Teil der Union noch über diesem Durchschnitt. Der Geburtenrückgang des russischen Volkes ist vornehmlich eine Folge der Überbelastung der Frau. 1976 wurde beim Obersten Sowjet eine Kommission gegründet, die sich mit dem Leben der Frau und dem Schutz von Mutter und Kind befaßt. Eine auf Steigerung der Geburtenzahlen bedachte Politik steht vor dem Dilemma, daß bei einem eventuellen Erfolg, der nur durch eine weitgehende Verbesserung der Lebensumstände zu erreichen wäre, weniger Mütter für Arbeit außerhalb des Hauses bereit wären.

Der Anteil der russischen Frau an der außerhäuslichen Beschäftigung war auch im vorrevolutionären Agrarstaat sehr hoch. Das Besondere der heutigen Beschäftigungsstruktur ist der hohe weibliche Anteil an den qualifizierten Berufen[161].

Schon in den letzten Jahrzehnten vor der Revolution war das Streben der russischen Frau zum Studium bemerkenswert hoch. Um 1910 wird ihr Anteil an den Studierenden mit einem Fünftel, 1916 – durch Kriegsumstände bedingt– bereits auf 50 000 unter 125 000 Studierenden angegeben. Der schon in ersten Erlassen der Revolutionsregierung verankerte Zugang zu allen Schulen und Universitäten für Alle begegnete dem Enthusiasmus einer lern- und lehrwilligen Frauengeneration.

Bei den Einschreibungen zu den Primar- und Sekundarstufen erreichten die Mädchen auch auf dem Dorfe die Hälfte. Die Durchdringung der beiden koedukativen ersten Schulstufen mit Naturwissenschaften und Mathematik sowie ihre polytechnische Orientierung weckte das Interesse auch der weiblichen Schüler für die Weiterbildung an spezialisierten Sekundarschulen für medizinische und technische Fächer. So entstand das seit 1920 anhaltende Übergewicht der Frauen im Gesundheitswesen, in Erziehung, Ökonomie und im Gerichtswesen.

Der Anteil der Frauen am Hochschulstudium betrug um 1926 bereits 31 v.H. Im Jahr 1935 kamen die weiblichen Studenten der Ingenieurfächer auf 25, der Agronomie auf 30 und der sozialökonomischen Fächer auf 40 v.H. Bis

1940 stieg der Anteil der weiblichen Studenten auf 58, am Ende des Krieges gar auf 77 v.H. aller Immatrikulierten. Durch gezielte Zulassungsbeschränkungen wurde er seither auf die Geschlechtsproportion zurückgeschraubt[162]. Auch bildungsökonomische Erwägungen, wie vergleichende Produktivitätserwartungen, dürften mitgewirkt haben.

Unter den berufstätigen Spezialisten mit Hochschulbildung waren 1970 etwa die Hälfte Frauen; bei den Ingenieuren kamen 31, bei den Ökonomen 64, bei den Ärzten 71 auf Hundert; bei den Spezialisten mit mittlerer Hochschulbildung waren es insgesamt 60, bei Warenkundlern, Planern und Statistikern, Medizinern und Pädagogen zwischen 80 und 86.

Der Volkszählung von 1970 zufolge sind eine Anzahl von Berufen fast vollständig feminisiert. In folgenden Berufen lag der Frauenanteil zwischen 90 und 100 v.H. u.a.: in der Textilindustrie, in den meisten Dienstleistungsberufen (Verkäufer, Köche, Kellner), in der Medizin (Apotheker 95 v.H. und Krankenpfleger 99 v.H.) in Büroberufen (durchweg über 95 v.H.), Schaffner, Laboranten, Bibliothekare. Zwischen 70 und 90 v.H. lag der weibliche Anteil bei den Lehrern (72 v.H.), Buchhaltern (85 v.H.) Ökonomen, Planern (82 v.H.) Postboten (84 v.H.).

Es gibt nur wenige Berufe, in denen die Frauen mit weniger als einem Fünftel vertreten sind, so in den Berufen des Maschinenbaus und der Metallverarbeitung. Unterrepräsentiert sind die Frauen im industriellen Management: von den Abteilungsleitern sind es 15 v.H., von den Betriebsleitern 13 v.H. Aber 40 v.H. der Wissenschaftler und sogar 43 v.H. der Hochschullehrer sind Frauen[163].

„Frauen in der Sowjetunion sind also nicht nur mit „weiblichen“ Tätigkeiten beschäftigt, sondern auch mit solchen, die eine starke physische Anstrengung oder hohe Qualifikation verlangen. Während jedoch der Anteil der Frauen an den „Spezialisten“ genau dem der Männer entspricht, sind sie an kapitalintensiven und hohe Qualifikation verlangenden Arbeitsplätzen in der Industrie unterrepräsentiert.“ Dort „nicht selten mit Arbeit beschäftigt, die mehr physische Anstrengung verlangt als die durchschnittlich stärker mechanisierte Tätigkeit der Männer“. (H. Wiegmann). Nach sowjetischen Untersuchungen werden Frauen in gleicher Berufsausbildung tariflich um 35 bis 43 v.H. unter den Männern eingestuft, indem sie an niedrig bezahlten Arbeitsplätzen beschäftigt werden.

Die durchweg auf das Mitverdienen angewiesenen Frauen haben als Hausfrauen und Mütter zusätzliche Lasten zu tagen, die nach einschlägigen Untersuchungen von ihnen allein wahrgenommen werden. Der tägliche Aufwand für die Hausarbeit wurde mit 4–5 Stunden ermittelt. Unzureichende Ladendichte, z.B. 3600 Wäschereien auf 250 Millionen Einwohner, und Schlangestehen sowie ungenügende Ausstattung mit Haushaltsgerät erschweren diese Tätigkeit. Das Fehlen von Freizeit hindert die sowjetische Frau an Maßnahmen der Weiterbildung und gesellschaftlichen Aktivitäten[164]. „Die Frauen in der Sowjetunion haben das Recht auf Arbeit gewonnen, aber das Recht auf Freizeit verloren“[165].

Es ist genügend bekannt, daß in den westlichen Gesellschaften der Anteil der Frauen an leitenden politischen Organen nur um weniges höher, in den oberen akademischen Gremien bestimmt erheblich geringer ist. Doch wird im Westen auch nicht behauptet, daß die Frage der beruflichen Chancengleichheit der Frau gelöst oder eindeutig lösbar sei. Daß dies auch in der Sowjetunion nur in vorwiegend biologisch gesetzten Grenzen möglich ist, zeigt dies sich jeder Planung entziehende Dilemma zwischen vielleicht gegebenen Aufstiegsmöglichkeiten und der Inanspruchnahme der Frauen durch Aufgaben, die nur oder vorwiegend von ihnen zu erfüllen sind. Ob das produktionswirtschaftlich bestimmte, kollektivistische Ideal oder die individualistische Auffassung von den beruflichen Wahlmöglichkeiten der Frau zu höherer Wohlfahrt und Zufriedenheit führen, ist eine mit sozialwissenschaftlichen Methoden nicht zu beantwortende Frage[166].

DIE FAMILIE

Mit der fortschreitenden Industrialisierung vollzog sich auch in der Sowjetunion der Wandel von Funktion und Gestalt der Familie: Auflösung der ländlichen Großfamilie als Selbstversorgungseinheit, Freiheit der Gattenwahl, weitgehender Übergang der Alimentierung nicht Erwerbsfähiger auf den Staat, mitverdienende Tätigkeit der Ehefrau aus Notwendigkeiten der Existenzerhaltung oder steigender Ansprüche. Die sowjetische Familiengesetzgebung wandelte sich von anarchischen Tendenzen der Revolutionsperiode, wie Libertinage, Recht auf einseitige Kündigung der Ehe, Gleichstellung des unehelichen Kindes, Freigabe der Abtreibung zur erneuten Stabilisierung der Familie (Zivilgesetzbuch von 1926) als Erziehungs- und Versorgungseinheit; insbesondere durch Regelung der Alimentenverpflichtungen, Restriktion der Abtreibung bis hin zur Erschwerung der Scheidungen (1944) und den Auszeichnungen kinderreicher Mütter z.B. durch den Ehrentitel „Heldenmutter" nach Aufzucht des zehnten Kindes.

Nach 1955 erfolgte erneut eine stärkere Anpassung an die veränderten Lebensverhältnisse der städtischen Familie: Zulassung der Abtreibung auch nach der sozialen Indikation, Ehescheidung bei gegenseitigem Einverständnis; seit 1974 Gewährung von Kindergeld bis zum dritten Lebensjahr bei einem Pro/Kopf-Familieneinkommen unter 50 Rbl.

In Wechselwirkung von individuellem Verhalten und staatlicher Familienpolitik veränderte sich auch die Familiengröße. Nach der Volkszählung von 1970 lebten noch in 25 v.H. der dörflichen und in 15–25 v.H. der Familien in einigen Großstädten drei Generationen zusammen (gegenüber 5–8 v.H. in Westeuropa). Mit der Verbesserung der Altersrenten und der Wohnverhältnisse nimmt die Möglichkeit zur Absonderung zu. 1970 wurde die Durchschnittszahl der Mitglieder eines russischen Haushalts mit 3,4 in den Städten, 3,6 in den ländlichen Gemeinden festgestellt, (bei den Usbeken mit 5,8 bzw. 6,0, bei den Esten mit 3,1). Solche Durchschnittszahlen besagen angesichts der Variabilität der Familiengröße nicht allzuviel. Beziehungsvoller ist schon die Feststellung, daß 70 v.H. der jungen Ehepaare ohne Kinder bei den Eltern wohnten und 52 v.H. von diesen – meist wegen noch nicht abgeschlossener Berufsbildung – von jenen abhängig sind. Die aus der Wohngemeinschaft mit Schwiegereltern aufkommenden Probleme werden zu 37,8 v.H. als Gründe bei der häufigen Scheidung der Frühehen genannt. Übrigens ist die frühe Eheschließung in Rußland kein Begleitumstand der industriellen Verstädterung. So heirateten 1926 12,2 v.H. der Männer und 29 v.H. der Frauen vor dem 20. Lebensjahr, 1973 4,9 der Männer und 19 v.H. der Frauen. 1970 wurden 400 000 außereheliche Geburten registriert, gleich 9,5 v.H., mit dem höchsten Anteil von 23 v.H. in Novosibirsk (vergleichsweise 21 v.H. in Schweden, 2,7 v.H. in Belgien).

Nach der Zählung von 1970 waren 21 v.H. der Familien kinderlos, 35,4 v.H. hatten ein Kind, 26,4 v.H. zwei und 17 v.H. drei und mehr Kinder. Im Gesamtdurchschnitt wichen aber die Teilrepubliken erheblich voneinander ab[167]. Die russische hatte 1,97, die ukrainische 2,04, Georgien 2,62 Usbekistan 5,64, Turkmenien 5,95 Kinder; im katholischen Litauen 2,35, im protestantischen Lettland 1,94. Unterschiede in der Kinderzahl waren nicht nur durch Religion, Rasse und Siedlungsform, sondern auch durch den sozialen Status bedingt: auf 200 Arbeitermütter kamen 177 Kinder, auf 100 Bauernmütter 253, auf 100 Mütter der Intelligencija 152. Die gesamtsowjetischen Durchschnittszahlen des Gebärverhaltens gleichen auch in ihren Verhältnissen von heute den in Industriegesellschaften als normal angesehenen. Wieweit jenes von Traditionen, Einkommens- oder Wohnungsverhältnissen, von der Einstellung der Bevölkerung gegenüber Kinderreichtum oder/und von der Frauenemanzipation abhängt, sind auch in der Sowjetunion offene Fragen der Familiensoziologie, wie sie z.B. die folgenden für den Gesamtdurchschnitt wenig gewichtigen aber soziologisch interessanten Daten stellen: Im mit am stärksten verwestlichten Lettland kommen 491 Scheidungen auf 1 000 Ehen und 14 Geburten auf 1 000 Einwohner; die entsprechenden Zahlen für Tadzikistan lauten 123 und 36. Die beträchtliche Scheidungshäufigkeit (1969: 109, 1967: 303, 1970: 261) könnte mit der hohen Mobilität der Arbeitsbevölkerung über große Entfernungen, aber ebenso mit der materiellen Unabhängigkeit der Frauen erklärt werden, die nur in 70 v.H. der Fälle ihren Wunsch nach Wiederverheiratung bekundeten. Doch dürfte es, angesichts ähnlicher Befunde z.B. in den USA und der Unüberprüfbarkeit der angegebenen Scheidungsmotive kaum möglich sein, spezifische soziale oder moralische Bedingungen der sowjetrussischen Gesellschaft mit diesen Erscheinungen zu verbinden.

Mit dem Übergang vom extensiven zum intensiven Wirtschaftswachstum haben die verkürzte Arbeitszeit, die Sorge um die Reproduktion der knappen Arbeitskraft, bessere Versorgung mit Verbrauchs- und Gebrauchsgütern, Verstädterung und verringerte Erziehungsaufgaben der Familie die sinnvolle Verwendung der Freizeit zu einer vorrangigen Frage der sowjetischen Sozialforschung und -planung gemacht. Empirische Erhebungen galten dem Zeitbudget der Familie, d.h. der Aufteilung von Freizeit auf häusliche Arbeit, Berufsverkehr, Besorgungen, Fortbildung, Erholung, gesellschaftliche Aktivität u.s.f. Ihre Ergebnisse bestätigen die bekannten uniformierenden und gleichzeitig individualisierenden Wirkungen der industriellen Zivilisation auf die Lebensweise auch in einer auf das Kollektive gerichteten Gesellschaftsordnung. Überkommene oder politisch intendierte Formen der Gesellung werden zunehmend abgelöst durch elektronische Kommunikationsmittel, die dem Einzelnen innerhalb der Familie einen unmittelbaren Zugang zu fast allen Ereignissen und kulturellen Darbietungen der Außenwelt bieten. Obrigkeitliche Versuche, die eigene Bevölkerung von als unerwünscht erscheinenden ausländischen Einflüssen z.B. in der Unterhaltungsmusik oder Mode abzuschotten, sind längst aufgegeben worden. Vor Übertreibungen schützt nicht nur gesellschaftliche Kontrolle, sondern auch ein nationales Gefühl für Schicklichkeit und zu bewahrende Eigenart. In sowjetischen Städten vermissen Westeuropäer Orte außerhäuslicher Geselligkeit wie Cafés, Bistros, Stehkneipen. Doch wird man solche auch in Kalifornien vergeblich suchen und die Internalisierung des Vergnügens nimmt dank der Elektronik überall in der Welt zu.

Die gesetzliche Wochenarbeitszeit betrug 1955 47,8 St., 1970 noch 40,7 St., verteilt auf fünf Wochenarbeitstage; die Zahl der Arbeitstage im Jahr beträgt 266 in der Industrie, 200 in der Landwirtschaft: in dieser die Arbeitszeit in dem eigenen Hofgarten nicht eingerechnet. Für die Arbeitswege werden durchschnittlich 1,4 St. (mit ansteigender Tendenz) für die Industriearbeiter angenommen.

Exakte Erhebungen zeigen[168], daß die Ehefrauen in der Verwendung der Freizeit benachteiligt sind: der Industriearbeiter verfügt über 32,4–34 berufsfreie Stunden wöchentlich, die verheiratete Frau gerade über die Hälfte. Einkäufe und die Vorbereitung der ganz überwiegend noch im Hause und nicht in den Werkskantinen eingenommenen (deshalb abendlichen) Hauptmahlzeit fordern von den Frauen 12 bzw. 6 Stunden in der Woche, häusliches Wäschewaschen 6 Wochenstunden. Die Bearbeitung des Hofgartens – und die Haltung einer Kuh in 15 Millionen Kolchoshaushalten (1972) oder eines Schrebergartens der Stadtbewohner fallen auch vorwiegend der Frau zur Last. Auch in der sozialistischen Gesellschaft hält sich der Ehemann in der häuslichen Hilfeleistung noch merklich zurück.

Ein Ausdruck von Übermüdung und Freudlosigkeit im Alltag der osteuropäischen Stadtbevölkerung ist eine Folge der langen Besorgungswege und der äußerst unzulänglichen Verteilungskapazität des Einzelhandels. Der Zeitaufwand für soziale Aktivitäten soll zwischen 1924 und 1959 um 92 St. abgenommen, und für „Zerstreuungen" um 330 St. im Jahr zugenommen haben. Dem Bücherlesen widmen der Mann und die unverheiratete Frau 4,35 Std., der Zeitungslektüre 2,40, dem Fernsehen 9–10 Wochenstunden, die verheiratete Frau die Hälfte. In der Hingabe an ein Selbststudium dürfte der Sowjetmensch in Europa nicht seinesgleichen haben. Freilich unterliegt er auch nicht der Versuchung extensiven Autofahrens, solange die Anschaffung eines Wagens (1975) viereinhalb Jahreseinkommen kostet.

Von dem Interesse großer Massen für den Besuch von Museen sind westliche Touristen beeindruckt; freilich sind die hochrangigen Sammlungen auf Leningrad und Moskau konzentriert und dementsprechend auch der organisierte Besucherstrom von auswärts.

Das zunehmende Verlangen der Stadtbevölkerung nach einem den eigenen Vorstellungen entsprechenden Urlaub – für die Jugendlichen sorgen die Ferienlager der Roten Pioniere – trifft in reizvollen Gegenden auf sehr begrenzte Unterbringungsmöglichkeiten. Die Rationierung durch die Gewerkschaften wird als unzureichend kritisiert, während man für 1975–1980 schon mit einer Verdoppelung des inländischen Urlauberstroms rechnet. Im Norden bietet die an Wald und Wasser reiche Umgebung der Großstädte Erholungsmöglichkeiten von schwer einzuschätzender Größe. Für die Intelligencija gilt das kleine Ferienhaus (dača) im Walde als idealer Ferienplatz.

AUSBLICK

Über sechs Jahrzehnte hat der Sowjetstaat Stabilität, Widerstandskraft in kritischen Lagen und eine bemerkenswerte Fähigkeit zur Anpassung an die Auswirkungen der umwälzenden Neuerungen der zweiten industriellen Revolution bewiesen. Die Ausdehnung der direkten Herrschaft über teilweise hochindustrialisierte Teile Ost-Mitteleuropas nach 1945 hat die Chancen eines erweiterten gelenkten Güteraustausches für die Sowjetwirtschaft entscheidend verbessert und erweitert. Die noch hinreichend schnelle Erschließung von im Weltmaßstab gewaltigen Vorräten wichtigster Mineralien und Energie sichert für absehbare Zeit ein im Vergleich zu anderen Weltregionen hohes Maß an Versorgungssicherheit.

Für die sowjetische Wirtschaftsordnung, die die planmäßige Erschließung des eurasischen Kontinents erst ermöglicht, scheint es für die an ihren Kosten und Erträgen direkt beteiligten Völker und Staaten keine Alternative zu geben. Doch ist andererseits die stalinistische Illusion eines weitgehend autarken „Sozialistischen Weltmarktes" vergangen, nicht zuletzt deshalb, weil China seinen eigenen Entwicklungsweg beschritten hat. Mit der Wiederaufnahme der Leninschen Formel von der „friedlichen Koexistenz" auch politisch gegensätzlicher Wirtschaftssysteme hat die sowjetische Führung die Notwendigkeit eines möglichst ausgedehnten Handelsverkehrs mit den hochindustrialisierten atlantischen Staaten und Japan anerkannt.

Es ist daran zu erinnern, daß der unmittelbare Anteil des industriell fortgeschrittenen Westens an der Entfaltung der Produktivkräfte Rußlands seit Beginn der Neuzeit stets bedeutend war und sich nach der Revolution noch gesteigert hat.[169] Trotz herausragender Leistungen in der reinen und angewandten Naturwissenschaft, d.h. im Erfinden, sind unter den Sowjets nur sehr wenige bahnbrechende Leistungen in der Technologie und gar keine im Bereich industrieller Konsumgüter erbracht worden. Spektakuläre Erfolge in rüstungsnahen Industrien (Luft- und Raumfahrt), erreichbar durch Konzentration aller zugänglichen Hilfsmittel und Informationen, helfen nicht darüber hinweg, daß auf der allgemeinen Linie des technischen Fortschritts und seiner Durchsetzung (z.B. Computer, Blasstahlverfahren, Miniaturisierung) Rückstände bis zu 10 Jahren bestehen und weiterhin auch größte Fabrikkomplexe (Autowerke Togliatti, Kama, Großanlagen der Grundstoff- und Faserchemie) wie zu Beginn der Fünfjahrespläne aus dem Ausland bis zur Fertigmontage bezogen werden.

Da technischer Fortschritt gleichbedeutend mit Produktivitätssteigerung ist, kann längst keine Rede mehr davon sein, daß sozialistische Wirtschaftssysteme den marktwirtschaftlichen an Innovationskraft überlegen seien. Es fehlt zwar nicht an einer systematischen Erfassung und Dokumentation aller erreichbaren Informationen, aber die Zentrale kann Motivationen nicht ersetzen, von denen der Unternehmer in einer Wettbewerbswirtschaft zur ständigen Durchsetzung des technischen Fortschritts angeregt, ja genötigt wird. So bleibt, angesichts der weltweiten Beschleunigung des Rationalisierungsprozesses, die Sowjetunion – zusammen mit den RGW-Staaten – im unverminderten Maße auf den Import technischen Wissens und seiner Anwendung angewiesen.

Ein weiteres Moment existenznotwendiger Verflechtung mit den entwickelten Marktwirtschaften ist der zwar schwankende, aber im letzten Jahrzehnt stetig anwachsende, unerläßliche Import von Getreide und Futtermitteln, mit dem auch Verpflichtungen gegenüber den RGW-Partnern einzulösen sind. Langfristige Verträge, die auch im Interesse der Anbaupolitik der Lieferländer in Nordamerika liegen, deuten auf die Dauerhaftigkeit dieses Abhängigkeitsverhältnisses.

Langanhaltende Verschuldung – so der USA bis 1919 – und Abhängigkeit vom Import technischen Fortschritts – so Japan bis 1945 – hat es in der Weltwirtschaft stets gegeben. Aber es ist schwer vorstellbar, daß es im Falle der UdSSR in absehbarer Zeit zu einer ähnlichen Umkehr wie bei den genannten Beispielländern kommen könnte. Bis dahin wird man die Sowjetwirtschaft in bezug auf jede Art wesentlicher Information über technischen Fortschritt, Knappheitspreise, Konsumgüterangebot als ein Subsystem der höchstentwickelten Industriewirtschaften ansehen dürfen.

Diese Behauptung setzt nicht die Erfolge und die weltwirtschaftliche Bedeutung der sowjetischen Industrialisierung herab, und man verkennt damit auch nicht die Herausforderung und die Impulse, die vom sowjetischen Planungssystem auf das allgemeine ökonomische Denken (Input/Output Analyse, volkswirtschaftliche Gesamtrechnung) und auf die Wirtschaftspolitik fast aller Länder der nachholenden Industrialisierung ausgegangen sind. Der Sozialismus als politische Idee – mit allerdings sehr verschiedenen Inhalten – und die staatssozialistische Praxis sind vom sowjetischen Vorbild, auch dort, wo man sich nachträglich davon abwandte, mächtig angefacht worden.

Doch bewirkt die wachsende Interdependenz der Sowjetwirtschaft und der RGW-Länder mit den höher entwickelten Industriegesellschaften, daß der Glaube und die Praxis eigener gesellschaftlicher Gestaltungskraft des sowjetischen Sozialismus im Schwinden sind. Die Parole des „Nachholens" der sowjetischen Frühzeit hat nach Ausbleiben des „Einholens in kürzestmöglicher Frist" tiefe Nachahmungswirkungen bis hin zum individuellen Konsumverhalten ausgelöst. Aber noch tiefer greifen die uniformierenden Wirkungen des Industrialismus, die von der stetigen Übernahme westlicher Produktionsmethoden samt ihren Folgelasten ausgehen. Das letzte betrifft vor allem die Methoden des Raubbaues an der Natur, sowohl als Quelle wie als Schuttabladeplatz der industriellen Zivilisation.

In der Periode der extensiven Industrialisierung sind in der Sowjetwirtschaft notgedrungen auch alle sozialen Sünden der frühen westlichen Entwicklungsstufen mit begangen worden: Die Ausbeutung der Arbeitskraft bei minimalem Lebensstandard, die Unterwerfung des Landvolkes, stellvertretend für koloniale nichtadäquate Tauschverhältnisse, Übernutzung der Böden bis zur Erosion – vor allem in den zentralasiatischen Neulandgebieten –, die Errichtung riesiger Stauwerke ohne Rücksicht auf die ökologischen Folgen an der Wolga oder am Baikalsee.

Nach der wesentlichen Verbesserung der Lebensumstände in den letzten Jahrzehnten wurde es in der Sowjetunion notwendig und statthaft, die allgemeine Aufmerksamkeit auf die schädlichen Folgen der industriellen Nutzung der Natur zu lenken und wegen der Universalität der brennenden ökologischen Probleme auch in die internationale Diskussion und Abmachungen der Umweltpolitik einzutreten.

Es zeigte sich ferner, daß eine sozialistische Planwirtschaft selbst auf höherem Entwicklungsniveau nicht fähig ist, aktuelle und bevorstehende Umweltprobleme besser zu lösen als Marktwirtschaften. Betriebe und Behörden streben nach Planerfüllung ohne Rücksicht auf die sozialen Kosten, und das starre Preissystem gestattet keine Abwälzung auf die Abnehmer. Auch auf diesem Gebiet gelingen zwar der Zentralplanung spektakuläre Erfolge in Schwerpunkten der Aktivität, z.B. bei der schnellen Verbesserung der Luftqualität über Moskau, aber in der ganzen Breite und großen Komplexität sind die Probleme ohne den Import der bereits mit erheblichen Mitteln hochentwickelten Umwelttechnologie des Westens nicht mehr anzugehen.

Sicherlich werden Umweltschädigungen die großflächige Sowjetunion nicht so bedrängen wie das auf engsten Räumen siedelnde und produzierende Japan oder die Industrieballungen in Osteuropa. Doch ist vorauszusehen, daß allein in der Bereitstellung und Reinhaltung ausreichender Wassermengen im europäischen Rußland strenge Limitierungen für das industrielle Wachstum sich ankündigen.

Die auch aus anderen Gründen abfallenden Wachstumsraten des sowjetischen Nationalprodukts werden vermutlich in absehbarer Zeit keine negativen Werte erreichen – wie dies in der ČSSR 1967 der Fall war – doch ist abzusehen, daß auf dem Hintergrund dieser Entwicklung die Fragen der Verteilung des Volkseinkommens auf Investitionen und Verbrauch sowie im Interesse des regionalen Wohlstandsausgleichs umso schwieriger zu behandeln sein werden, je stärker die Ansprüche der Endverbraucher, die national-regionalen Interessen an Kapitalzuteilungen und die öffentliche Meinung sich geltend machen. Doch gibt es bisher keine Anzeichen dafür, daß die politischen Organisationen und der Planungsmechanismus solche Begegnungen mit verfeinerten Informations- und Lenkungsmethoden nicht unter Kontrolle halten könnten. Ein nicht zu unterschätzendes Gefühl der nationalen Solidarität, zumindestens im herrschenden russischen Volk, gestärkt durch Berichte über Krisen des „Kapitalismus“, wird ferner dazu beitragen, wirtschaftliche Unzulänglichkeiten in Kauf zu nehmen, sofern das Realeinkommen wie bisher auch nur mäßig steigt.

Mit dem Hineinwachsen in die Lebensformen einer entwickelten Industriegesellschaft – jedenfalls im verstädterten Sektor – haben sich die Probleme der Sowjetgesellschaft gleichsam normalisiert. Der von außen statistisch leicht nachweisbare erhebliche Rückstand im Lebensstandard gegenüber dem Westen und auch gegenüber einigen osteuropäischen Ländern wird von dem unter kaum vergleichbaren anderen Umständen lebenden Sowjetmenschen nicht als besonders kritisch wahrgenommen. Auch radikal vorgebrachte Unzufriedenheit von Systemgegnern wird sich im Verlangen nach mehr individueller Freiheit äußern, aber sie vermochte nach allem bisher Erfahrenen noch keine realisierbare Alternative zu dem bestehenden System vorzulegen.

Nach bisheriger Erfahrung erscheint die auf Verstaatlichung aller Produktionsmittel beruhende Wirtschaftsordnung als nicht reversibel. Auch wenn man davon ausgeht, daß die totale Sozialisierung im Osten nicht ein Ergebnis gesetzmäßig wirkender Produktionskräfte gewesen ist, wie der historische Materialismus philosophiert, sondern dem politischen Willensakt eines weitblikkenden Genies der nachholenden Industrialisierung entsprang, bleibt im Ergebnis eine Eigentumsordnung, die alle wirtschaftlichen Individuen wie Zement in die gesamtstaatliche Planung einbindet.

Im „realen Sozialismus" sind unter den heutigen Produktionsverhältnissen keine spontanen Regungen sichtbar, die in Richtung auf eine Reprivatisierung wirken. Selbst in liberalen Wirtschaftsordnungen hat der Gesetzgeber Mühe, die Wettbewerbsgesellschaft gegenüber dem Drang konzentrierender Kräfte der Kapitalbildung offen zu halten, während in den kapitalarmen Entwicklungsländern die Zeichen ohnehin auf Verstaatlichung der Akkumulationsquellen stehen. In der UdSSR gibt es keine erkennbaren Motive einer Reprivatisierung auch nur in einzelnen Sektoren. Dem Kolchosnik oder Sowchosarbeiter müßte angesichts der Großmaschinen und unübersehbaren Betriebsflächen eine Eigenwirtschaft jenseits des Horizonts des eigenen Hofgartens als unwirklich erscheinen. Und warum sollten in der Industrie die in die Staatspartei voll integrierten, in einem Kreislauf der Eliten auswechselbaren Technokraten und Direktoren nach privater Verfügungsmacht über Werkskomplexe streben, die in dieser Größenordnung im Westen und in Japan nur noch von Großbanken und Kapitalgesellschaften zu steuern sind? Eine in den 50-er Jahren von E. Burnham und anderen den Sowjets vorausgesagte dahingehende „Revolution der Manager" ist jedenfalls ausgeblieben.

Ein sowjetischer Kenner der Lebensverhältnisse entwickelter Industrieländer wird die Vorzüge einer freien Marktwirtschaft, ihrer Innovationskraft und ihres Lebensstandards schätzen und ihr Fehlen in seinem Lande offen bedauern. Aber zu Hause fügt er sich in das Unabänderliche und in die Wertschätzung der sozialen Geborgenheit, die eine totale Verwaltung aller materiellen Verhältnisse selbst auf Kosten bürgerlicher und ökonomischer Freiheiten zu bieten vermag. Solche Erfahrung und nicht der Glaube an die Ideologie sind die Grundlage der Loyalität des Sowjetmenschen.

Wenn bei Angehörigen der oberen Intelligenzschicht Systemreformen etwa als „Verbindung von Plan und Markt" im Stil eines „freiheitlichen" Sozialismus bedacht werden, so sind das Wunschbilder, wie sie anderswo mit umgekehrten Vorzeichen auch gehegt werden.

Im übrigen gibt es, gespeist aus den Geldmengen zurückgestauter Inflation, genügend offene (Kolchos-), schwarze und graue Märkte oder außerplanmäßige direkte Werksbeziehungen in einem schwer durchschaubaren, aber ausreichendem Umfang, die dem privaten homo oeconomicus einigen Spielraum geben und als unentbehrliches Schmiermittel des schwerfälligen Planmechanismus gute Dienste leisten.

Dem historischen Anschein nach ist die UdSSR in der Erbschaft des Zarenreiches das letzte noch bestehende Kolonialreich und über einen analogen Zerfall wäre trefflich zu spekulieren. Doch das hieße, zu verkennen den Unterschied zwischen der überseeischen Natur der ehemaligen westeuropäischen Kolonialreiche und der kontinentalen Natur des russischen. Ausgehend von der Politik einer auf dem Gedanken der sozialistischen Völkergemeinschaft begründeten Erschließung des ganzen Staatsraumes sind die nationalen Teilrepubliken auch durch materielle Leitungs- und Güterströme so dicht verflochten, daß sich national-regionale Bestrebungen der herangewachsenen autochthonen Intelligenzen vernünftigerweise nur im Rahmen der geplanten interregionalen Tauschbeziehungen zu betätigen vermögen. Der Gedanke an eine autonome Verflechtung mit dem Weltmarkt dürfte als absurd gelten.

Im Weltganzen gesehen hat die integrale Entwicklung des sowjetischen Staatsgebietes den industriellen Kraftzentren Westeuropas, Nordamerikas und Japans das eurasische hinzugefügt und die Industrialisierung der nördlichen Hemisphäre damit abgeschlossen. Doch dürfte die Rolle des russischen Reiches als eines „Herzlandes" Asiens, die ihm H. J. Mackinder in seinem berühmten geopolitischen Aufsatz „The geographical Pivot of History" (1904) zugedacht hatte, wesentlich eingeschränkt sein, wenn sich China in kommenden Jahrzehnten industrialisiert haben wird. Die Perspektiven, die sich dann auch angesichts des begrenzten Entwicklungspotentials aller anderen ökonomischen Großräume der Erde sowie noch unbekannter Möglichkeiten der Gewinnung und Verteilung neuer Energien für die weltwirtschaftliche Stellung der UdSSR im nächsten Jahrhundert eröffnen, sind heute völlig unabsehbar.

ANMERKUNGEN,*

1 Das Argument findet sich bereits bei Marx in seiner Ableitung einer „asiatischen Wirtschaftsweise" auch aus geographischen Bedingungen. – Karl Marx: Die Geschichte der Geheimdiplomatie des 18. Jahrhunderts. (Über den asiatischen Ursprung der russischen Despotie) Berlin (West) 1977. Vgl. auch R. Pipes, Russia under the Old Regime, (Penguin Books) 1974., Chapter I, The Environment and its Consequences.

2 G. v. Schultze-Gävernitz, Volkswirtschaftliche Studien aus Rußland, Leipzig 1899, S. 3.

3 R. Pipes (Hrsg.), Die Russische Intelligenzia. Stuttgart 1962.

4 Zwischen 1871 und 1914 waren 34 Mill. Europäer nach Nordamerika ausgewandert – darunter seit 1890 auch Ukrainer und russische Juden.

5 Rede auf der 1. Unionskonferenz der Funktionäre der sozialistischen Industrie, 4.2.1931 in: V. I. Lenin, Werke, Band 13, Berlin 1955, S. 35–36.

6 Grundlegend waren die Lehren H. v. Thünens (1926) von der Bedeutung der Transportkosten für die Wahl landwirtschaftlicher Betriebssysteme und A. Webers „Über den Standort der Industrien" (1909) – Zum Folgenden auch: Raymond Hutchings, Geographic Influences on Centralization in the Soviet Economy, in: Soviet Studies, Jan. 1966, S. 286 ff.

7 Der Vorsprung Englands und der Niederlande in den Anfängen des Handels- und Industriekapitalismus beruhte auf dem kostengünstigen Verbund von Kanal-, Fluß- und Seeschiffahrt.

8 Die Bedeutung der Transportkosten im Handel zwischen den RGW-Staaten (tschechisch), in: Hospodařské Noviny 15/1977, Prag.

9 37% davon sind Wiesen, Wälder, Brache u.ä. Der Rest von 53,3% ist landwirtschaftlich nicht nutzbar.

10 Die fortschreitende Industrialisierung der Peripherie ursprünglicher Wohlstandszentren beschreibt im Zusammenhang der „räumlichen Ordnung der Wirtschaft" A. Predöhl in: Außenwirtschaft, Göttingen 1949. – Lehrreich dazu die Karten 150–151 in: Diercke, Weltatlas, 1974.

11 Bei I. Pereveršev, Die soziale Entwicklung des Dorfes – (Russ.) in: Voprosy Ekonomiki No. 2, 1977, S. 131 ff.

12 G. Myrdal, Ökonomische Theorie und unterentwickelte Regionen, Stuttgart, 1959.

13 H. Chambre, Union Sovietique et Dévelopment Economiques, Paris 1967.

14 Für die vergleichende Wirtschaftsgeschichte und Systemanalyse bedeutsam ist das Kontrastbeispiel Japan, wo die Hälfte der Bevölkerung auf etwa 2 1/2 v.H. des Staatsgebiets (etwa 1/60 der Fläche der UdSSR!) wohnt und in einer entsprechenden Verdichtung der Verkehrsbeziehungen wirtschaftet.

15 Titel des gleichzeitigen Romans von F. I. Panferov (Berlin 1928).

16 Lenin, Werke (russ.) XXIV, 1932, S. 569.

17 Die berüchtigte Geheimpolizei war ursprünglich eine „Außerordentliche Kommission zur Bekämpfung der Konterrevolution und des Schleichhandels" (Tscheka).

18 L. Kritzmann, Die heroische Epoche des Kommunismus, Berlin 1926.

19 Lenin, Referat über die Ersetzung der Ablieferungspflicht durch die Naturalsteuer. 15. III. 1921. Werke. Bd. III, S. 644.

20 1913 gab es (im Gebiet der späteren Sowjetunion) 3,7 Mio. ländliche (Kustari) und städtische Handwerker, die etwa ein Drittel der gewerblichen Güter herstellten. Die Versorgung des Dorfes erfolgte fast ausschließlich durch diese.

21 Nach einer sowjetischen Zeitungsmeldung (Mitte 1927) beantwortete eine Autofa-

* Literaturhinweise s. kurze Bibliographie

brik jährlich 340 000 Berichtsfragen.

22 Eine Analyse dieser zyklischen Schwankungen gibt M. Dobb, S. 149.

23 Am 3.11.1921 waren 10 000 alte Rubel in einen Rubel („Geldzeichen des Jahres 1922") abgewertet, am 24.10.1922 100 Rubel 1922 in einen Rubel 1923; dieser war also 1 Mio. Vorkriegsrubel gleichgesetzt (der gleichzeitige deutsche Währungsverfall ging bis zu 1 Billion = 1 RM!). Der cernovec wurde zunächst nur in Zehner-Scheinen ausgegeben. Die beiden Papierwährungen bestanden mit verschiedener Umlaufsgeschwindigkeit und Wertschätzung zunächst nebeneinander.

24 Über seine Konjunkturtheorie vgl. Andreas Predöhl, Das Ende der Weltwirtschaftskrise, rde Bd. 161, S. 20 ff.

25 „Ergebnisse des Jahrzehnts der Sowjetmacht in Zahlen" 1917–1927 (russ.).

26 Lenin erklärte 1918 unzweideutig: „Wir werden auf jeden Fall trotz aller ausdenkbaren Wendungen zugrunde gehen, wenn die deutsche Revolution nicht eintritt." (Werke, Bd. XXII, S. 343 ff.).

27 Dazu A. Predöhl, Außenwirtschaft, Göttingen 1949, S. 46.

28 Einen möglichen Rückzug über den Ural erwägend äußerte er 1918: „Wissen Sie, daß wir im Kuznetsker Revier riesige Kohlenlager besitzen? In Verbindung mit dem Uraler Erz und dem sibirischen Getreide haben wir eine neue Basis für eine Uralo-Kuznetsker Republik" (L. Trockij, Über Lenin, Frankfurt 1964), S. 86.

29 F. Holzman, The Soviet Ural-Kuznetsk Combine: A Study in Investment Criteria and Industrialization Policies in: Quarterly Journal of Economics, 71, 1957. – Ferner H. Chambre, Union Sovietique et Développement économique, Paris 1967.

30 „Capital widening" = Erweiterung der Produktion bei gegebener Technik und Struktur. „Capital deepening" = Ausbau der dem Endpunkt vorgelagerten Produktionsstufen.

31 1927/28 betrug der Anteil des technischen Führungspersonals nur 2,3 v.H. der gesamten Industriearbeiterschaft. Übernommene Spezialisten waren durch Schauprozesse („Schachty-Prozesse" im Don-Bass 1928) diskriminiert.

32 E. Preobrazhensky, The New Economics (russ. 1926). Oxford 1965.

33 Bucharins Konzept dieser am Verbraucher orientierten Wirtschaft entspricht ziemlich genau dem späteren „Konkurrenzsozialismus" (O. Lange), dem Leitmodell des sozialistischen Polen (zeitweise) und Jugoslawien.

34 So Strumlin: Colin Clark kam mit anderen Kriterien auf annähernd 20 Millionen.

35 Die traditionelle Rate war (nach S. J. Patel, Rates of Industrial Growth in the Last Century, 1860–1958. In: Economic Development and Cultural Change, vol. IX/3, April 1961) in Deutschland und USA 1860 bis 1913 jährlich 4–4,6 in Rußland 5,7 v.H.

36 Der interessanteste davon war die von Krupp als Modell errichtete, technisierte ‚Getreidefabrik" im Nordkaukasus. – Einzelheiten bei A. C. Sutton, Western Technology and Soviet Economic Development 1917 to 1930. Standord 1868; Chapter 20, 21.

37 O. Schiller, Die Krise der sozialistischen Landwirtschaft in der Sowjetunion, Berlin 1933, S. 135.

38 Stalin, Leninismus, Bd II, S. 128 (engl. Ausg.).

39 G. Sinovev, Probleme der KPR (1924). Zitiert bei K. Pollok, Die planwirtschaftlichen Versuche in der Sowjetunion 1917–1927. Leipzig 1929. 5.

40 Sie basiert auf der Wiederbelebung der Kreislauftheorie durch J. M. Keynes und andere in der Zeit nach der Weltwirtschaftskrise. (Vgl. hierzu Andreas Predöhl, Das Ende der Weltwirtschaftskrise, rde Bd. 161, S. 40 ff. und über die volkswirtschaftliche Gesamtrechnung grundlegend J. R. Hicks, Einführung in die Volkswirtschaftslehre. rde Bd. 155/156.

41 Die Bilanzierungsmethode wurde durch den nach den USA ausgewanderten V. Leontiev in Form der sog. Input/Output-Tabellen verfeinert und ist heute Bestandteil der allgemeinen Ökonometrie. (Vgl. hierzu ausführlich Hans Kellerer, Statistik im modernen Wirtschafts- und Sozialleben. rde Bd. 103/104). – Die Priorität der Idee zentralwirtschaftlicher Bilanzierung gebührt unstreitig Otto Neurath „Durch die Kriegs-

wirtschaft zur Naturalwirtschaft". München 1919.

42 Auf die nachträgliche Aufhellung der wirklichen Produktionswerte ist in der westlichen Forschung unendliche Mühe verwandt worden (N. Jasny, A. Gerschenkron, A. Bergson u.a.), deren Ergebnisse hier nicht diskutiert werden können.

43 Ähnlich war die Mitwirkung englischer Fachleute beim Aufbau der Industrie im Ausland um die Mitte des 19. Jahrhunderts und ist heute die großangelegte Übertragung technischen Fachwissens im Rahmen der Entwicklungshilfe.

44 Wesentliche Probleme blieben bis heute ungelöst, wie die dauernde Spannung zwischen zentralisierenden und dezentralisierenden Tendenzen erkennen läßt.

45 Das historische und moralische Abwägen dieser Folgen und Methoden der überstürzten Industrialisierung ist Sache der Völker der Sowjetunion. Die nach 1956 einsetzende Kritik an diesen Zügen der Vergangenheit erfolgte bisher vorwiegend in literarischer Form.

46 Trotzkij in „Terrorismus und Kommunismus", 1920: „Der sozialistische Staat braucht die Gewerkschaften nicht zum Kampf um bessere Arbeitsbedingungen, sondern um die Arbeiterklasse zu Produktionszwecken zu organisieren, zu erziehen. zu disziplinieren, zu verteilen, zu gruppieren . . ".

47 Nach einer polizeilichen Haussuchung in der sowjetischen Handelsvertretung in London.

48 Um dieselbe Zeit leiteten die Professoren Münzinger (Hohenheim) und Dencker (Berlin) im Auftrage des Reichskuratoriums für Technik in der Landwirtschaft in württembergischen Realteilungsgemeinden den Versuch ein, zu großen Bestellungseinheiten zusammengefaßte Privatflächen mit Großmaschinen zu bearbeiten. Erst die Entwicklung der Kleinmaschinen nach dem Zweiten Weltkrieg gestattete die Vollmechanisierung auch des Familienbetriebes Der Bann des großen Traktors und Mähdreschers war damit gebrochen.

49 Vergleichbar der glaebae adscriptio gewisser Agrarodnungen im vorindustriellen Europa.

50 In den Darstellungen O. Schillers und anderer Augenzeugen wurden die zynischen Maßnahmen der sogenannten Entkulakisierung beschrieben. – Vgl. auch R. Lorenz, Sozialgeschichte der Sowjetunion 1, Fft a. M. 1976, S. 200 ff.

51 Nach einer Instruktion (v. 1.9.1935) war z.B. Fleisch „ohne Rücksicht darauf, ob Vieh oder Geflügel vorhanden sind oder nicht" bzw. dessen Marktwert abzuführen. 1932 übertrafen die freien Marktpreise die Abgabepreise um das 20fache bei Rindfleisch, um das 90fache bei Weizen.

52 Der Name des später „liquidierten" Initiators dieser Institution, A. M. Markevič, der in Odessa (1927) die erste MTS errichtete, verdient Erwähnung.

53 Neben bestimmten Schichten der politischen und der Produktionshierarchie wurden die Großstädte mit Vorrang versorgt.

54 Das Vorhandensein von Statistiken, die nur für den inneren Dienstgebrauch und/oder voneinander informatorisch abgeschottete Bereiche bestimmt sind, kann angesichts strenger Geheimhaltungsvorschriften als sicher angenommen werden.

55 In ASTE-Bulletin, 1965, No. 2, N.Y. (A. d. Russischen).

56 G. Großman, Soviet Statistics of Physical output of Industrial comodities. 1960.

57 Den Erfassungsmechanismus schildert S. N. Prokopowicz, Rußlands Volkswirtschaft unter den Sowjets, Zürich, New York, 1944, S. 110 ff.

58 Ende 1933 betrug der Anteil der Praktiker ohne höhere und mittlere Bildung auf allen Stufen der industriellen Leistungshierarchie 60–65,5 v.H. Nach: Der sozialistische Aufbau der Sowjetunion, Statist. Jahrbuch 1935. S. 513, (bei Prokopowicz)

59 Vgl. J.-F. Bergier, Industriebürgertum und Arbeiterklasse, Europäische Wirtschaftsgeschichte, Stuttgart 1976, S. 275 ff.

60 Dazu die auf eingehendem Quellenstudium beruhende Untersuchung von A. C. Sutton, Western Technology and Soviet Economic Development, Stanford 1968, 1971, Bd. I und II.

61 Die sorgfältig vorbereitete Stoßleistung einzelner (z.B. Stachanov, Kovalev) wurde zum symbolisierten Vorbild rationalisierter Dauerleistung erhoben, mittels dessen

wieder die Normfestsetzungen hochgetrieben wurden.

62 Die statistischen Probleme, die sich u.a. auch aus dem Übergang hauswirtschaftlicher Produktion in die industrielle, aus den qualitativen Veränderungen in der Zusammensetzung der Produktion ergeben, sind hier nicht zu diskutieren. Die Zahlen geben auch nur ein annäherndes Bild der Wirklichkeit.

63 Die wechselnden, nach dem 1.4.1936 veränderlichen Wechselkurse des Rubels sowie die zeitweise auseinanderfallenden Werte von getätigter Ausfuhr und Realisierung von Waren auf ausländischen Märkten bringen es mit sich, daß die Angaben der Veröffentlichungen der Außenhandelsstatistik zu verschiedenen Zeiten in Einzelheiten nicht übereinstimmen, wohl aber in den hier interessierenden Trends.

64 Zwischen 1938 und 1941 wurde fast das gesamte Personal des Staatsplans ausgewechselt. Besonders schwer traf der Schrecken angeblicher „Spionage- und Sabotageprozesse" die Ingenieurkader des Eisenbahnwesens. – R. Hutchings, Soviet economic Development, S. 71 (nach sowjetischen Quellen der Nachstalinzeit), und R. Lorenz, Sozialgeschichte . . . S. 231 ff.

65 Allein dem Einsatz von ca. 400 000 amerikanischen dreiachsigen LKWs nach 1943 könnte man in Anbetracht der Wegebeschaffenheit und der unzureichenden deutschen Ausstattung diese Bedeutung zumessen.

66 Systemtypisch ähnlich waren im kriegführenden Deutschland der Produktionsanstieg der deutschen kriegswichtigen Industrie gerade nach den Luftkriegszerstörungen von 1943/44 und die hohen Investitionen in der Produktionsmittel- und Rohstoffindustrie Mitteldeutschlands und Nordböhmens.

67 Die faktischen Verluste waren mindestens 17 Mio. Menschen. Der Ausfall (der Nichtgeborenen) in der fortgeschriebenen Vermehrungsrate durch Familientrennung muß bedeutend größer gewesen sein als bei den anderen kriegführenden Völkern.

68 Über Lyssenkos Theorie berichtet eingehend Gustav A. Wetter, Philosophie und Naturwissenschaft in der Sowjetunion. rde Bd. 67, 3. Aufl., 1962, S. 80 ff.

69 Als undurchführbar erwiesen sich die Waldpflanzungen wegen des immensen Arbeitsaufwandes und des Niederschlagsmangels, großenteils auch die Flächenbewässerung wegen der allmählichen Versalzung der Böden durch kapillares Hochziehen tieferliegender Salzhorizonte durch die eingebrachte Feuchtigkeit.

70 Sie zielten – von den NS-Gebietskommissaren ungern gesehen – auf freiwillige Genossenschaften mit verbundener Maschinenhaltung. Die kurze Erfahrung ermöglicht kein Urteil. Näheres bei K. Brand (ed.), Management of Agriculture and Food in the German-occupied and other Areas of Fortress Europe. Stanford (California) 1953, S. 60 ff.

71 Es ist auch ein Element des neuen Parteiprogramms der KPdSU von 1962.

72 Die Ertragsentwicklung, auch beim Vieh, wird zweckmäßig im Zusammenhang mit den Reformen nach 1953 dargestellt.

73 So wurde das Ernteergebnis von 131 Mio. t Getreide für 1952 auf 92 Mio. t korrigiert.

74 N. A. Vosnessenski, Die Kriegswirtschaft der UdSSR in der Zeit des vaterländischen Krieges. – Moskau 1948. – V. wurde 1951 hingerichtet.

75 Vgl. Albert Lauterbach, Kapitalismus und Sozialismus in neuer Sicht. rde Bd. 173, Reinbek 1963.

76 Das entspricht etwa der Anbaufläche Canadas oder dem Dreifachen derjenigen der Bundesrepublik.

77 Nach wie vor gibt es gerade in leitenden Funktionen zahlreiche Mittel der moralischen Einwirkung oder von Examensregelungen, Arbeitsplätze zuzuweisen. Der Kolchosbauer ist weiterhin von der Freizügigkeit ausgenommen.

78 Dallin u. Nikolaevskij, Forced Labor in Soviet Russia. London o. J., (1948). W. Hofmann weist in sorgfältiger Analyse dieser Einrichtung auf die Parallele zu Strafarbeitshäusern des Merkantilismus hin.

79 Der VSCSPS ist ein ausführendes Organ der Partei- und Planprogramme, aber kein Tarifpartner. Seine Unterorganisationen wurden wiederholt von der Partei an die

Pflicht zur Wahrnehmung des Schutzes der Arbeiter gegenüber den Direktionen gemahnt.

80 Seit 1955 ist das staatliche kontrollierte Preisniveau nicht mehr merklich gesenkt worden. Das unzureichende Angebot von tierischen Erzeugnissen führte 1961 zu Preiserhöhungen für diese von 25–35 v.H.

81 Die Ausgaben für soziale, hygienische und kulturelle Zwecke stiegen allein von 1950 –1961 auf 30,9 Mrd. Rubel. Vgl. die Darstellung in: Vierteljahreshefte zur Wirtschaftsforschung (Berlin), Heft 1/1963, S. 77 ff.

82 Die Qualifikationsbezeichnungen der Bildungsstufen entsprechen nur teilweise den westeuropäischen. (Quelle: Narodnoe chozjajstvo SSSR v 1962 g., Moskau 1963, S. 551 ff.)

83 Es ist zu vermuten, daß diese Operationen auch mit Hausmachtkämpfen innerhalb der Parteiführung zusammenhingen.

84 Der aus frühen Revolutionstagen stammende Terminus bedeutet jetzt freilich nicht mehr eine von unten gewählte Körperschaft sondern einen Behördenapparat von Fachleuten.

85 Siehe B. Meissner, Das Parteiprogramm der KPdSU 1903–1961. Köln 1962.

86 Dem Gelde soll im Verkehr von industriellen Produzenten untereinander nur noch die Funktion der Verrechnungseinheit zustehen. In Wirklichkeit gehen aber auch hier vom Gelde gewisse Leitwirkungen auf die Produktion aus.

87 Vgl. Hans Raupach, Utopia und Sowjetoikos. In: Festschrift für A. Predöhl, Göttingen 1964; ders., Das kommunistische Prinzip. Jedem nach seinen Bedürfnissen. In: Gedenkschrift für H. J. Seraphim, Berlin 1964.

88 Lenin, Werke, Bd. 33, Berlin (Ost) 1962, S. 38.

89 L. A. Leontiev in „Pravda" v. 7.3.1965. – Westliche Kommentatoren, die voreilig in Libermans Vorschlägen eine „Rückkehr zum Kapitalismus" erblickten, übersahen den prinzipiellen Unterschied zwischen zentral festgesetztem, eventuell limitiertem ex-ante Gewinn in der Planwirtschaft und dem residualen ex-post Gewinn einer privaten Marktwirtschaft.

90 Ekonomičeskaja gazeta 1973, Nr. 13

91 1968 hatten 56 v.H. Betriebe weniger als 200 Beschäftigte und erbrachten nur 11,6 v.H. der Bruttoproduktion und 7,9 v.H. der Gewinnabführungen an das Staatsbudget.

92 Vgl. G. Fink, Gossnab SSSR. Plan und Planungsprobleme der Produktionsmittelverteilung in der UdSSR. Berlin 1972.

93 Zu Folgendem: H. J. Wagener, Die Wirtschaft der Sowjetunion 1950–1973, Forschungsbericht Nr. 21 (August 1974), Wiener Institut für Internationale Wirtschaftsvergeiche.

94 Stanley Cohn, Soviet Growth Retardation, in: New Directions in the Soviet Economy, Washington 1966, S. 105 ff.

95 W. Piper Grundprobleme des wirtschaftlichen Wachstums in einigen südosteuropäischen Ländern in der Zwischenkriegszeit, Berlin 1961. H. Raupach, Strukturelle und institutionelle Auswirkungen der Weltwirtschaftskrise in Ost-Mitteleuropa, in: Vierteljahreshefte für Zeitgeschichte 1976, H. I, S. 38 ff.

96 Sein Anteil betrug in den Jahren 1955–1960 jeweils nur ca. 3 v.H. des Bruttoproduktionswertes der Industrie (Vgl. Wochenbericht Deutsches Institut für Wirtschaftsforschung Nr. 17, 1962. Berlin).

97 Vgl. O. v. Gajazago, Der sowjetische Außenhandel mit den Entwicklungsländern, Vierteljahreshefte f. Wirtschaftsforschung, Jg. 1959, 4.4. (Berlin).

98 Zur Stufenlehre der sowjetischen Wirtschaftsentwicklung äußerten sich außer E. Böttcher, W. Hofmann (s. Literaturverzeichnis) W. Rostow, The Stages of Economic Growth (1960).

99 Das kommunistische China verstand es, die traditionelle Produktionsstruktur mit der großbetrieblichen Struktur zu vereinbaren.

100 E. Böhm-Bawerk, Macht oder ökonomisches Gesetz? Zeitschrift für Volkswirtschaft, Sozialpolitik und Verwaltung, 23, Wien (1914).

101 Vgl. meinen frühen Hinweis auf die naturbedingten Grenzen dezentralisierender Reformen in: Sowjetunion. Das Wirtschaftssystem (Osteuropa-Handbuch, Hrsg. Werner Markert) Köln 1965. Grundlagen, S. 25.

102 Zum Folgenden vgl. H.-H. Höhmann, G. Seidenstecher: Halbzeitbilanz des 10. Planjahrfünfts. Berichte des Bundesinstituts für ostwissenschaftliche und internationale Studien. Köln 1978. Nr. 8. – H. J. Wagener, Über den Vorrang der Produktionsmittelerzeugung in der sowjetischen Strukturpolitik. Ebenda 1978, nr. 16. – Soviet Economy in a New Perspective, Joint Committee Print, Washington 1976.

103 H. J. Wagener, a.a.O. S. 57 u. 58.

104 Im Durchschnitt der Jahre 1973–1977 wurden allein aus den USA Agrarprodukte für 1 Mrd Dollar im Jahr eingeführt.

105 Diesen Fragenkomplex behandelt eingehend K. E. Wädekin, Sozialistische Agrarpolitik in Osteuropa II. Entwicklung und Probleme. Berlin 1978, S. 117 ff.

106 Dazu H. J. Hieber, Ideologie und Gesellschaft in der UdSSR nach Stalins Tod in: derselbe, Philosophie – Soziologie, Gesellschaft, Berlin 1965.

107 H. Klages, Sowjetische Arbeitssoziologie im Zeichen des voll entfalteten Aufbaus des Kommunismus, in: Studium Soziale, 1970, S. 673.

108 H. H. Höhmann, G. Seidenstecher, Umweltschutz und ökonomisches System in Osteuropa, Stuttgart, 1973. – Radikale, systemkonforme Lösungen diskutiert W. Harich, Kommunismus ohne Wachstums? Babeuf und der Club of Rome. Rowohlt 1975.

109 Dazu K. E. Wädekin, Privatproduzenten in der sowjetischen Landwirtschaft, Köln 1967. S. 245.

110 Das Vordringen der privaten Versicherung ist ein bedeutsames ursprünglich systemfremdes Element der sowjetischen Anpassung an die Bedürfnisse der reifenden Industriegesellschaft. Dazu E. Schütte, Das Versicherungswesen der Sowjetunion, Berlin 1966, 551 S.

111 Verteilung der Berufstätigen nach Wirtschaftszweigen i. v.H.

	1913	1950	1970
Landwirtschaft	75	48	27
Industrie	9	23	31
Handel, Verkehr, Dienste	16	29	42

Quelle: Strana Sovetov M.

112 Th. Veblen, The Theory of the Leisure Class (1899) beschrieb die ‚conspicous consumption' als Verhalten amerikanischer Neureicher als den Gegentypus zur puritanischen Leistungsgesellschaft.

113 Dahingehende Beobachtungen berichtet H. Smith, Die Russen. München 1977.

114 S. H. Vogel, Gesellschaftliche Konsumtionsfonds als Instrument der sowjetischen Wirtschaftspolitik, Berlin 1971.

115 Nach Untersuchungen von 62 000 Budgets. Zu den Einnahmen zählen auch Einnahmen aus der privaten Nebenwirtschaft.

116 Strana Sovetov za 50 let, Moskva, 1967, S. 20.

117 In Anbetracht der absoluten Größenordnung der Nationen und der Abschwächung der Bevölkerungszunahme auch in Mittelasien ist eine gravierende Abschwächung des Übergewichts der slawischen Völker nicht vorauszusehen.

118 Im gleichen Zeitraum wuchs die Bevölkerng der USA von 95/96 Mill. auf 215,12 Mill.

119 W. Gumpel, Energiepolitik in der Sowjetunion. 1970. S. 217. Eine umfassende Studie auch der kulturgeographischen Bedingungen der Erschließung des nördlichen Eurasien.

120 D. Fischer, Bevölkerungsentwicklung und Arbeitskräftereserven in der UdSSR, in: Gegenwartsfragen der Ostwirtschaft, Bd. 9, München 1976, S. 64 ff. – Regionalpolitisch bedeutsam sind Unterschiede in der Intensität der Landflucht. Sie betrug nach E. Manewič 25–30 v.H. in Zentralrußland und im Ural, doch nur 5 v.H. bei

der vorwiegend nichtrussischen Bevölkerung in Zentralasien. (a.a.O. S. 39).
121 1975 belief sich der Anteil der über 60-Jährigen auf 13,3 v.H. der Bevölkerung (1939: 6,8 v.H.).
122 Planovoe chozjastvo, N3.3, 1975.
123 Dazu und zum Folgenden: E. Manevič, Die Reproduktion der Bevölkerung und die Nutzung des Arbeitspotentials (russ.) in: Voprossy ekonomiki H. 8 1978, S. 38 ff.
124 Es ist zu beachten, daß unter den Arbeitern auch die ca. 10 v.H. auf den Sowchosen beschäftigten Landarbeiter mitgezählt sind.
125 Im Russischen läßt sich durch den synonymen Gebrauch von rabota und trud die in entsprechenden deutschen Kontexten auftretende Häufung des Wortes „Arbeit" umgehen.
126 W. Hofmann, Die Arbeitsverfassung der Sowjetunion. Berlin 1956. S. 33.
127 H. Raupach, Utopie und Sowjetoikos, in: Festschrift für A. Predöhl, Göttingen 1964.
128 Der betriebliche Lohnfonds ist Bestandteil des staatlichen Lohnfonds (d.i. die eingeplante Gesamtlohnsumme).
129 Zum Folgenden: H. Wiegmann, Die Entwicklung der Berufsstruktur der UdSSR und ihre Behandlung in der Sozialwissenschaftlichen Forschung der Sowjetunion. Berlin 1974. S. 40 ff.
130 Nach E. Manevič: Die Reproduktion der Bevölkerung und die Ausnutzung des Arbeitspotentials (russ. in: Voprossy ekonomiki H. 8. 1978, S. 42) waren 1974 in Hebetransport und Lagerarbeiten 13,6 Mill. beschäftigt, davon 80 v.H. in Handarbeit.
131 Dazu zahlreiche Zitate sowjetischer Autoren bei H. Wiegmann, a.a.O., S. 82 ff.
132 Es ist nicht vorstellbar, wie, bei gebotener Gleichbehandlung, saisonale Arbeitslosigkeit in den schwach besiedelten Riesenräumen zu registrieren wäre.
133 A. Bilinsky, Die Arbeitsgesetzgebung der UdSSR, in: W. Gumpel (Hrsg.) Arbeits- und Sozialpolitik in der Sowjetunion. München 1976.
134 Die Arbeitsrechtsordnung kann hier nur als Handlungsspielraum umrissen, aber nicht abgehandelt werden. Eine systematisierende Darstellung bei H. Chambre, L'Evolution du Marxisme Soviétique. Theorie économique et droit. Kap. IV. Paris 1974.
135 Einen Einblick in die Praxis aufgrund lokaler Studien bei allen Instanzen gibt M. Mc Auley, Labour Disputes in Soviet Russia 1957–1965. Oxford 1969.
136 Ein Ergebnis empirischer Forschung: Auf die Frage, wie man verlängerte Freizeit heute verbringen würde, richteten nur 7.7 v.H. von 2 500 Befragten ihre Wünsche auf die Arbeit. (Sowjetische Autoren, zit. bei H. Wiegmann, S. 114). – Zdravomyslov u.a. (Hrsg.) russ. Moskau 1976. Übersetzt: Men and his Work, New York 1970.
137 Es ist K. E. Wädekin zuzustimmen, daß der Ausdruck Kolchosbauer im Deutschen unzutreffende Vorstellungen erweckt.
138 Umfassend und gründlich in der Beschreibung dieser besonderen agrarsozialen Lebensform K. E. Wädekin, Privatproduzenten in der sowjetischen Landwirtschaft, Köln 1967.
139 Die ganz vorwiegend private Bauernwirtschaft in Polen und Jugoslawien zeigt, daß Kolchosen auch in sozialistischen Staaten nicht unter allen Umständen als zweckvolle Agrarverfassung gelten.
140 Vgl. H. H. Windhorst, Die Agrarwirtschaft der USA im Wandel, Paderborn 1976. 1976.
141 Die verächtliche Wendung vom „Idiotismus des Landlebens" im Kommunistischen Manifest von Marx-Engels (1848) scheint als Stereotype fortzuwirken. Übrigens ist dem Ausländer der legale Besuch sowjetischer Dörfer verwehrt; andererseits zeigen sowjetische Sozialwissenschaftler kein Interesse an der Besichtigung westeuropäischer Dörfer. Eine anderen osteuropäischen Ländern vergleichbare integrale Dorfsoziologie wird nicht gepflegt.
142 R. Chimelli, Süddeutsche Zeitung, Nr. 154.
143 A. M. Emaljanov, Probleme und Perspektiven der Landwirtschaft. (russ.) Vestnik Moskovskogo Universiteta. Nr. 21. 1969.

144 bzw. ca. 3,20 v.H. aller Saatflächen.

145 Auf das von einem allsowjetischen wissenschaftlichen Kongreß über „Probleme der Überwindung der sozial-ökonomischen Unterschiede zwischen Dorf und Stadt" (1975) vorgelegte Material bezieht sich I. Perevercev, Die soziale Entwicklung des Dorfes, in Voprosy ekonomiki Nr. 2, 1977.

146 M. N. Rutkevič, RF. R. Filipov, Soziale Mobilität (russ.) Moskau 1970, S. 125–159. – Weitere Literatur über die „Intelligenz in der sozialistischen Gesellschaft" bei H. Wiegmann. – Zum Problem J. Markiewicz-Lagneau, La fin de l'intelligentsia? Formation et transformation de l'intelligentsia soviétique, in: Est-Ouest, Vol. VII, N. 4 Paris 1976.

147 S. A. Kugel, O. M. Nikandrov, Die jungen Ingenieure (russ.) Moskau 1971.

148 Die Zahl der Spezialisten in der Gesamtbevölkerung ist erheblich höher, nach Narodnoe Chozjajstvo 1970, 2.234 um 7,4 Millionen. Eine Anmerkung dazu subsumiert unter diesem Mehrbetrag „Pensionäre, Militärpersonal und in der Hauswirtschaft Beschäftigte, offenbar nicht berufstätige Frauen und die Freiberuflichen" (Bei H. Wiegmann, a.a.O. S. 52).

149 Vergleiche mit der gleichartigen Entwicklung in den USA lägen nahe.

150 Interpretiert bei H. Wiegmann a.a.O. S. 129 und J. Markiewicz-Lagneau a.a.O., S. 29.

151 Bei Markiewicz-Lagneau nach ‚Who is who in the USSR", New York, 1972, und M. Morozov, L'Etablissement soviétique, Paris 1964. Auf der praxisnäheren Ebene der Gebiets(oblast)verwaltungen dominieren die Techniker, so waren (nach Hughes a.a.O.) in einem hoch industrialisierten Oblast von 25 Leitenden 14 Ingenieure, 2 Techniker, 2 Physiker 1 (!) Ökonom, in einem überwiegend landwirtschaftlichen 4 Ingenieure, 13 Agronomen. – Über die Intelligencija als im Staatsozialismus herrschende Klasse s. Konrad, G., und Szeleny, I., Die Intelligenz auf dem Wege zur Klassenmacht. Frankfurt a.M. 1978.

152 A. Buchholz, Die Rolle der Naturwissenschaftler im Entscheidungsprozeß, in: B. Meissner, G. Brunner, Gruppeninteressen . . . und Entscheidungsprozeß in der Sowjetunion.

153 M. W. Rutkevic, R. Filipov in „Social Stratification . . . S. 234 ff.

154 Dieselben a.a.O. S. 256.

155 Nach „Izvestija" v. 30.8.1972 und 31.1.1973 in: Current Digest of the Soviet Press" v. 25.10.1972, S. 31 und 28.2.1973, S. 43.

156 Dazu D. Glowka, Ausbildung und Fortbildung der Arbeitskraft in der Sowjetwirtschaft, in „Arbeits- und Sozialpolitik in der Sowjetunion" S. 118 ff.

157 In der Flugschrift „Die große Initiative" (Juli 1919) äußerte sich Lenin zur Praxis der Emanzipation: „Die Frau bleibt nach wie vor Haussklavin trotz aller Befreiungsgesetze (gemeint sind die im ersten Revolutionsjahr erlassenen, d. Verf.), denn sie wird erstickt, abgestumpft, erniedrigt von der Kleinarbeit in der Hauswirtschaft. Die wahre Befreiung . . . wird erst beginnen, wo der Massenkampf gegen diese Kleinarbeit der Hauswirtschaft, oder richtiger ihre massenhafte Umgestaltung zur sozialistischen Großwirtschaft beginnt . . . öffentliche Speiseanstalten, Krippen, Kindergärten. . . jene einfachen Mittel . . . die tatsächlich geeignet sind, ihre Ungleichheit im Hinblick auf ihre Rolle in der gesellschaftlichen Produktion und im öffentlichen Leben zu verringern und aus der Welt zu schaffen."

158 N. T. Dodge, Women in the Soviet Economy (insbes. Kap. 2. Demografic factors), Baltimore 1966.

159 Die damals maßgebende Emanzipationsideologin Frau Kollontai schrieb in „Die Arbeit der Frau in der Fortentwicklung der Wirtschaft" (Moskau 1928): „Die Arbeiterrepublik sieht die Frau vor allem als eine Arbeitskraft . . . die Funktion der Mutterschaft betrachtet sie als eine sehr wichtige, doch zusätzliche Aufgabe (S. 144)." . . . Wer nicht arbeitet, der ißt nicht . . . die Frau muß kraft der Umstände für sich eine Arbeit suchen, um ein Arbeitsbuch und die damit ersehnte Lebensmittelkarte zu erlangen (S. 123). Zit. bei W. Hofmann, Die Arbeitsverfassung der Sowjetunion, S. 58.

160 H. Wiegmann, Die Situation der berufstätigen Frau in der Sowjetunion, in: Arbeits- und Sozialpolitik in der Sowjetunion (Hrsg. W. Gumpel) München 1976, S. 49 ff.

161 N. T. Dodge a.a.O. S. 100 ff.; H. Wiegmann a.a.O. S. 54 ff.

162 1973/74 waren 53 v.H. aller Studenten Mädchen, in der Bundesrepublik Deutschland 1971/72 32 v.H.

163 Davon 50 v.H. Assistenten, 26 v.H. Dozenten, 21 v. H. Professoren und 10 v.H. Akademiemitglieder. G. R. Barker, La femme en Union Soviétique, in: Sociologie et Société (Nov. 1972).

164 Das mag auch zur Unterrepräsentation der Frau in politischen Gremien beitragen. Weibliche Mitglieder der Partei waren ein Fünftel, des ZK der KPdSU 4 v.H., des Minsterrats 1 v.H., des Politbüros keine. Barker a.a.O. S. 185.

165 Fazit einer Soziologin in der Literaturnaja gazeta, zit. bei H. Wiegmann.

166 Eine abwägende vergleichende Betrachtung bei N. T. Dodge, a.a.O. S. 238 ff.

167 1972 hatten in der Russischen föderativen Republik (RSFSR) von Familien mit Kindern 57,7 v.H. ein Kind, 39,4 v.H. zwei, 6,3 v.H. drei Kinder.

168 Auswertung sowjetischer Studien bei B. Kerblay, a.a.O. S. 138 ff.

169 Die materialreiche Darstellung dieses Beitrages in jüngster Zeit, A. C. Sutton, Technology and Soviet Economic Development. 3 Bde. Stanford 1971–1978 ist bisher von sowjetischer Seite nicht widerlegt worden.

KURZE BIBLIOGRAPHIE

Vorbemerkung. Die folgende Literaturzusammenstellung ist nicht für den Fachmann bestimmt und verzichtet deshalb auf Primärliteratur in russischer Sprache, die in den Anmerkungen zum Text nur vereinzelt zitiert wird. Weiterführende Bibliographien sind in den unten angeführten Werken zu finden.

1. GRUNDLEGENDE DARSTELLUNGEN

Chambre, H.: L'Evolution du Marxisme soviétique. Théorie économique et droit, Paris 1974

Clement, H.: Die Roh- und Grundstoffwirtschaft der Sowjetunion, Hamburg 1974

Djilas, M.: Die neue Klasse. Eine Analyse des kommunistischen Systems, München 1957

Fainsod, M.: Wie Rußland regiert wird, Köln 1965

Goehrke, C.: Geographische Grundlagen der russischen Geschichte, in: Jahrbücher für Geschichte Osteuropas, NF. 18, 1970

Gerschenkron, A.: Economic Backwardness in historical Perspective, Harvard 1962

Gumpel, W., u. Keese, D., (Hrsg.): Probleme des Industrialismus in Ost und West. Festschrift für Hans Raupach. München, Wien 1973

Hough, J. F.: The Soviet Prefects. The Local Party Organs in Industrial Decisionmaking, Cambridge, Mass. 1969

Meissner, B.: Bundesstaat und Nationalitätenrecht in der Sowjetunion, Berlin 1974

Meissner, B.: Das Parteiprogramm der KPdSU 1903 bis 1961, Köln 1962

Nötzold, J.: Wirtschaftspolitische Alternativen der Entwicklung Rußlands in der Ära Witte und Stolypin, Berlin 1966

Noue, A.: Political Economy and Soviet Socialism. London 1979

Pipes, R.: Russia and the old Regime, London, (Penguin books) 1977, deutsch

Raupach, H.: Wirtschaft und Politik in Osteuropa. Aufsätze und Vorträge, Berlin 1968

Shanin, T.: The Awkward Class. Political sociology of Peasentry in a Developing society: Russia 1910–1925, Oxford 1972

Schapiro, L.: Die Geschichte der Kommunistischen Partei der Sowjetunion, Frankfurt 1962

Smith, H.: Die Russen, Bern u. München 1977

Stökl, G.: Russische Geschichte. Von den Anfängen bis zur Gegenwart, Stuttgart 1962

2. WIRTSCHAFTSGESCHICHTE.

Carr, E.H.: A History of Soviet Russia, 1966 ff. London 1950

Bucharin, N.: Ökonomik der Transformationsperiode Hrsg. G. Hillmann, Reinbek 1970

Dallin, A.: Deutsche Herrschaft in Rußland 1941–1945, Düsseldorf 1958

Dobb, M.: Soviet Economic Development since 1917, London 1966

Erlich, A.: Die Industrialisierungsdebatte in der Sowjetunion 1924–1928, Frankfurt 1971

Haumann, H.: Beginn der Planwirtschaft. Elektrifizierung, Wirtschaftsplanung und gesellschaftliche Entwicklung Sowjetrußlands 1917–1921, Düsseldorf 1974

Hutchings, R.: Soviet Economic Development, Oxford 1971

Lorenz, R.: Sozialgeschichte der Sowjetunion. I. 1971–1945, Frankfurt (ed. suhrkamp) 1976

Lyashchenko, P. J., History of the National Economy of Russia to the 1917 Revolution, (a.d. Russischen NY 1949).

Nove, A.: Was Stalin really necessary? in: Encounter III, 1962. Comment by H. Seton-Watson
Preobrazenskij, E.: Die Neue Ökonomik, Berlin 1971
Prokopovicz, S.N.: Russlands Volkswirtschaft unter den Sowjets, Zürich 1944
Raupach, H.: Geschichte der Sowjetwirtschaft, Reinbek 1964 (rde)
Zaleski, E.: Planning for Economic Growth in the Soviet Union 1918–1932, Chapel Hills 1971
Zier, W.: Die Entwicklung der „Schauprozesse" in der Sowjetunion, Tübingen 1969

3. SYSTEM UND ERGEBNISSE

Daniels, R. V.: Das Gewissen der Revolution, Kommunistische Opposition in Sowjetrußland, Köln, Berlin 1962
Davies, R. W.: The Development of the Soviet Budgetary System, Cambridge 1958
Goldman, M.: The Spoils of Progress: Environmental Pollution in the Soviet Union, Cambridge Mass. 1972
Grossman, G.: (ed.), The Second Economy. Kennan Institute, Washington 1976
Hedtkamp, G u. Penkaitis, N.: Das sowjetische Finanzsystem, Berlin 1974
Höhmann, H.–H., Seidenstecher, G., Vajna, Th.: Umweltschutz und ökonomisches System in Osteuropa, Köln 1973
Meissner, B. u. Brunner, G. (Hrsg.): Gruppeninteressen und Entscheidungsprozeß in der Sowjetunion, Köln 1975
Meyer, G.: Das politische und gesellschaftliche System der UdSSR. Ein Quellenband, Köln 1976
Nutter, G. W.: Growth of Industrial Production in the Soviet Union, Princeton 1962
Raupach, H.: System der Sowjetwirtschaft. Theorie und Praxis, Reinbek 1968 (rde) Sowjetsystem und Demokratische Gesellschaft. Eine vergleichende Enzyklopädie. 6 Bde. Freiburg, Basel, Wien 1966–1972.
Sowjetunion. Länderberichte Osteuropa. Hrsg. Koordinierungsausschuß Deutscher Osteuropa-Institute, München 1974
Sowjetunion 1976/77. Innenpolitik, Wirtschaft, Außenpolitik. Analyse und Bilanz. Hrsg. v. Bundesinstitut für ostwissenschaftliche und internationale Studien, München 1975
Sutton, A. C., Western Technology and Soviet Economic Development. 3 vls. Stanford Cal., 1968–1973

4. REFORMEN

Boettcher, E.: Die sowjetische Wirtschaftspolitik am Scheidewege, Tübingen 1959
Hofmann, W.: Wohin steuert die Sowjetwirtschaft? Zur Deutung der Sowjetgesellschaft von heute, Berlin 1955
Vogel, H. u.a.: Betrieb und zentrale Planung in der UdSSR nach den Wirtschaftsreformen vom Herbst 1965, München 1966
Die Wirtschaftsordnungen Osteuropas im Wandel. Ergebnisse und Probleme der Wirtschaftsreformen. Hrsg. H.-H. Höhmann, M. Ch. Kaser u. K. C. Thalheim, 2 Bde., Freiburg i. Br. 1972

5. AGRARWIRTSCHAFT

Brunner, G., Westen, K.: Die sowjetische Kolchosordnung (mit Dokumenten) Von den Anfängen bis zum Musterstatut 1969, Stuttgart 1970
Jasny, N.: The Socialized Agriculture of the USSR. Plans and Performance, Stanford, Cal. 1967
Millar, J. R. (Hrsg.): The Soviet Rural Community, Urbana 1971

Schiller, O.: Das Agrarsystem der Sowjetunion, Tübingen 1960
Schiller, O.: Die Kollektivbewegung in der Sowjetunion, Berlin 1931
The Village of Viriatino, an Ethnographic study of a Russian Village from before the Revolution to the Present, New York 1970
Volin, L.: A Century of Russian Ariculture, Cambridge Mass. 1970
Wädekin, K. E.: Privatproduzenten in der sowjetischen Landwirtschaft, Köln 1967
Wädekin, K. E.: Führungskräfte im sowjetischen Dorf, Berlin 1969
Wädekin, K. E.: Income Distribution in Soviet Agriculture, in: Soviet Studies, No. 5, 1975

6. DIE SOWJETISCHE INDUSTRIEGESELLSCHAFT

Aspects économiques de la vie en URSS. Cologne d' OTAN Russe 1975
Anweiler, O.: Geschichte der Schule und Pädagogik in Rußland vom Ende des Zarenreiches bis zum Beginn der Stalin-Ära, Berlin 1964
Anweiler, O.: Bildungsreformen in Osteuropa, Stuttgart 1969
Anweiler, O. u. Ruffmann, K.-H.: Kulturpolitik der Sowjetunion, Stuttgart 1973
Barter, H.: St. Petersburg, Industrialisation and Change, London 1976
Bailes, K. E.: Technology and Society under Lenin and Stalin, Princeton 1978
Berliner, J.: Factory and Manager in the USSR, Cambridge, Mass. 1957
Economic Aspects of life in the USSR. Colloquium held 29th-31st. January. 1975 in Brussels. Nato-Directorate of Economic Affairs.
Field, M. G.: Social Consequences of Modernisation and Communist Societies, Baltimore 1976
Gumpel, W.: (Hrsg.), Arbeits- und Sozialpolitik in der Sowjetunion, München 1976
Harris, Ch., Cities of the Soviet Union, Chicago 1970
Hegedus, A.: The Structure of socialist Society, London 1977
Hollander, P.: Soviet and American Society, a Comparision, Oxford 1973
Inkeles, A.: Social Change in Soviet Russia, Cambridge Mass. 1968
Kerblay, B.: La société soviétique contemporaine, Paris 1977
Lane, D.: Politics and Society in the U.S.S.R., London 1972
Meissner, B., (Hrsg.): Rußlands Weg zur Industriegesellschaft. Sowjetgesellschaft im Wandel, Stuttgart 1966
Yanowitch, M.: Social and Economic Inequality in the Soviet Union, London 1977

7. BEVÖLKERUNGSBEWEGUNG

Estimates and Projections of the Population of the USSR. 1950–200. U.S. Bureau of Census, International Population Reports, march 1973
Lewis, R., Rowland, R., Clen, R.: Nationality and populationchange in Russia and the U.S.S.R. (census data 1897–1970) N.Y. 1976
Lorimer, F.: The Population of the Soviet Union, Genf, Völkerbund., 1946
Armand, M., Aymard, M.: „Le village soviétique, bibliographie sélectionnée des travaux en langues occidentales", archives internationales de Sociologie de la Cooperation, No. 36, 1974, p. 149–194
Berliner, J.: Factory and Manager in the U.S.S.R. Harvard 1957
Hofmann, W.: Die Arbeitsverfassung der Sowjetunion, Berlin 1956
Lane, D.: The Soviet Industrial Worker. Education, Opportunity and Control, London 1978
McAuley, M., Labour Disputes in Soviet Russia 1957–1965, Oxford 1969
Soziologie in der Sowjetunion. Ausgewählte sowjetische Abhandlungen zu Problemen der sozialistischen Gesellschaft, hrsg. v. René Ahlberg, Freiburg i. Br. 1969
Wiegmann, H.: Die Entwicklung der Berufsstruktur in der UdSSR und ihre Behandlung in der sozialwissenschaftlichen Forschung der Sowjetunion, Berlin 1974
Yanowitsch, M., Fisher, W: (ed.) Social Stratitifaction and Mobility in the U.S.S.R., White Plains 1973, (a.d. Russ.)

Yanowitch, M.: Social and Economic Inequality in the Soviet Union, London 1977
Zdravomyslov A., Roshin V.: Man and his Work, New York IASP, 1972 a.d. Russ.)

8. SOZIALE GLIEDERUNG UND MOBILITÄT

Frau und Familie

Doge, N.: Women in the Soviet Economy, Baltimore 1968
Geiger, K., The Family in Soviet Russia, Harvard Univ. Press 1968
Gordon, L., Klopow, E.: Čelovek posle raboty. Nauka 1972
frz. L'homme après le travail. Ed. Progrès Moskau 1977
Sacks, M.: Women's Work in Soviet Russia, New York 1976

PERIODIKA, STATISTIK

Berichte des Bundesinstituts für ostwissenschaftliche und internationale Studien, Köln
Est-ouest, revue d'études comparatives. Revue de l'Est, Paris
Jahrbuch der Wirtschaft Osteuropas H. Raupach u.a. (Hrsg.) München, ab Jg. 1972 (Veröffentlicht vom Osteuropa-Institut München)
Narodnoe chozjajstvo SSSR. Statističskij ježegodnik, ab Jg. 1956 (Statistisches Jahrbuch, Moskau)
Osteuropa (monatl.) und Osteuropawirtschaft (viertelj.), hrsg. Deutsche Gesellschaft für Osteuropakunde Berlin, Stuttgart
Soviet Studies, Glasgow
UdSSR in Zahlen für 1974. Kurzes statistisches Handbuch, Moskau 1975